MANIPULANDO A HISTÓRIA

Eric Frattini

MANIPULANDO A HISTÓRIA

OPERAÇÕES DE FALSA BANDEIRA:
Do Incêndio do Reichstag ao Golpe de Estado na Turquia

Tradução
Silvia Massimini Felix

Rio de Janeiro, 2022
1ª Edição

Copyright © 2016 *by* Eric Frattini Alonso

TÍTULO ORIGINAL
Manipulando la historia

CAPA
Raul Fernandes

ICONOGRAFIA
Arquivo do Autor

FOTO DO AUTOR
Jorge Puente

DIAGRAMAÇÃO
Fatima Agra | FA studio

Impresso no Brasil
Printed in Brazil
2022

DADOS INTERNACIONAIS DE CATALOGAÇÃO NA PUBLICAÇÃO (CIP)
(CÂMARA BRASILEIRA DO LIVRO, SP, BRASIL)
ELIETE MARQUES DA SILVA — BIBLIOTECÁRIA — CRB-8/9380

Frattini, Eric
    Manipulando a história: operações de falsa bandeira: do incêndio do Reichstag ao Golpe de Estado na Turquia / Eric Frattini; tradução Silvia Massimini Felix. — 1. ed. — Rio de Janeiro, RJ: Editora Valentina, 2022. 344p. il.

Título original: Manipulando la historia
Bibliografia.

ISBN 978-65-88490-47-1

    1. Espionagem 2. Investigação 3. Jornalismo 4. Poder econômico 5. Poder político 6. Serviço secreto 7. Terrorismo I. Título.

22-116773

CDD: 070.43

Todos os livros da Editora Valentina estão em conformidade com o novo Acordo Ortográfico da Língua Portuguesa.

Todos os direitos desta edição reservados à

EDITORA VALENTINA
Rua Santa Clara 50/1107 – Copacabana
Rio de Janeiro – 22041-012
Tel/Fax: (21) 3208-8777
www.editoravalentina.com.br

A Silvia, pela paz que me transmite e, acima de tudo, por seu apoio a todas as loucuras às quais me entrego. Sem ela eu não teria tranquilidade suficiente para criar...

SUMÁRIO

Prólogo, Pedro Baños 11

1. "Afunde o *Maine*" (1898) 17

2. O conveniente incêndio do Reichstag (1933) 29

3. O incidente Gleiwitz (1939) 41

4. Operação Mainila (1939) 52

5. Um lugar chamado Katyn (1940) 61

6. Despertando o gigante (1941) 76

7. Operação Ajax (1953) 91

8. Operação Susana (1954) 102

9. A Rede Gladio (1958) 113

10. Operação Northwoods (1960) 134

11. Operação Mongoose (1962) 145

12. Incidente em Tonkin (1964) 158

13. Ação Massada (1972) 174

14. Uma missão para o GT.3.3.2 (1977) 181

15. Alvo: Aldo Moro (1978) 197

16. Operação Fogo Mágico (1978) 213

17. Operação El Dorado Canyon (1986) 222

18. Operação Krysha (1999) 229

19. O "caso Amerithrax" (2001) 246

20. O "caso Nigergate", ou o falso assunto do urânio (2002) 260

21. Inferno em Bali (2002) 279

22. Operação Hathor (2005) 289

23. O falso cibercalifado do ISIS (2015) 301

24. Em nome de Erdogan, o misericordioso (2016) 314

Bibliografia 331

"Há toda uma história de ataques de falsa bandeira usados para manipular a mente das pessoas. Nos indivíduos, a loucura é rara, mas, nos grupos, partidos, nações e épocas, é a regra."

FRIEDRICH NIETZSCHE

PRÓLOGO

— — — — — — — — — — — — —

Há 2.500 anos, o dramaturgo grego Ésquilo de Elêusis já alertava que "na guerra, a primeira vítima é a verdade". Na realidade, tal ideia pode se estender a qualquer situação de conflito, crise ou tensão, seja no âmbito político-estratégico ou no tático, pois o desejo dos homens de impor sua vontade nunca conheceu limites, impulsionando-os a recorrer a quaisquer artifícios para que consigam atingir seus objetivos, por mais questionáveis que estes sejam. Decorre daí que jamais tenham titubeado em apelar à mentira, à astúcia, à enganação, às armadilhas e à traição.

A triste realidade é que as fragilidades humanas foram — e continuam sendo — uma constante, e são precisamente elas que levam a organizar e levar à prática artimanhas e ardis de todo tipo pelos motivos mais ínfimos. De fato, os avanços tecnológicos na verdade servem para encontrar novos meios e artifícios de enganar; quase nunca para refrear ou redirecionar os sentimentos. A atormentada alma humana, com sua permanente dose de maldade e assolada pelos pecados capitais, sempre está pronta a se ver arrastada pela falsidade e a crueldade, em especial quando é dotada de altas doses de poder, pois é nesse momento que se crê no direito, e inclusive no dever, de decidir sobre a vida e a morte de seus semelhantes. Por isso, não devemos nos surpreender que em todas as guerras e conflitos entre a coletividade humana, o recurso à mentira e ao engano seja a moeda de troca habitual. Como já disse Winston Churchill com sua lendária astúcia, "em tempos de guerra, a verdade é tão preciosa, que deveria ser protegida por uma barreira de mentiras".

Num contexto em que as disputas e as rivalidades são uma constante, não é de estranhar que os Estados e os diversos agentes envolvidos realizem operações encobertas com o objetivo de culpar terceiros, no que se conhece como "operações de falsa bandeira" (o termo advém do contexto militar, quando bandeiras de um outro país eram hasteadas para confundir o inimigo). Obviamente, o objetivo de tais ações é obter uma vantagem clara sobre esse terceiro, aquele a quem se tenta responsabilizar pela ação. Geralmente é um inimigo manifesto, alguém que se deseja ver como um adversário, ou qualquer um — seja país ou organização — que se destina a ser considerado rival pela outra parte, normalmente para provocar um desgaste entre eles ou para encontrar um aliado onde antes havia uma figura neutra.

As ações de falsa bandeira são muito variadas, desde um atentado terrorista até um ataque perpetrado por forças militares, passando por atos de sabotagem (incêndios, destruição de fábricas etc.) e subversão, e podem ser realizadas tanto "física" como "virtualmente", isto é, no espaço cibernético, como resultado de uma decisão política, ou até mesmo no campo de batalha.

Por se tratar de operações encobertas, os responsáveis por realizá-las costumam ser pessoas qualificadas, e, em geral, os serviços de inteligência se encarregam de planejá-las ou, pelo menos, coordená-las. Esses serviços empregarão agentes próprios — com o apoio de especialistas —, integrantes das forças especiais dos exércitos ou pessoal contratado especificamente para a operação, via de regra, mercenários. Deve-se levar em conta que a especialização dos serviços de inteligência na hora de realizar operações encobertas e secretas, e às vezes nebulosas, torna-os especialmente úteis; por isso, é normal que, de uma forma ou de outra, estejam diretamente envolvidos, e não surpreende que quase sempre sejam uma parte fundamental da operação. Em certos casos, sobretudo em países distantes dos parâmetros democráticos, há evidências de que os serviços secretos foram os reais promotores dos atos, já que funcionam como verdadeiros "Estados paralelos".

Os casos históricos são abundantes, apesar de apenas uma pequena parte do gigantesco iceberg da manipulação chegar à opinião pública. Além daqueles que Eric Frattini conta em detalhes, há evidências de muitos outros acontecimentos que certamente surpreenderiam a todos. Entre os mais notórios da Antiguidade — e um exemplo clássico —, destaca-se o incêndio de Roma ordenado por Nero. Aconteceu em 18 de julho do ano 64, dia em que o fogo

PRÓLOGO

arrasou dois terços da capital do Império Romano. Embora ainda continue havendo dúvidas sobre a verdadeira autoria e finalidade do incêndio, dá-se por certo que o mentor dos acontecimentos foi o imperador Nero, que desejava ter um espaço livre para construir uma nova e grandiosa vila com infraestrutura gigantesca e um majestoso palácio que correspondesse à sua incurável megalomania. Seja quem for que efetivamente iniciou o incêndio, Nero acusou os cristãos pelo ato, sendo centenas deles torturados e assassinados.

No século XX, encontramos inúmeros casos bem-documentados. Vamos descrever brevemente alguns dos mais destacados:

- 1923: a inteligência soviética ataca organizações políticas na Polônia, causando centenas de mortes, para semear o caos e facilitar a mudança revolucionária no país.
- 1925: membros da inteligência soviética assassinam o primeiro mandatário da Bulgária por meio de um atentado com bomba na catedral de Sófia, no qual morreram mais de 150 pessoas, com o objetivo de iniciar uma mudança política.
- 1931: no conhecido "incidente de Mukden", forças japonesas provocam uma pequena explosão em uma ferrovia e culpam por isso a China para justificar a invasão da Manchúria por parte do Exército Kwantung japonês.
- 1933: Hitler organiza um atentado contra si mesmo. Com isso, consegue suspender os direitos constitucionais dos alemães e declarar estado de emergência, o que lhe permite acumular muito mais poder.
- No final e depois da Segunda Guerra Mundial: a inteligência soviética elimina os burgueses-nacionalistas na Ucrânia, em Belarus, na Estônia, na Lituânia e na Letônia, mediante todo tipo de atividades, desde artefatos explosivos até assassinatos seletivos. Para dissimular sua ação, cria falsos grupos terroristas. Estima-se que apenas na Ucrânia pode ter havido mais de 25 mil mortos e 15 mil detidos.
- Entre 1946 e 1948: o Reino Unido bombardeia navios que transportavam judeus que se dirigiam à Palestina fugindo do Holocausto. Assim, cria um grupo denominado "Defensores da Palestina Árabe", que reivindica as ações.
- 1955: a Turquia executa um atentado contra um consulado turco na Grécia, país ao qual culpou pelo acontecimento com a finalidade de incitar e justificar a violência contra os gregos.

Eric Frattini ∽ *MANIPULANDO A HISTÓRIA*

- Entre 1950 e 1970: o FBI arregimenta baderneiros para a realização de atos violentos e atribui a culpa a ativistas políticos para justificar sua repressão.
- Década de 1970: tropas turcas incendeiam uma mesquita no Chipre e culpam os gregos por fomentar o ódio contra eles.
- 1989: um departamento secreto das Forças de Defesa da África do Sul realiza vários atentados para desacreditar o Congresso Nacional Africano.
- Década de 1990: o exército da Argélia mata centenas de civis argelinos e culpa os muçulmanos por isso.
- 28 de agosto de 1995: o mercado de Markale, em Sarajevo, na Bósnia, é atacado com morteiros, causando mais de 40 mortes e deixando quase 100 feridos. Apesar das dúvidas existentes sobre a autoria dos ataques (como aconteceu quando, em 5 de fevereiro de 1994, o mesmo mercado foi atingido por outro morteiro que deixou 68 mortos e 200 feridos), os sérvios-bósnios foram acusados, o que justificou que a Aliança do Tratado do Atlântico Norte (Otan) bombardeasse a República da Sérvia.
- 1998: membros das Forças Armadas indonésias tomam parte em violentos distúrbios, causando ou ampliando alguns deles.
- 15 de janeiro de 1999: as forças de segurança sérvias matam 45 civis albaneses na aldeia Racak, no Kosovo, com o argumento de que eram paramilitares armados. Enquanto alguns investigadores concluíram que, de fato, tratava-se de civis desarmados, especialistas não hesitaram em afirmar que eram combatentes que, depois de mortos, tiveram seus uniformes retirados e foram vestidos como civis. O acontecimento serviu de justificativa para que a Otan bombardeasse a Sérvia por quase três meses.
- 2002: o exército indonésio assassina professores norte-americanos em Papua e responsabiliza um grupo separatista para fazê-lo parecer, perante a opinião pública internacional, uma organização terrorista.
- 2005: soldados israelenses vestidos de civis atiram pedras em suas próprias tropas e culpam os palestinos por isso.
- 2014: durante os distúrbios na Ucrânia, franco-atiradores efetuam disparos com o objetivo de atacar o governo de Yanukovich e provocar sua queda.
- Atualmente: estima-se que são habituais os ataques cibernéticos de falsa bandeira sobre alvos concretos, com ações muito diversas que podem ir desde o acesso remoto a computadores até o ataque em contas em redes sociais para depois culpar seus proprietários da realização de atividades ilícitas. Por outro lado, há boatos de ações de falsa bandeira nos conflitos mais recentes, desde a Líbia até a Síria.

PRÓLOGO

Uma das perguntas que devemos nos fazer é como essas operações de falsa bandeira chegam a ser reveladas, levando em conta que, por sua própria natureza, são realizadas em segredo. O certo é que os casos, em sua maioria, são muito difíceis de ser comprovados e por isso quase sempre acabam sendo ocultados pelas nebulosas características do mundo das teorias conspiratórias. No entanto, o trabalho de jornalistas e pesquisadores independentes com frequência acumula dados suficientes para afirmar com veemência a autoria de muitas dessas operações encobertas. A quebra de sigilo de documentos se converte em uma fonte-chave de informações, assim como o arrependimento ou os interesses de outros serviços de inteligência, aos quais convém que determinados acontecimentos venham à luz.

Do ponto de vista político, as operações de falsa bandeira costumam estar relacionadas com a entrada de um país na guerra, com o desenvolvimento de uma subversão ou com atos de terrorismo. Lembremo-nos do que Josef Stálin dizia a esse respeito: "A forma mais fácil de obter o controle de uma população é efetuar atos de terrorismo. A população clamará pela imposição de leis restritivas se a sua segurança pessoal estiver ameaçada."

Embora seja possível pensar o contrário, esse tipo de operação não acontece apenas nas ditaduras. De fato, são inúmeras as democracias que recorreram à manipulação e ao acobertamento para justificar certas medidas. Na verdade, é possível supor que os regimes autocráticos necessitam menos delas, pois as autoridades não são instadas a escutar a população, nem a oposição política.

Como já dissemos, trata-se de mover a opinião pública em determinada direção, quase sempre relacionada à entrada em um conflito bélico. Lembremos o que dizia o estrategista prussiano Carl von Clausewitz, que pensava que, para uma operação militar obter sucesso, era essencial que houvesse um conjunto forte e inabalável de ideias e interesses entre os governantes, o exército e o povo. A forma mais frequente de conseguir tal mobilização dos cidadãos é demonizando o inimigo, tornando-o completamente desfigurado, chegando mesmo a não considerá-lo humano, para ser combatido com a maior ferocidade. E para isso é comum recorrer à guerra psicológica e à manipulação do povo por intermédio dos meios de comunicação de massa.

Hermann Göring disse que "é claro que as pessoas não querem guerras [...]. Mas, afinal, são os líderes do país que determinam a política, e tudo se limita sempre a uma simples questão de arrastar as pessoas para onde você quiser, seja uma democracia ou uma ditadura fascista, um regime parlamentar ou uma ditadura comunista. [...] Com ou sem voz, as pessoas sempre podem ser dirigidas. É fácil. Basta dizer-lhes que estão sendo atacadas e denunciar os pacifistas por falta de patriotismo e por colocarem o Estado em perigo. Funciona da mesma forma em qualquer país".

Do ponto de vista "operacional", todas essas ações estão relacionadas, em maior ou menor grau, com o logro, induzindo o adversário ao erro por meio da manipulação, da distorção da realidade ou da falsificação. Como dizia o famoso estrategista chinês Sun Tzu, "toda guerra é baseada no engano". E aqui é importante ressaltar que a mente humana é manipulável e tende a ver aquilo que quer ver. Daí a facilidade com que a atingem algumas mensagens, simples, mas insistentes, que conseguem esclarecer certas dúvidas incômodas.

Observemos também que em situações de conflito são efetuadas pseudo-operações de falsa bandeira, como as realizadas por militares vestidos com o uniforme do inimigo. Tal estratagema é frequentemente usado para obter informações quanto às atividades do oponente. Napoleão já dizia que "um espião no lugar certo vale mais do que 20 mil homens no campo de batalha".

Não há dúvida de que estamos diante de uma prática muito antiga, tão arcaica quanto a própria política e o uso dos exércitos. De fato, essas operações foram uma constante ao longo da História, mas não há dúvida de que o ato de culpar outros países, organizações ou grupos foi uma constante em qualquer luta pelo poder.

A maldade intrínseca do ser humano, que aflora quando sua sobrevivência ou seu modo de vida se veem ameaçados, leva-o a não se importar com os meios, contanto que alcance um fim, partindo do princípio de que a melhor forma de motivar uma população não é por meio da razão, mas sim das emoções. Para isso, é imprescindível uma montagem teatral que derrube as defesas mentais, a fim de contar uma história ambígua que mescle realidade e ficção, levando a população, desse modo, a sentir o ódio mais exacerbado em relação ao inimigo.

PEDRO BAÑOS

Coronel, analista político e chefe de Contrainteligência
e Segurança do Corpo do Exército Europeu de Estrasburgo

"AFUNDE O *MAINE*"
(1898)

Em 2 de fevereiro de 1898, o tenente John Blandin escreveu à esposa quando estava prestes a sair de Cuba, rumo a Nova Orleans, a bordo do USS *Maine*: "Aqui está tudo tranquilo, em nada comparado com o que vi." Blandin se referia à calma que naquela época se vivia na ilha caribenha, mas também aos rumores de que os guerrilheiros cubanos estavam matando as tropas espanholas usando minas de dinamite. A guerrilha, que lutava por sua independência da Espanha, tinha conquistado o coração dos norte-americanos com a ajuda da imprensa controlada pelos magnatas William Randolph Hearst e Joseph Pulitzer. As reportagens dos jornais de ambos os magnatas falavam de quase 100 mil cubanos mortos, alguns em campos de concentração, e de mulheres que eram forçadas por soldados espanhóis a despir-se em plena rua para, posteriormente, serem fichadas. Esses supostos abusos levaram o presidente McKinley a enviar o encouraçado USS *Maine* para pressionar as autoridades espanholas e defender os interesses norte-americanos na ilha. "Eu espero, de todo o coração, que tudo corra bem", escreveu o então secretário da Marinha, John D. Long, depois de ordenar que o *Maine* fosse para Cuba.

Em 15 de fevereiro de 1898, o encouraçado norte-americano explodiu enquanto estava ancorado no porto de Havana. Na ocasião, morreram dois oficiais e 250 marinheiros. Dos feridos, 14 acabaram não resistindo e, com isso, o número de mortos subiu para 266 — a tripulação era composta de 392 pessoas. Uma comissão naval de investigação concluiu que a explosão havia sido causada por uma mina plantada na parte externa do navio. Como era de esperar, a publicação do relatório oficial levou muitas pessoas a acusarem a Espanha de sabotagem, criando, assim, o apoio necessário por parte da

O *USS Maine* entrando no porto de Havana em janeiro de 1898

opinião pública para declarar guerra. No entanto, como veremos a seguir, estudos posteriores, incluindo um texto publicado em 1976 e reeditado em 1995, concluíram que o navio foi destruído "por dentro" como consequência da queima de carvão em uma das caldeiras, o que causou uma intensa explosão ao lado do paiol de pólvora.

No final do século XIX, os Estados Unidos observavam que certos países sul-americanos começavam a superá-los em poderio naval. O Brasil, por exemplo, dispunha de vários navios de guerra, entre eles o *Riachuelo*, lançado ao mar em 1883. Até mesmo o Chile e a Argentina já haviam ultrapassado os Estados Unidos nesse campo, e, na Europa, países como a Grã-Bretanha, a França e a Rússia tinham Armadas maiores do que a norte-americana. O vice-presidente Chester A. Arthur, que fora nomeado presidente depois do assassinato de James A. Garfield, decidiu criar uma comissão especial para encontrar a melhor forma de modernizar a força naval do país. O Bureau of Construction and Repair [Gabinete de Construção e Reparos] apresentou dois planos ao então secretário da Armada, William Whitney: o primeiro consistia

"AFUNDE O *MAINE*"

Lançamento ao mar do *USS Maine* em 1890

na construção de um encouraçado; o segundo, na de um cruzador. As discussões no Congresso se prolongaram até 1886, com Glover Cleveland já como presidente. Em agosto desse ano, o Comitê de Serviços Armados do Congresso autorizou a construção de dois navios de guerra, o *USS Texas* e o *USS Maine*, e o Departamento da Marinha exigiu aos engenheiros que as embarcações navegassem a uma velocidade de 17 nós e tivessem uma proa de aço reforçado. Além disso, ambos os navios deveriam estar equipados com quatro canhões de 254 milímetros, seis canhões de 152 milímetros, vários de calibre menor e seis tubos lança-torpedos, salientando-se que o armamento principal deveria ser capaz de disparar da proa e da popa.

O Congresso autorizou a construção do *Maine* em 3 de agosto de 1886, e sua quilha foi colocada na rampa de lançamento no dia 17 de outubro de 1888, no estaleiro Brooklyn Navy Yard. O navio se tornou o maior construído por um estaleiro da Armada dos Estados Unidos, pesando 6.682 toneladas, com comprimento de 98,9 metros e 17,37 metros de largura. O encouraçado era impulsionado por máquinas a vapor de expansão tripla, movidas por oito

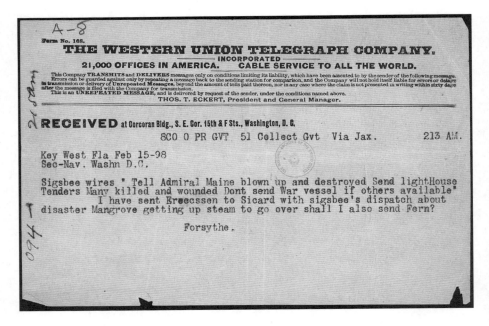

A estação naval Key West informa o afundamento do *USS Maine*

caldeiras Scotch e duas hélices, o que lhe proporcionava uma velocidade de quase 17 nós.[1]

A construção do *USS Maine* se prolongou por quase nove anos, em parte devido às limitações da indústria norte-americana. Durante esse tempo, a tecnologia naval tinha mudado tanto e tão rapidamente, que, ao ser inaugurado, o navio já havia ficado completamente obsoleto. Quando se planejou a sua construção, pensou-se que o melhor seria destiná-lo a servir como um pequeno encouraçado de blindagem. De fato, a Grã-Bretanha, a França e a Rússia dispunham de navios similares, mas em apenas uma década as coisas tinham mudado radicalmente, e as grandes potências navais demandavam navios de guerra mais leves e velozes. A isso se uniu a grave crise econômica provocada pelo chamado "Pânico de 1893", no segundo mandato de Grover Cleveland, durante o qual se projetou um plano de cortes de gastos que afetava todos os departamentos. O secretário do Tesouro, John G. Carlisle,

---

[1] Lawrence Lenz, *Power and Policy: America's First Steps to Superpower 1889-1922*, Algora Publishing, Nova York, 2008.

"AFUNDE O *MAINE*"

e o da Marinha, Hilary A. Herbert, mantinham uma tensa relação havia anos (tinham lutado em grupos opostos durante a Guerra de Secessão de 1861-65),[2] o que influenciou na redução do orçamento para a construção do *Maine*. Logo se viu que tanto seu formato como seu armamento não eram os adequados em cenários de guerra, e, além disso, o navio não alcançava a velocidade necessária caso se pretendesse destiná-lo a trabalhos de escolta e proteção.[3]

Depois do afundamento do navio, o governo McKinley criou uma comissão naval de investigação para averiguar a causa da explosão. No dia 21 de março de 1898, o comitê concluiu que a destruição do navio se deveu apenas "à explosão de uma mina situada sob a parte inferior do navio e colocada ao redor da quadrícula 18 do casco, um tanto a bombordo do navio". O relatório acrescentava que tinham sido "incapazes de obter evidência alguma da pessoa ou pessoas responsáveis pela destruição do *Maine*". Quanto à possibilidade de que o ocorrido fosse devido a uma explosão interna em um paiol de pólvora — onde se armazenava munição —, a comissão concluía que "de nenhum modo se tratara de uma combustão espontânea de carvão". Também se afirmava que nenhuma embarcação da Armada norte-americana tinha sofrido uma combustão espontânea do carvão armazenado em suas caldeiras.[4]

Uma vez que a conclusão era que a causadora do desastre tinha sido uma mina externa, a comissão não entendia como uma explosão daquela magnitude teria projetado para o alto, e não para baixo, uma prancha do fundo — ainda unida ao navio — por cerca de 1,5 m acima da superfície da água. Esse pedaço da quilha tinha forma de V, mas essa se inverteu como consequência — era isso que dizia o relatório da comissão — de uma mina submarina que explodira nos armazéns de munição de fora para dentro do navio.[5]

---

[2] Richard E. Welch, *The Presidencies of Grover Cleveland*, University Press of Kansas, Lawrence, 1988.

[3] Norman Friedman, *U. S. Cruisers, An Illustrated Design History*, Naval Institute Press, Annapolis, 1984.

[4] Charles River, *The Explosion of the USS Maine: The Controversial Event That Led to the Spanish-American War,* CreateSpace Independent Publishing Platform, internet, 2014.

[5] Louis Fisher, *Destruction of Maine (1898)*, The Law Library of Congress, Washington, D.C., 2009.

O governo espanhol, presidido na época pelo liberal Práxedes Mateo Sagasta, ordenou uma investigação aos engenheiros Del Peral e De Salas, que detectaram nos destroços do navio que o carvão armazenado nas caldeiras, separadas do depósito de munições apenas por uma fina divisória, tinha sofrido uma combustão espontânea, o que causou a explosão em cadeia de todo o navio. Del Peral incluiu várias anotações à mão no final do relatório:

- Se tivesse sido uma mina a causa da explosão, seria possível observar uma coluna de água.
- O vento e as águas estavam calmos, e por isso uma mina não poderia ter sido detonada por contato; só teria sido possível por eletricidade, mas não se encontraram cabos de nenhum tipo.
- Não se encontraram peixes mortos na água, como teria acontecido com uma explosão subaquática.
- Os armazéns de munição em geral não explodem quando o navio afunda depois de se chocar com uma mina.

Apesar de o relatório dos espanhóis se tornar público, a imprensa norte-americana não informou, ou não quis informar, as conclusões às quais eles chegaram. No dia 11 de abril, o presidente William McKinley deu a conhecer ao Congresso os resultados da comissão naval de investigação, apontando que "não tinham sido capazes de averiguar quem havia sido o responsável". No entanto, graças à conflitiva situação vivida naquele momento nos Estados Unidos, grande parte da imprensa e da opinião pública, assim como a maioria dos membros do Congresso, assumiu que a mina tinha sido colocada por agentes espanhóis. Nos jornais dos magnatas William Randolph Hearst e Joseph Pulitzer, a Espanha foi culpada pelo afundamento. De fato, em 17 de fevereiro, o *New York Journal*, de propriedade de Hearst, dizia o seguinte: "O navio de guerra *Maine* foi partido em dois pela máquina infernal de um inimigo." Um desenho mostrava o barco ancorado sobre uma mina conectada com cabos a um forte espanhol. A imprensa ajudou a promover o grito de batalha: "Lembrem-se do *Maine*! Ao diabo com a Espanha!"[6]

---

[6] Thomas B. Allen, "Remember the Maine?", *National Geographic*, v. 193, nº 2, Washington, D.C., fevereiro de 1998.

Primeira página do *New York Journal* com a história da mina espanhola

    A destruição do *USS Maine* e o relatório da comissão de investigação influenciaram enormemente na decisão do Congresso, em 20 de abril, de aprovar uma resolução pela qual se exigia a imediata retirada das Forças Armadas espanholas de Cuba, ao mesmo tempo que se dava sinal verde a McKinley para utilizar força militar. Na citada resolução se declarava que "as condições aberrantes em Cuba são parte dos eventos que desembocaram na destruição de um navio de guerra dos Estados Unidos". No dia 25 de abril, o Congresso

Eric Frattini ∽ *MANIPULANDO A HISTÓRIA*

aprovou uma lei na qual se anunciava que "se estabeleceu a situação de guerra" entre os Estados Unidos e a Espanha a partir de 21 de abril.[7] Em um protocolo de acordo entre os dois países, datado de 12 de agosto, especificavam-se os termos para um acordo de paz, e, de fato, o tratado, assinado no dia 10 de dezembro, transferia o controle de Porto Rico, de Guam e das Filipinas para os Estados Unidos. A Espanha também cedia o controle sobre Cuba.[8]

A verdade é que a comissão de investigação norte-americana não recorrera a especialistas tecnicamente qualificados nem em armamento nem em engenharia naval. George W. Melville, engenheiro-chefe da Marinha norte-americana, duvidava que uma mina houvesse causado a explosão, mas em nenhuma ocasião foi questionado a respeito de sua opinião. Melville suspeitava que a causa do desastre havia sido uma explosão no interior do *Maine* e, por isso, não foi chamado para prestar esclarecimentos. Philip R. Alger, conhecido especialista em artefatos explosivos da Marinha, declarou ao *Washington Evening Star* que o dano parecia proceder de uma explosão de dentro para fora.[9]

Muitos navios, dentre eles o *Maine*, tinham caldeiras e carvoeiras situadas junto aos depósitos onde se armazenavam as munições, a pólvora e os projéteis, separados uns dos outros apenas por um fino tabique. Se o carvão se incendiasse por combustão espontânea, podia esquentar as paredes do paiol de pólvora e provocar uma explosão, algo de que já havia advertido John D. Long, secretário da Marinha norte-americana.

Além disso, o *USS Maine* carregava carvão betuminoso de alta volatilidade, ou seja, mais sujeito a sofrer uma combustão espontânea. E, como se não bastasse, a umidade também contribuía para isso, e o navio tinha passado os últimos três meses ancorado na estação naval de Key West (Flórida) e redondezas, onde o clima tropical se caracteriza pelos altos níveis de umidade. Na verdade, o Departamento da Armada omitiu o fato de que, entre 1894 e 1908, haviam sido registrados mais de 20 incêndios nos depósitos de

---

[7] Lewis L. Gould, *The Spanish-American War and President McKinley*, University Press of Kansas, Lawrence, 1982.

[8] Samuel Willard Crompton, *The Sinking of the USS Maine: Declaring War Against Spain*, Chelsea House Publishers, Nova York, 2008.

[9] H.G. Rickover, *How the Battleship Maine was Destroyed*, Naval Institute Press, Annapolis, 1995 (edição original publicada em 1976).

"AFUNDE O *MAINE*"

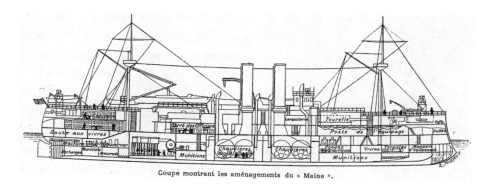

Coupe montrant les aménagements du « Maine ».

Planta do *USS Maine*

carvão de vários navios de guerra norte-americanos, causados por combustão espontânea.[10]

Em 1910, o presidente William H. Taft pediu ao corpo de engenheiros do Exército que fosse realizado um novo estudo sobre o afundamento do *Maine*. A equipe construiu uma ensacadeira ao redor do navio, bombeou a água e pôde examinar o casco, que ficou exposto ao ar. Em 1911, uma nova comissão de investigação reafirmou a conclusão de que uma mina exterior tinha sido a causadora da explosão, embora a localização do explosivo ao qual se fazia referência não fosse a mesma.

Em 1974, depois de 63 anos, o almirante Hyman Rickover perguntou a vários historiadores navais sobre o afundamento do *Maine*, e uma nova equipe de especialistas examinou todos os documentos existentes sobre o assunto. Além disso, entraram em contato com o capitão de navio Adolfo Gregorio Álvarez-Espino, adido naval na embaixada da Espanha em Washington, para ver que materiais estavam disponíveis tanto nos arquivos espanhóis quanto nos de outros países, como a França e a Grã-Bretanha, sobre explosões espontâneas em navios de guerra. Por fim, os investigadores concluíram que "sem dúvida" a explosão havia acontecido a partir do interior do navio.[11]

A equipe de Rickover afirmava em seu estudo que a comissão de investigação de 1898 não havia acrescentado nenhuma prova que servisse para

---

[10] VV.AA., *US Navy Fact File, Battleships USS Maine*, United States Naval Academy, Annapolis, 2002.
[11] H.G. Rickover, op. cit.

Capitão Charles D. Sigsbee

culpabilizar os espanhóis e especificava que tinha existido uma "tendência natural a buscar razões para a perda do *Maine* que não refletia em nada a honra e o cavalheirismo da Marinha dos Estados Unidos".[12] O testemunho do oficial no comando, Charles D. Sigsbee, revelou que nenhum membro da comissão naval de investigação "estava familiarizado com seu navio". Um dos comentários de Sigsbee que havia sido, digamos, deixado de lado, foi o que apontava para uma possível origem da explosão. O capitão disse que "um oficial da linha de comando parecia olhar fixamente para a sala de máquinas" e que ele supôs que "estava dando ordens equivalentes a um alerta (para o resto da tripulação) e à execução de uma ordem (a explosão do *Maine*)".[13] Concluindo, o almirante Rickover afirmava que "era possível falar de desconhecimento dos regulamentos da Marinha e de que a comissão não tinha a intenção de examinar a possibilidade de que a perda se devera a um acidente e à negligência de seu capitão".

O estudo de Lewis Gould, realizado em 1982, chegou à conclusão de que a ventilação inadequada no interior do *Maine* provocara um incêndio nos depósitos de carvão e a posterior explosão nas imediações dos depósitos de munição do navio.[14] O historiador John L. Offner, em sua tese de doutorado sobre a guerra hispano-americana, publicada em 1992, aponta que, de 1895 a 1898, outros 13 navios norte-americanos haviam sofrido incêndios associados à combustão espontânea do carvão em seus depósitos".[15]

---

[12] Norman Polmar e Thomas B. Allen, *Rickover: Controversy and Genius: A Biography*, Simon & Schuster, Nova York, 1982.
[13] John Walsh, *The Sinking of the USS Maine*, Watts Publishers, Nova York, 1969.
[14] Lewis L. Gould, *America in the Progressive Era, 1890-1914*, Routledge, Nova York, 2001.
[15] John L. Offner, *An Unwanted War: The Diplomacy of the United States and Spain Over Cuba, 1895-1898*, The University of North Carolina Press, Chapel Hill, 1992.

"AFUNDE O *MAINE*"

Em 1998, a National Geographic Society encomendou um estudo à Advanced Marine Enterprises (AME) com o objetivo de preparar um modelo computadorizado do *Maine* e analisar as causas da destruição. Os estudos de transferência de calor indicaram que, durante as quatro horas desde o início do incêndio no depósito principal de carvão, "a temperatura da caldeira mais próxima da pólvora (localizada a apenas 10 cm de distância de um placa de aço fina) poderia ter subido até ultrapassar 645 graus, ou seja, o suficiente para inflamar a pólvora e provocar uma reação em cadeia nas salas adjacentes". A AME questionava se a destruição do *Maine* poderia ser atribuída a uma mina que estava fora do casco, como defendiam as investigações de 1898 e 1911, mas não encontrou dados conclusivos para defender tal hipótese. Foi levantada a possibilidade de que uma mina teria aderido ao casco do navio e se observou que, embora os resultados não pudessem ser considerados determinantes, era possível afirmar que um incêndio no carvão foi o "primeiro passo da destruição do *Maine*", embora também fosse plausível que uma mina tivesse causado a explosão. Na verdade, o relatório final da AME defendia essa última hipótese como a mais próxima do que deve ter acontecido,[16] embora vários de seus especialistas não tenham aceitado tal conclusão.

Em 2001, Dana Wegner, que havia trabalhado com o almirante Hyman G. Rickover na investigação de 1974, afirmou a Edward Marolda, historiador do Centro Histórico Naval de Washington, que "todos os documentos pertinentes foram estudados, incluindo as plantas do navio e os relatórios de risco semanais do *Maine* (do ano 1912), do engenheiro chefe do projeto, William Fergusson. Tais relatórios incluíam numerosas fotografias com o número de cavernames e cintas das partes achadas nos destroços. Dois especialistas em demolições navais e explosões foram incluídos na equipe. Pelo que se observou nas fotografias, não havia evidência plausível alguma de penetração vinda do exterior; portanto, a explosão ocorreu no interior do navio".[17]

Como já dissemos, depois do afundamento do *USS Maine*, Hearst publicou uma reportagem na qual contava como os espanhóis tinham colocado um torpedo debaixo do barco e o detonaram da margem. O efeito da manipulação jornalística deu seus frutos, e os soldados norte-americanos foram enviados

---

[16] Thomas B. Allen, op. cit.

[17] Edward Marolda, *Theodore Roosevelt, the U.S. Navy and the Spanish-American War*, Palgrave Macmillan, Nova York, 2001.

Eric Frattini ∞ MANIPULANDO A HISTÓRIA

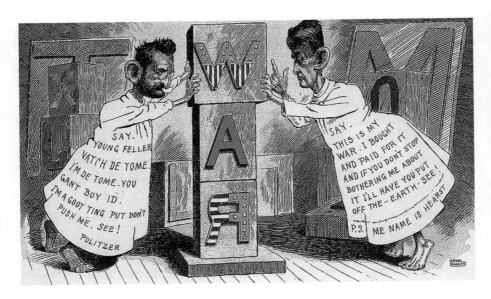

Pulitzer e Hearst vestidos de Yellow Kid,* satirizando seu papel como manipuladores da opinião pública dos Estados Unidos para a guerra contra a Espanha

a Cuba depois que se declarou a Guerra Hispano-Americana.[18] O conflito durou três meses e dezessete dias (de 25 de abril a 12 de agosto de 1898). O número de mortos do lado norte-americano chegou a 5 mil, enquanto que do espanhol morreram cerca de 60 mil pessoas, muitas delas por causa de doenças tropicais. No dia 10 de dezembro de 1898 foram assinados os Acordos de Paris, por meio dos quais se estabelecia a independência de Cuba, situação que entrou em vigor em 1902.

Atualmente, inúmeros historiadores, tanto espanhóis como norte-americanos, concordam em afirmar que, embora a explosão do USS Maine tenha sido um acidente, o governo de William McKinley, com a ajuda da imprensa controlada pelos magnatas Pulitzer e Hearst, manipulou a opinião pública para que apoiasse a guerra contra a Espanha, ou seja, uma clara operação de falsa bandeira que levou a Espanha a perder suas últimas possessões ultramarinas.[19]

---

* Referência à imprensa amarela (manipuladora, sensacionalista) dos Estados Unidos. Conhecida no Brasil como imprensa marrom. (N.E.)

[18] David R. Spencer, *The Yellow Journalism*, Northwestern University Press, Evanston, 2007.

[19] David F. Trask, *The War with Spain in 1898*, University of Nebraska Press, Lincoln, 1996.

O CONVENIENTE INCÊNDIO
DO REICHSTAG
(1933)

Não resta a menor dúvida de que no dia 27 de fevereiro de 1933 não apenas se destruiu o Reichstag — o Parlamento alemão —, mas também a própria democracia da Alemanha. A partir de então, as coisas não foram mais as mesmas nem para a Alemanha, nem para a Europa, nem para o mundo. Pois bem, para entender o que ocorreu de verdade, devemos voltar a setembro de 1919, quando alguns indivíduos se reuniram em uma cervejaria de Munique para fundar o Partido dos Trabalhadores Alemães. Entre eles, encontrava-se um jovem e obscuro oficial austríaco chamado Adolf Hitler.

Em uma Alemanha humilhada pelo Tratado de Versalhes e reduzida à miséria econômica e à inflação, Hitler soube como abrir seu caminho. Já em novembro de 1923, um golpe de Estado mal organizado por seus partidários na Baviera levou-o à prisão, onde escreveu *Mein Kampf* (*Minha luta*), que se tornou a bíblia do nacional-socialismo. Depois de cumprir uma pena de cinco anos, Hitler decidiu organizar o NSDAP (Partido Nacional-Socialista dos Trabalhadores Alemães). Redigiu seu programa eleitoral, criou sua própria milícia e, graças a ela, reduziu ao silêncio os adversários políticos. Ao mesmo tempo, começou a treinar sua tropa de elite, os Camisas Pardas (SA), e as SS, que tinham a obrigação de executar as ordens do partido: comunistas, judeus, socialistas, ciganos, homossexuais, testemunhas de Jeová, doentes mentais... todos eram passíveis de serem atacados, perseguidos e eliminados. Hitler sabia bem que por meio da "legalidade" era possível acabar com a própria "legalidade".[1]

---

[1] Ian Kershaw, *Hitler 1936-1945: Nemesis*, Penguin, Nova York, 2000.

Para Hitler e seus asseclas, a República de Weimar é um doente terminal que deve ser sacrificado. É necessário chegar ao cume para, dali, dar o pontapé final e acabar com a democracia. Nas eleições parlamentares de 1930, o NSDAP recebe pouco mais de 6 milhões de votos, ou seja, 18,2% do eleitorado, ficando apenas cinco pontos à frente dos comunistas de Ernst Thälmann, que conseguiram 4,5 milhões de votos. O Partido Social-Democrata de Otto Weiss ganha as eleições e consegue 143 cadeiras no Reichstag.[2]

Hitler sabe que tem de conseguir o apoio dos militares, banqueiros, industriais e políticos de direita. E sabe como fazer isso. O único obstáculo é o presidente Hindenburg, que o despreza e que, pouco tempo depois, dirá que Hitler era apenas um "cabo boêmio, um curioso personagem que poderia chegar a ser um ministro do correio, mas nunca um chanceler".[3]

No entanto, em 1932, o chanceler Heinrich Brüning já se mostrava bastante preocupado com o aumento da popularidade dos nazistas. O general Schleicher, artífice da ascensão de Brüning, também acreditava que a instabilidade política acabaria com a morte da República de Weimar e que essa queda seria marcada pela chegada do nazismo ou do comunismo ao poder. Nas eleições presidenciais de 1932, Paul von Hindenburg derrotou Hitler por uma diferença de 6 milhões de votos, mas o líder nazista foi informado de que o idoso presidente sofria de demência senil e câncer de pulmão em fase terminal. Resta-lhe pouco tempo de vida e Hitler sabe como deve agir para se converter em seu sucessor.

Portanto, em 30 de janeiro de 1933, Hitler foi nomeado chanceler da Alemanha pelo presidente Hindenburg. O tímido Sr. Hitler, usando fraque e cartola, transformou-se em um ditador, sempre de uniforme e acompanhado da cruz gamada. Para Adolf Hitler e seu círculo mais íntimo (Joseph Goebbels, Hermann Göring, Wilhelm Frick e Ernst Röhm) havia apenas um obstáculo a ser transposto e destruído: o edifício que simbolizava a democracia, ou seja, o Reichstag.[4]

---

[2] Dieter Nohlen, *Elections in Europe: A Data Handbook*, Nomos Verlagsgesellschaft, Berlim, 2010.

[3] William Shirer, *The Rise and Fall of the Third Reich: A History of Nazi Germany*, Simon & Schuster, Nova York, 2011.

[4] John Pritchard, *Reichstag Fire: Ashes of Democracy*, Ballantine Books, Nova York, 1972.

O CONVENIENTE INCÊNDIO DO REICHSTAG

Reinhard Heydrich, autor do incêndio do Reichstag

Hitler havia encarregado Hermann Göring, ministro do Interior da Prússia, de indicar novos chefes de polícia, todos eles membros das SS. Destarte, foi criada a Geheime Staatspolizei (Polícia Secreta do Estado), ou Gestapo, a quem Göring ordenou que usassem armas para dissolver as manifestações do Partido Comunista Alemão. "Não posso agir contra o populacho vermelho com policiais que têm medo dos procedimentos disciplinares enquanto se encontram no cumprimento do seu dever. A responsabilidade deve ser muito clara. [...] A responsabilidade é minha e apenas minha. Devem entender isso. Se abrirem fogo, sou eu quem disparo. Se houver um só homem morto no chão, fui eu que disparei, mesmo que eu esteja sentado no meu escritório no ministério, pois a responsabilidade é minha e apenas minha", disse Göring.[5]

Os planos, arquitetados em detalhes por Hitler e Goebbels, incluíam uma mão, escolhida por Göring, para executar o grande golpe: Reinhard Heydrich, que deveria estar em constante comunicação com Himmler, em Munique, e com seu chefe nas SA, Hans von Kobelinski, em Berlim.

---

[5] Peter Padfield, *Himmler: Líder de las SS y Gestapo*, La Esfera de los Libros, Madri, 1990.

Erik Hanussen

Em 24 de fevereiro, três dias antes do incêndio do Reichstag, a sede do Partido Comunista Alemão foi cercada por tropas das SA. Pretendia-se levar a opinião pública a acreditar que os comunistas tinham documentos comprometedores sobre uma hipotética tentativa de golpe de Estado. De fato, embora no registro da sede não se tenha encontrado nada, Göring fez um comunicado no qual assegurava ter achado material que falava de um levante comunista em todo o país. Em 26 de fevereiro de 1933, os cidadãos alemães se depararam com uma história nos jornais que, a bem da verdade, despertou pouco interesse, apesar de o astrólogo Erik Hanussen ter dito, durante um transe: "Vejo um crime chocante cometido pelos comunistas. Vejo chamas devoradoras. Vejo um terrível incêndio que ilumina o mundo." O verdadeiro nome de Hanussen era Herschel Steinschneider, uma espécie de vidente que trabalhava em shows de horrores e circos mambembes. Em 1932, conheceu Adolf Hitler e previu que algum dia ele dominaria a Alemanha. Realmente, Hitler acabou nomeando-o seu "adivinho de estimação", e parecia que tudo corria bem para ele, sob a proteção da suástica. Mas lhe aconteceu prever o incêndio do Reichstag — acredita-se que algum líder nazista tenha lhe revelado a informação —, o que o converteu em uma espécie de "arquivo vivo" que deveria ser eliminado. Em abril de 1933, dois meses depois do incêndio, seu corpo apareceu em um parque de Berlim com um disparo na nuca.[6]

Durante a noite de 27 de fevereiro, um correspondente do jornal *The Times* chegou ao Reichstag em chamas. Não havia nenhuma unidade dos bombeiros no lugar, o que ele estranhou. "Encontrei a câmara central como uma massa de

---

[6] Bell Fromm, *Blood and Banquets: A Berlin Social Diary*, Birch Lane Press, Sussex, 1990.

O CONVENIENTE INCÊNDIO DO REICHSTAG

O Reichstag em chamas

chamas que se elevava até a cúpula. Os policiais me disseram que o fogo tinha começado ao mesmo tempo em quatro ou cinco pontos diferentes, entre eles o porão. Haviam detido um homem no interior, aparentemente um comunista holandês", escreveu o correspondente britânico. Enquanto Hitler chegava ao edifício às 22h20, Göring declarava publicamente que este era "o começo do levante comunista; agora o ataque vai começar. Não há tempo a perder". Ninguém duvida que o incêndio serviu de pretexto a Hitler para culpar os comunistas, pedir mais poderes ao presidente Hindenburg e derrogar as garantias constitucionais. O próprio Hitler, que disse que as chamas eram um "sinal divino", apresentou-se no local dos acontecimentos imediatamente depois de ficar sabendo do incêndio e pôs em marcha o aparato da propaganda do partido para difundir o medo diante do "perigo comunista". Hitler gritava: "Já não haverá misericórdia! Qualquer um que cruzar nosso caminho será eliminado! O *Volk* alemão não terá compaixão com a clemência. Que todos os oficiais comunistas sejam mortos a tiros. Deve-se resolver tudo aquilo que esteja relacionado com os comunistas. Acabou a indulgência para com os social-democratas e o *Reichsbanner*."[7]

Na verdade, os autores do incêndio haviam sido membros de um comando das SS que viera de Munique, chamado Staatsräuber ("Sequestradores do Estado"), e era liderado por Reinhard Heydrich. Na noite do dia 27, eles entraram com material inflamável pelo corredor que levava aos porões do Reichstag, puseram fogo em tudo que encontraram e saíram pelo mesmo lugar. Antes disso, agentes nazistas que se fizeram passar por membros de uma célula comunista recrutaram o jovem holandês Marinus van der Lubbe.[8]

Naquela mesma noite, vários membros do grupo parlamentar comunista foram presos e, no dia seguinte, Hitler instruiu Hindenburg a assinar um decreto pelo qual se derrogavam os direitos constitucionais para "a proteção do Estado e do povo" alemães. Conhecido como o "Decreto do Incêndio do Reichstag" ou Lei Plenipotenciária de 1933, a assinatura significou o estado de exceção, o fim da liberdade de imprensa e a restauração da pena de morte com caráter retroativo. O texto, composto de cinco artigos, dava plenos poderes ao Partido Nacional-Socialista, a Adolf Hitler e, portanto, a todos os seus bandidos.

LEI PARA SOLUCIONAR AS URGÊNCIAS DO POVO E DA NAÇÃO

O Reichstag fez entrar em vigor a seguinte lei, a qual é sancionada com o consentimento do Reichsrat, tendo ficado estabelecido que os requisitos para uma emenda constitucional foram cumpridos:

Artigo 1º Em acréscimo ao procedimento estabelecido pela Constituição, as leis do Reich podem também ser emitidas pelo governo do Reich. Isso inclui as leis referidas no artigo 85, parágrafo 2º, e artigo 87 da Constituição.

Artigo 2º As leis emitidas pelo governo do Reich podem diferir da Constituição sempre que não contradisserem as instituições do Reichstag e do Reichsrat. Os direitos do presidente ficam sem modificação.

Artigo 3º As leis emitidas pelo governo do Reich devem ser promulgadas pelo chanceler e publicadas no Diário Oficial do Reich. Tais leis entrarão em vigor no dia seguinte da publicação, a não ser que se indique uma data diferente. Os artigos 68 a 77 da Constituição não se aplicam às leis emitidas pelo governo do Reich.

---

[7] Sven Felix Kellerhoff e Karina Berger, *The Reichstag Fire: The Case Against the Nazi Conspiracy*, The History Press, Gloucestershire, 2016.

[8] Robert Gerwath, *Hitler's Hangman: The Life of Heydrich*, Yale University Press, Londres, 2012.

O CONVENIENTE INCÊNDIO DO REICHSTAG

Artigo 4º As leis emitidas pelo Reich com Estados estrangeiros que afetem em matéria a legislação do Reich não necessitarão da aprovação das câmaras legislativas. O governo do Reich deve promulgar as regras necessárias para a execução de tais tratados.

Artigo 5º Esta lei entra em vigor no dia de sua publicação. Fica sem vigência no dia 1º de abril de 1937 ou se o atual governo do Reich for substituído por outro.

O "decreto" permitiu às SS e às SA deter todos os líderes políticos da Oposição, tanto social-democratas como comunistas, em sua própria cama enquanto dormiam. Calcula-se que nos dois dias seguintes ao incêndio foram capturados sob "detenção preventiva" (*Schutzhaft*) cerca de 4 mil políticos, ativistas e sindicalistas em todo o território do Reich. Nas semanas seguintes, o número aumentou para mais de 20 mil, desta vez comunistas de base. Todos foram levados para campos de prisioneiros improvisados. Um deles tinha o nome de Dachau e ficava a 13 quilômetros a noroeste de Munique. O campo tinha sido construído sobre uma fábrica de pólvora, e no dia 21 de março, quase um mês depois do incêndio do Reichstag, a Dachau foram chegando os primeiros prisioneiros, sobretudo comunistas e social-democratas. Até sua libertação, em 28 de abril de 1945, pelas tropas dos Estados Unidos, o campo

Prisioneiros chegando ao campo de Dachau em 1933

Theodor Eicke, comandante do campo de Dachau

foi comandado por homens das SS e dirigido por Theodor Eicke, homem de confiança de Himmler. Todos os prisioneiros recebiam a qualificação de "inimigos infra-humanos do Estado" e, portanto, eram suscetíveis de ser eliminados.[9]

Era o próprio Eicke quem fazia o discurso de boas-vindas às unidades das SS destinadas ao campo:

> Camaradas das SS! Todos vocês sabem por que o Führer nos chamou. Não estamos aqui para tratar com esses porcos daí de dentro de uma maneira humana. Não os consideramos homens como nós, e sim homens de segunda classe. Faz anos que aguentamos sua natureza criminosa. Mas agora estamos no poder. Se esses porcos tivessem chegado ao poder, teriam cortado nossas cabeças. Por isso não teremos consideração. Quem dentre os camaradas aqui presentes não for capaz de ver sangue não é dos nossos e deve renunciar. Quanto mais desses porcos matarmos, menos teremos de alimentá-los.[10]

O vermelho das chamas simbolizou o final do sistema democrático alemão, e a fumaça cinza, a ascensão do Partido Nazista, que se imporia nas eleições antecipadas de 5 de março, dando lugar à instauração de um Estado totalitário repressivo e cruel. As promessas de levar a Alemanha ao máximo poder da

---

[9] No total, mais de 200 mil prisioneiros de mais de 30 países foram confinados em Dachau, campo que, desde 1941, foi também utilizado como centro de extermínio. Documentos relatam 45 mil pessoas assassinadas no campo, além de mais vários milhares que morriam por causa das péssimas condições de vida. No início de 1945, começou uma epidemia de tifo, depois da qual Dachau foi evacuado. Nessa ação morreu a maioria dos prisioneiros que ainda restavam. (N.A.)

[10] J. Lee Ready, *Eicke's Boys: The Totenkopfverbaende*, CreateSpace Independent Publishing Platform, internet, 2014.

O CONVENIENTE INCÊNDIO DO REICHSTAG

Europa fizeram com que o NSDAP conseguisse aumentar o número de votos de 5,5 milhões para 17,75 milhões, embora isso fosse apenas 44% dos votos válidos. Com a ajuda dos 3 milhões de votos do Partido Nacional Popular Alemão (DNVP) de Alfred Hugenberg, o governo do chanceler Hitler atingiu a maioria simples no Reichstag. Já que a maior parte dos deputados comunistas e social-democratas estava sob prisão preventiva, Hitler conseguiu o apoio dos dois terços da Câmara necessários para que se aprovasse a chamada "Lei de Autorização", que permitia aos nazistas governar e reger os destinos da Alemanha sem nenhum tipo de controle parlamentar. Desse modo, Hitler enterrou a democracia alemã por meio de um ato de aparente legalidade.

Marinus van der Lubbe
no tribunal

O jovem anarquista holandês, que se autoculpou por ter posto fogo no edifício em repúdio ao avanço do Partido Nazista, foi sentenciado por um tribunal de Leipzig à pena de morte, e um ano mais tarde morreu executado na guilhotina. Depois da guerra, surgiu com força a teoria sobre o autor ou autores do incêndio e, embora nos primeiros anos tenha predominado a tese de que o fogo havia sido provocado pelos nazistas, no final dos anos 1950 predominou a ideia de que fora obra apenas de Marinus van der Lubbe.

Nascido em Leiden (Holanda) em janeiro de 1909, Marinus foi criado em um orfanato. Após a morte da mãe, teve de começar a trabalhar como operário na construção civil. Em 1925, filiou-se ao Partido Comunista da Holanda, depois de sofrer um acidente de trabalho que afetou seus olhos. Em fevereiro de 1933, já quase cego, e depois da subida de Hitler ao poder, o idealista Van der Lubbe chegou a Berlim pensando que os comunistas se lançariam à revolução contra os nazistas. Mas o que encontrou foi um Partido Comunista Alemão desagregado, com a maior parte de seus líderes encarcerada e muitos de seus membros abraçando a nova ideologia, isto é, o nacional-socialismo.[11]

---

[11] Martin Schouten, *Marinus van der Lubbe: Een biografie*, Bezige Bij, Amsterdã, 1999.

Em 25 de fevereiro, ele tentou incendiar o Palácio Imperial e uma agência de empregos, mas sem sucesso. Dois dias depois, a polícia o acusava de ter incendiado o Reichstag. Em um primeiro momento, asseguraram que Marinus van der Lubbe havia agido sozinho, mas logo corrigiram e disseram que a ação do holandês era resultado de um plano de um grupo comunista que pretendia acabar com o símbolo da democracia alemã (o Reichstag) e, a partir dali, empreender uma grande revolução comunista.[12]

Em setembro de 1933, na quarta sala do Tribunal de Leipzig, compareceu, além de Van der Lubbe, um grupo de comunistas, dentre os quais estava um búlgaro chamado Georgi Dimitrov. Ele realizou uma defesa tão brilhante de todo o grupo de acusados, que a pena de morte foi imputada apenas a Van der Lubbe. De fato, Dimitrov, que 13 anos depois se tornaria primeiro-ministro da Bulgária, orientou sua defesa para um objetivo concreto: convencer quase uma centena de jornalistas que assistiam ao julgamento de que a chave do incêndio do Reichstag deveria ser buscada na extrema direita e, de forma mais concreta, entre as fileiras do Partido Nacional-Socialista de Hitler. Para isso, Dimitrov pediu a Göring que explicasse em que se baseava sua insistência na autoria dos comunistas, o que provocou o riso dos jornalistas presentes. "Gostaria", disse ele, "que o Sr. Göring desse uma explicação lógica sobre como apenas um homem, com uma simples caixa de fósforos e quatro pacotes de carvão da marca Oldin, pôde destruir, em apenas uma hora e sem que nenhum policial percebesse, o enorme edifício do Parlamento."[13]

Se, como dissera o presidente do Tribunal no início do processo, tratava-se de fazer valer a "justiça soberana alemã", recusando todo tipo de conivência entre os poderes judiciário e político, a parte de inspeção deveria apresentar provas fidedignas. O presidente Buenger tentou enfraquecer a requisição de Dimitrov e lhe exigiu que dissesse se pensava ou não que o Tribunal estava influenciado pelo governo. Dimitrov se limitou a responder que suspeitava que as investigações realizadas pela polícia "podiam ter sido influenciadas por uma determinada posição política". Göring, fora de si, insultou-o: "Para mim, você é apenas um bandido, comida de forca." A imprensa internacional comemorou a vitória moral do comunista sobre seu acusador, Göring, que

---

[12] John Pritchard, op. cit.
[13] Georgi Dimitrov, *El juicio del incendio del Reichstag*, Grijalbo, Cidade do México, 1970.

O CONVENIENTE INCÊNDIO DO REICHSTAG

teve de se conformar com o fato de que Marinus van der Lubbe, desempregado, doente da vista e ainda convalescendo de um acidente de trabalho, fosse enforcado aos 24 anos de idade. Os outros acusados recuperaram a liberdade, embora a repressão policial iniciada com a ordem presidencial de 28 de fevereiro caísse sobre eles nas próprias portas do Tribunal.[14]

Marinus van der Lubbe morreu na guilhotina, no pátio central da prisão de Leipzig, na madrugada de 10 de janeiro de 1934, apenas três dias antes de completar 25 anos. O corpo foi enterrado em uma cova comum, sem nome, no cemitério sul da cidade. Apesar da infinidade de teorias desenvolvidas sobre o assunto, a figura de Van der Lubbe continua aparecendo na maioria das enciclopédias e livros didáticos alemães como o único autor do incêndio do Reichstag. Em dezembro de 1980, a décima sala do Supremo Tribunal de Berlim Ocidental emitiu uma sentença de absolvição *post mortem* em favor de Marinus van der Lubbe. Nela, o juiz berlinense dizia que o presidente do Tribunal de Leipzig que condenou Van der Lubbe à morte, Wilhelm Buenger, o fez atendendo a pressões de Hitler e sem exigir previamente que se investigasse a possível culpa dos seguidores do então chanceler do Reich.

Em 1981, um tribunal de Berlim, a pedido de Jan van der Lubbe, irmão de Marinus, revogou a sentença de 1933 e o declarou "não culpado", com o argumento de que se tratou de uma operação de "falsa bandeira" do governo nazista e da qual Van der Lubbe havia sido uma marionete. A anulação legal da condenação foi ratificada definitivamente em 2008, graças a uma lei aprovada em 1998 pelo Bundestag, que permitia a revisão de suas condenações, assim como a reabilitação de condenados pelos tribunais nazistas entre 1933 e 1945.

Quarenta e sete anos depois do incêndio que abriu a Hitler o caminho para o poder absoluto, uma comissão de historiadores conseguiu reunir provas documentais suficientes que demonstravam que foram os próprios nazistas que puseram fogo no Reichstag com o único objetivo de iniciar uma ampla operação de repressão contra seus verdadeiros rivais políticos, os comunistas.[15]

Em 2005, o jornalista investigativo Otto Köhler descobriu que uma lista com nomes das pessoas que deviam ser detidas e culpadas pelo incêndio tinha

---

[14] Ibid.

[15] Benjamin Carter Hett, *Burning the Reichstag: An Investigation into the Third Reich's Enduring Mystery*, Oxford University Press, Oxford, 2014.

sido enviada à polícia de Berlim seis horas antes de que se declarasse o fogo no Reichstag. O general Franz Halder, chefe do Estado-Maior do Alto-Comando do Exército alemão (OKW) entre 1938 e 1942, que participou das primeiras conspirações militares contra Hitler, declarou o seguinte ao historiador William Shirer: "Em um almoço por ocasião do aniversário do Führer em 1943, pessoas ao redor dele direcionaram a conversa ao incêndio do Reichstag e seu valor artístico. Eu escutei com os meus próprios ouvidos como Göring irrompeu na conversa e gritou: 'O único que realmente sabe de algo sobre o edifício do Reichstag sou eu, pois fui eu que o incendiei.' E, depois de dizer isso, bateu palmas."[16]

---

[16] William Shirer, op. cit.

3

O INCIDENTE GLEIWITZ
(1939)

- - - - - - - - - - -

"É a paz para nossa vida inteira", disse em 30 de setembro de 1938 Neville Chamberlain, primeiro-ministro da Grã-Bretanha, aos entusiastas londrinos. Mas isso não era totalmente certo. Na verdade, ninguém queria uma guerra, exceto Stálin. Nem Chamberlain, nem Hitler, nem seus asseclas, nem seus militares, nem o povo britânico, nem o alemão, nem o governo francês... muito menos o povo polonês, seu governo ou os militares. A situação mudou radicalmente quando Chamberlain deixou claro que as potências europeias não agiriam se a Alemanha e a Rússia reclamassem uma esfera de influência e territorial na qual se encontrava a Polônia, e foi o pacto de não agressão que decidiu o destino da guerra na Europa. Os ingleses sabiam que Hitler não conseguiria levar seus generais a uma guerra de duas frentes, e por isso era necessário aplacar o "urso soviético".

A Alemanha precisava de uma saída para o mar, e Gdansk era o objetivo. O Tratado de Versalhes havia feito dessa cidade um porto livre, mas unido à Polônia por diferentes acordos. Hitler jamais iria tolerar que cerca de 300 mil cidadãos de origem alemã se encontrassem sob o domínio polonês; então, a partir de 1936, a influência alemã na cidade aumentou consideravelmente. Derrogada a Constituição democrática e dissolvidos os partidos políticos, a cidade ficou sob o controle nazista desde novembro de 1938. No Reichstag, Hitler pediu a reincorporação de Gdansk ao Reich, mas sabia que, para Londres ou Paris, qualquer modificação de seu estatuto significaria a guerra.[1]

---

[1] David G. Williamson, *Poland Betrayed: The Nazi-Soviet Invasions of 1939*, Stackpole Books, Oxford, 2011.

Em virtude dos contínuos e cada vez mais violentos incidentes nas fronteiras, provocados pelos nazistas, a França e a Grã-Bretanha tomaram medidas militares para que Hitler visse que estavam dispostas a responder a uma ameaça por parte da Alemanha. No dia 25 de julho, mais de 200 aviões britânicos participaram de exercícios conjuntos com a Força Aérea francesa; era preciso mostrar a Berlim o poder militar das potências. Mas, em 23 de agosto, o pacto germano-soviético caiu como uma bomba no Foreign Office britânico e no Quai D'Orsay francês. Em Moscou, o ministro das Relações Exteriores do Reich, Joachin von Ribbentrop, tinha acabado de assinar com seu homólogo soviético, Viatcheslav Molotov, um pacto de não agressão para os dez anos seguintes.

O que franceses e britânicos não sabiam é que Berlim e Moscou haviam, recentemente, negociado diversos artigos do tratado. Um deles estabelecia a divisão da Polônia como pagamento da neutralidade soviética, enquanto outro estipulava que Hitler fecharia os olhos quando a União Soviética pisasse em solo finlandês. Hitler sabia que, enquanto Stálin estivesse ocupado nas estepes geladas da Escandinávia, não teria inimigo a leste e, portanto, poderia devastar a Polônia.[2]

A França sabia que devia se preparar para a guerra; portanto, já em 23 de agosto, mobilizou todos os seus reservistas. Dois dias mais tarde, o governo polonês assinou com Londres um pacto de ajuda mútua. A Chancelaria de Berlim recebeu várias petições de paz, boa vontade e tranquilidade procedentes do rei Leopoldo III da Bélgica, da rainha Guilhermina da Holanda, do papa Pio XII e inclusive do presidente norte-americano Roosevelt. Mas o Führer não estava disposto a alterar seus planos. "A incorporação de Gdansk ao Reich será efetuada, custe o que custar", disse Hitler em um discurso no Reichstag. Para responder às potências, Hitler afirmou que tinha enviado ao governo da Polônia uma proposta para negociar pacificamente a questão de Gdansk, mas Varsóvia a recusara. Exatamente no dia 31 de agosto, às nove da noite, Ribbentrop entregou aos embaixadores da França e da Grã-Bretanha

---

[2] Desde a assinatura do pacto germano-soviético, Londres e Paris criticaram Stálin argumentando que isso permitira a Hitler centrar todos os seus esforços bélicos no Oeste. Moscou, por sua vez, respondeu que o "respiro" pela assinatura do pacto lhe permitira preparar seu exército para a guerra que se iniciaria contra os alemães. (N.A.)

O INCIDENTE GLEIWITZ

em Berlim uma nota oficial fazendo saber que a Polônia tinha recusado a proposta do Reich. Porém, o certo é que o governo polonês jamais recebeu tal proposta.

Hitler precisava de algum pretexto para se lançar à guerra, e para isso voltou a recorrer aos homens de Reinhard Heydrich, os mesmos que utilizara para incendiar o Reichstag seis anos antes. No dia 24 de agosto, o Führer viajava em seu avião particular para Berlim quando pediu uma reunião na Chancelaria do Reich para o dia seguinte, com Heinrich Himmler e seu adjunto, o SS *Obergruppenführer* Karl Wolff. O início do ataque à Polônia havia sido programado para o dia 26 de agosto, às quatro e meia da manhã, e, para cumprir os horários, o ataque das forças de combate alemãs deveria ocorrer no dia 25 de agosto, às três da tarde. Durante todos esses dias, Goebbels, do Ministério da Propaganda, ficou enviando mensagens à imprensa para colocar a opinião pública alemã contra os poloneses.[3]

Himmler tinha recebido do próprio Führer a ordem de permanecer em Berlim para coordenar as forças de combate das SS e as forças policiais da SD. Essa ordem havia sido dada no Berghof no dia 22, um pouco antes de Hitler se dirigir aos seus generais. Tudo estava fortemente ligado. Hitler ordenou a Himmler que criasse guarnições com alemães étnicos (*Volkdeutsche*) e germanizasse (*Eindeutschen*) qualquer polonês que pudesse ter sangue alemão nas veias. Esquadrões especiais das SS receberam ordem de liquidar todas as classes dirigentes polonesas, mas também militares, intelectuais, a nobreza, o clero e, sobretudo, os judeus, que se calculava serem 3 milhões. Era preciso reuni-los todos e confiná-los em guetos.[4]

Apesar de ter se encontrado na Chancelaria com o embaixador da Grã-Bretanha e ter prometido a ele não entrar em guerra, no dia 31 de agosto Hitler saiu de seu gabinete, dirigiu-se aos generais e disse: *"Fall Weiss!"* ("Caso Branco").

O ministro da Propaganda, Joseph Goebbels, alardeava todos os dias no rádio sobre a intenção da Polônia de provocar uma guerra, sobre o perigo que

---

[3] Peter Padfield, *Himmler. Líder de las SS y Gestapo*, La Esfera de los Libros, Madri, 1990.

[4] Robert Gerwarth, *Hitler's Hangman: The Life of Heydrich*, Yale University Press, New Haven, 2012.

Franz Huber, Arthur Nebe, Heinrich Himmler, Reinhard Heydrich e Heinrich Müller
(da esquerda para a direita), em novembro de 1939

a Polônia representava para a Europa e sobre as atrocidades que as autoridades polonesas estavam fazendo contra a minoria alemã. Por sua vez, a União Soviética tinha se oferecido em segredo para ficar do lado da Alemanha, em troca da parte oriental da Polônia. Naquela mesma noite, Joachin von Ribbentrop informou ao Führer que Londres estava a ponto de assinar um tratado secreto pelo qual, se a Polônia fosse atacada, isso representaria uma declaração de guerra contra a própria Grã-Bretanha. Também seu ministro das Relações Exteriores lhe informou que o Duce, Benito Mussolini, lhe indicara que, se a Alemanha entrasse em guerra com a Polônia, a Itália não teria força, nem econômica, nem militar, para aguentar um ataque direto franco-britânico sobre seu território. Hitler, furioso, ordenou então ao general Keitel que suspendesse todas as operações militares até nova ordem. Era evidente que precisava de mais tempo para negociar.[5]

---

[5] Michael Bloch, *Ribbentrop: A Biography*, Crown, Londres, 1993.

O INCIDENTE GLEIWITZ

O mais curioso do caso é que a ordem de Keitel chegou a todas as unidades de combate, menos ao quartel-general da Abwehr (Inteligência Militar) de Wilhelm Canaris. Suas equipes clandestinas já se encontravam na Polônia, assim como um dos grupos especiais das SS de Heydrich, vestidos com uniformes poloneses. Os primeiros movimentos aconteceram na cidade fronteiriça de Colinden, onde os homens de Heydrich dispararam contra um posto de fronteira alemão. O incidente não teve a mínima relevância, mas enquanto isso, na Alemanha, foi cancelado o congresso do partido, que ocorreria em Nuremberg, e os canais de negociação com Chamberlain permaneciam abertos (também participaram os governos de Varsóvia e de Roma).[6]

Himmler então ordenou a Heydrich que seus comandos deveriam causar mais tumulto do outro lado da fronteira. Em uma reunião ocorrida em 10 de agosto de 1939, no hotel Oberschlesien, na cidade de Gleiwitz, Reinhard Heydrich e Heinrich Müller planejaram a operação que serviria de *casus belli* para a invasão da Polônia. Ali convocaram também Alfred Naujocks como encarregado da missão, cujo nome em código foi "Operação Himmler". Tratava-se de disfarçar um bom número de soldados das SS com uniformes e armas polonesas e realizar atos de sabotagem em localidades alemãs perto da fronteira com a Polônia. Depois dos ataques, deixariam os cadáveres vestidos com uniformes poloneses, que serviriam para dar mais verossimilhança e dramaticidade à história.[7]

O objetivo mais importante da operação era a estação de rádio de Gleiwitz, na Silésia. Um oficial alemão que falasse polonês emitiria uma mensagem assegurando que o ataque da Polônia à Alemanha era iminente e encorajaria a minoria polonesa em território alemão a se unir aos nazistas. O jovem *Sturmbannführer* Alfred Naujocks, junto a um seleto grupo de SS, esperou o chamado para entrar em ação. Na manhã de 31 de agosto, depois de duas semanas de posicionamento das tropas da Wehrmacht na fronteira da Polônia, Naujocks recebeu uma mensagem secreta: *"Grossmutter gestorben"* ("A vovó morreu").

---

[6] Dennis Whitehead, *The Day Before the War: The Events of August 31, 1939 That Ignited World War II*, CreateSpace Independent Publishing Platform, internet, 2014.

[7] Robert Gerwarth, op. cit.

Alfred Helmut Naujocks liderou o grupo que atacou Gleiwitz

Alfred Naujocks nasceu em 20 de setembro de 1911, na cidade de Kiel, onde estudara engenharia. Em 1931, entrou para as SS como motorista no quartel-general do SD em Berlim. Quatro anos mais tarde, e depois de fazer um curso de especialização em infiltração e comandos das SS, liderou um ataque secreto à estação de rádio antinazista de Záhoří, perto de Praga, em 23 de janeiro de 1935. Graças a isso, Naujocks subiu rapidamente de escalão, passando de capitão a major em apenas um ano. Pouco depois, o poderoso Reinhard Heydrich pôs os olhos nele e o acolheu sob sua asa protetora, convertendo-o em uma figura intocável.[8]

Durante a noite de 31 de agosto para 1º de setembro, Naujocks deveria atacar a estação alemã de rádio em Gleiwitz como parte de uma série de ataques coordenados. Os meios de comunicação controlados por Goebbels diriam que os responsáveis eram as forças polonesas.[9]

A torre de transmissão da emissora de rádio tinha sido construída em madeira, em 1935, pela companhia alemã Lorenz. Media 111 metros de altura e não tinha um só prego de ferro. Às oito da noite, o comando entrou pela porta traseira da instalação; não encontraram oposição, já que só havia três técnicos e um policial. Depois de se apoderar do edifício, um oficial alemão começou a transmitir em polonês que a estação de rádio estava sob controle polonês e que o ataque à Alemanha tinha começado. A locução foi transmitida por um microfone pequeno, e por isso o alcance da mensagem foi limitado. Sem demora, a transmissão foi interrompida por um tiroteio entre os "falsos" poloneses e o exército alemão, que tentava recuperar a estação. Um corpo

---

[8] Florian Altenhöner, *Der Mann, der den 2. Weltkrieg begann: Alfred Naujocks: Fälscher, Mörder, Terrorist*, Prospero Verlag, Munique, 2014.
[9] Ibid.

O INCIDENTE GLEIWITZ

ficou estendido no meio da estação. Era de Franciszek Honiok, de 43 anos, um fazendeiro católico alemão que simpatizava com os poloneses e que tinha sido detido alguns dias antes pela Gestapo. Honiok foi vestido com um uniforme de suboficial polonês depois de ser assassinado com uma injeção. Seu cadáver foi descoberto com cinco disparos quando uma unidade alemã conseguiu "recuperar" a emissora.

Uma equipe especial da Abwehr se ocupou dos corpos, enquanto o general Erwin von Lahousen se encarregou de conseguir os uniformes, que pertenciam a prisioneiros do campo de Dachau, aos quais foi ordenado que se vestissem com uniformes poloneses.

Torre de rádio em Gleiwitz

Mais tarde, eles foram levados a Gleiwitz, onde receberam uma injeção letal. Os corpos foram colocados no interior da estação de rádio e então metralhados com munição alemã.[10]

As forças alemãs que estavam nos arredores precisavam ser realocadas a quilômetros de Gleiwitz, para que não ocorresse um tiroteio entre os próprios alemães. Além da emissora, houve mais ataques: um túnel ferroviário, um posto aduaneiro e um posto de gasolina. No entanto, o que produziu mais vítimas foi a explosão de uma bomba na seção de equipamentos da estação ferroviária de Tarnów, que deixou 20 mortos e 35 feridos. Muito embora a detonação tenha destroçado um terço do edifício, só não houve mais baixas porque tinha acabado de passar por ali um trem cheio de soldados e porque havia pouca gente na estação. O autor do atentado foi um membro da minoria alemã na Polônia chamado Antoni Guzy, filho de mãe alemã e pai polonês. Guzy se encontrava desempregado e havia se inscrito na Gewerkschaft Deutscher Arbeiter, uma organização que ajudava a procurar

---

[10] David G. Williamson, *Poland Betrayed: The Nazi-Soviet Invasions of 1939*, Stackpole Books, Oxford, 2011.

emprego na Alemanha, o que foi motivo para a Gestapo recrutá-lo como agente. Assim ele contou ao ser capturado pela polícia polonesa em Cracóvia.[11]

A última fase da "Operação Himmler" consistia em que vários jornalistas alemães e estrangeiros visitassem os lugares atacados pelos "poloneses" e vissem os cadáveres dos militares. Apesar de o engano não ter sido descoberto até os julgamentos de Nuremberg (foi o próprio Naujocks quem o revelou), os aliados da Polônia não reconheceram o incidente Gleiwitz como *casus belli* e não o usaram como motivo para declarar guerra à Alemanha. A "Operação Himmler" tinha sido um desastre no qual ninguém acreditou. Em 31 de agosto de 1939, às 22h30, as emissoras de rádio alemãs, sob o controle de Goebbels, lançaram uma mensagem na qual qualificavam as "provocações polonesas" como um ato de guerra aberta contra a Alemanha. Se necessário fosse, os homens de Heydrich tinham previsto realizar mais uns duzentos incidentes contra a Polônia, com a finalidade de convencer o mundo de que estavam se defendendo de um ataque polonês e manter, assim, afastados os britânicos e os franceses. Em um primeiro momento, isso era importantíssimo, pois o Estado-Maior alemão não tinha garantias de ganhar a guerra caso se abrissem as duas frentes ao mesmo tempo.[12]

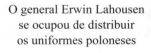

O general Erwin Lahousen se ocupou de distribuir os uniformes poloneses

---

[11] Dennis Whitehead, op. cit.
[12] Robert Smyth, *The Gleiwitz Incident: Nazi Plot-or Allied Cover Up?*, Steven Books, Londres, 2010.

O INCIDENTE GLEIWITZ

Hitler se dirige à nação para explicar os incidentes da Polônia

Nesse mesmo dia, em um discurso no Reichstag, Adolf Hitler citou 21 incidentes na fronteira, três deles considerados por ele mesmo como gravíssimos, embora não tenha mencionado o de Gleiwitz. Por fim, as forças alemãs cruzaram a fronteira polonesa às 4h30 do dia 1º de setembro de 1939, desencadeando uma trágica tormenta sobre a Europa e o mundo. Adolf Hitler tinha acabado de iniciar a Segunda Guerra Mundial. Por uma cruel ironia do destino, a primeira vítima foi a Polônia. O plano, minuciosamente preparado pelo Oberkommando der Wehrmacht (OKW), o Estado-Maior do Führer, para aquele 1º de setembro e conhecido como *Fall Weiss,* ou "Caso Branco", efetuava-se ao mesmo tempo que as primeiras unidades da Wehrmacht invadiam a Polônia e os stukas da Luftwaffe bombardeavam cidades e metralhavam a população civil. Depois de ter conquistado a Áustria e a Tchecoslováquia sem realizar um só disparo, as hostes do Reich se lançavam à conquista do Leste. Mas a Polônia com a qual Hitler se confrontou já não era aquele fraco território que os prussianos, austríacos e russos haviam dividido entre si. Agora era uma nação ligada por tratados de não agressão e ajuda mútua aos países aliados do Ocidente.

Eric Frattini ～ *MANIPULANDO A HISTÓRIA*

Cerca de 600 mil poloneses mal armados deveriam fazer frente a 65 divisões alemãs, ou seja, cerca de 1 milhão de homens. Em alguns pontos do país, divisões da cavalaria se lançaram contra os tanques da Wehrmacht. Estamos diante da famosa *Blitzkrieg*, ou guerra-relâmpago, que prenunciou o triunfo dos carros blindados e da infantaria motorizada sobre um exército com uma equipe antiquada. Em menos de um mês, a Polônia estava arrasada. Em 6 de setembro caiu Cracóvia e, em 27, Varsóvia. No dia 17, os exércitos da União Soviética invadiram a Polônia pelo leste com a finalidade de "proteger os ucranianos e os russos brancos" que viviam em solo polonês, como afirmou o próprio Stálin. No dia 28, o que restara do exército polonês capitulou em Modlin. Mais uma vez, a Polônia desaparecia do mapa.

Por outro lado, as potências ocidentais se mostravam otimistas diante da situação. Quando, no dia 2 de setembro, decidiram entrar na guerra, na verdade pensavam que seria apenas uma questão de meses. Os governos estavam certos de sua unidade e, convencidos da efetividade do grande exército francês, acreditavam que Adolf Hitler cairia em pouco tempo. No dia seguinte à entrada na Polônia, a maior parte dos chefes militares do Alto-Comando alemão tentou convencer o Führer da necessidade de empreender negociações de paz. Mas Hitler já não queria apenas a Polônia; agora estava decidido a conquistar toda a Europa e colocá-la sob o poder da suástica.[13]

Nos julgamentos de Nuremberg, Alfred Naujocks confirmou que o ataque à estação de rádio de Gleiwitz tinha sido ordenado por Heinrich Müller, chefe da Gestapo, e por seu superior, Reinhard Heydrich. No final da guerra, Naujocks conseguiu escapar de um centro de detenção aliado e se converteu em um próspero homem de negócios na cidade de Hamburgo. Sua tranquilidade foi interrompida quando dois jornalistas descobriram sua história e publicaram uma grande reportagem intitulada "O homem que iniciou a guerra". Naujocks morreu de um ataque cardíaco em 4 de abril de 1966, aos 54 anos, na cidade de Hamburgo, levando consigo um grande número de segredos que mudaram o rumo da História.[14]

A estação de rádio de Gleiwitz ainda se conserva em bom estado e está situada ao norte da cidade, entre as avenidas Tarnogorska e Lubliniecka,

---

[13] David G. Williamson, op. cit.
[14] Florian Altenhöner, op. cit.

— 50 —

O INCIDENTE GLEIWITZ

junto ao cruzamento. Sobre sua torre foram instaladas 50 antenas para redes de telefonia móvel, radiotáxis e a emissora de rádio da cidade. Em 2002, a Prefeitura de Gleiwitz adquiriu as instalações da companhia TPSA (Telecomunicações Polonesas), que havia sido a proprietária da emissora desde 1945, e instalou uma placa para que os visitantes soubessem o que havia acontecido ali. De início, a torre foi usada para transmitir os programas da Rádio Katowice e mais tarde, até 1956, para provocar interferências na emissora propagandística norte-americana Radio Free Europe, ou Radio Liberty, financiada pela CIA durante a Guerra Fria.[15] Hoje é possível visitar o lugar que foi cenário de uma operação de falsa bandeira que acendeu a faísca com a qual se iniciou a Segunda Guerra Mundial.

---

[15] A. Johnson, *Radio Free Europe and Radio Liberty: The CIA Years and Beyond*, Stanford University Press, Palo Alto, 2010.

OPERAÇÃO MAINILA
(1939)

Mal terminada a partilha da Polônia, a União Soviética se voltou para a Estônia, a Letônia e a Lituânia, a quem obrigou a abrigar bases aéreas e navais em troca de proteção no caso de uma agressão exterior. Mas Stálin ainda não tinha se dado conta de que o "agressor externo" era ele. Para assegurar sua fronteira norte, os soviéticos iniciaram, em 12 de outubro de 1939, negociações com a Finlândia e reclamaram a Helsinque a cessão de territórios de grande importância estratégica, como o istmo da Carélia, e diante disso a Finlândia se negou a continuar negociando.

Moscou havia assinado com o país escandinavo diversos tratados de não agressão, como o Tratado de Tartu, de 1920, os pactos de 1932 e 1934, e a Carta da Liga das Nações. Mas Stálin e seus generais tentavam dar uma aparência de legitimidade ao seu militarismo procurando um *casus belli* com seu vizinho do norte. Em setembro de 1939, a Alemanha tinha realizado sua operação de falsa bandeira na cidade polonesa de Gleiwitz para atacar a Polônia, e, embora ninguém tenha acreditado na propaganda alemã, a ação deu certo respaldo a Hitler para se lançar ao ataque. Stálin necessitava de algo parecido.

A ideia era provocar incidentes na fronteira com a Finlândia, atos que o próprio Stálin qualificou de "inocentes jogos de guerra". Para isso, o líder soviético convocou ao Kremlin os marechais Kliment Voroshilov, Semion Timoshenko e Kiril Meretskov, que seriam encarregados de comandar a guerra contra a Finlândia caso as hostilidades se iniciassem, e Lavrenti Beria, chefe do NKVD. Este indicou o marechal Grigory Kulik para liderar a operação de falsa bandeira que a União Soviética pretendia realizar.[1]

Kulik, de origem ucraniana, havia sido soldado durante a Primeira Guerra Mundial, até que em 1917 entrou para o Partido Bolchevique e alistou-se no Exército Vermelho. Vinte anos depois, foi nomeado chefe do Diretório Principal de Artilharia, cargo que ocupou até 1941. O certo é que Kulik era um seguidor fanático de Beria e Stálin, e tinha fama de oficial incompetente e de fanfarrão assassino.[2] Apesar de sua nefasta liderança militar na guerra que se desencadeou com a Finlândia, Kulik foi agraciado com a medalha de Herói da União Soviética. Exatamente um ano depois, Stálin lhe pediu que

Marechal Grigory Kulik

se ocupasse da execução de 150 mil militares poloneses nos bosques de Katyn. Os atores para o primeiro ato da guerra já estavam decididos.

O "Gleiwitz russo" aconteceria na cidade de Mainila, ao norte de São Petersburgo e perto da fronteira da Finlândia. Nas primeiras horas da manhã do dia 26 de novembro de 1939, realizaram-se sete disparos de artilharia, cujos ecos foram detectados pela guarda da fronteira finlandesa, que informou de imediato seus superiores. Um dos informes indicava de maneira precisa que os disparos tinham sido detonados a 800 metros já dentro do território soviético.[3]

Helsinque propôs a Moscou a criação de uma comissão conjunta de investigação, mas Stálin se negou e decidiu romper relações diplomáticas três dias

---

[1] Simon Sebag Montefiore, *Stalin: The Court of the Red Tsar*, Vintage, Nova York, 2005.
[2] Robert Conquest, *The Dragons of Expectation: Reality and Delusion in the Course of History*, W. W. Norton & Company, Nova York, 2004.
[3] Eloise Engle e Lauri Paananen, *The Winter War: The Soviet Attack on Finland, 1939-1940*, Stackpole Books, Oxford, 1992.

depois do incidente. Moscou já tinha seu próprio "Gleiwitz". Os finlandeses investigaram o bombardeio e concluíram que nenhuma peça de artilharia de suas Forças Armadas havia disparado naquele dia. O marechal de campo Carl Gustaf Mannerheim, comandante-chefe das forças de defesa finlandesas, tinha ordenado semanas antes a todas as baterias fronteiriças que atrasassem suas posições para evitar incidentes com a União Soviética, caso esta disparasse sobre território finlandês para evitar provocar o "urso soviético".

As suspeitas de Mannerheim se converteram em realidade quando, na tarde de 29 de novembro, a União Soviética descumpriu o Pacto de Não Agressão de 1932. O presidente da Finlândia, Kyösti Kallio, e seu primeiro-ministro, Aimo Cajander, sabiam que Stálin iniciaria as hostilidades contra seu país em pouco tempo e por isso convocaram em segredo o marechal Mannerheim e ordenaram a ele que pusesse todas as Forças Armadas em estado de alerta máximo. Na manhã de 30 de novembro, a União Soviética invadiu a Finlândia, dando início à chamada "Guerra de Inverno".

Os generais de Stálin acreditavam que a Finlândia seria um cenário similar ao da Polônia e que conquistariam o país sem realizar um único disparo. Mas estavam enganados. As forças finlandesas estavam acostumadas e bem treinadas para combater em cenários nevados e sob temperaturas próximas a 50 graus

Soldados finlandeses na guerra russo-finlandesa

OPERAÇÃO MAINILA

Soldados soviéticos na guerra russo-finlandesa

negativos. Os soviéticos estavam mal-armados, pessimamente vestidos para uma guerra no inverno e muito mal dirigidos, o que levou todos os ataques dos soviéticos a serem repelidos pelos finlandeses. Inclusive a famosa ofensiva soviética de dezembro acabou de forma estrepitosa, quando os russos perderam quase 100 mil homens na região da Carélia.[4] Enquanto Stálin e seus generais procuravam uma forma de planejar uma nova ofensiva, Helsinque tentava buscar ajuda das potências ocidentais. A primeira ação foi a expulsão da URSS da Sociedade das Nações, o que permitiu à Grã-Bretanha e à França enviar tropas para a Finlândia, embora a Noruega e a Suécia tenham negado seu direito de passagem.

No dia 30 de novembro de 1939, os russos reiniciaram as hostilidades bombardeando Helsinque. Em terra, o avanço do Exército Vermelho penetrou por quatro pontos distintos no solo finlandês. No total, meio milhão

---

[4] Robert Edwards, *White Death: Russia's War with Finland 1939-40*, Weidenfeld & Nicolson, Londres, 2006.

de homens, distribuídos em 24 divisões, avançaram em direção ao interior, ao passo que o marechal Mannerheim só conseguiu reunir nove divisões com 15 mil homens cada uma. No ar, a disparidade também era notável. A Força Aérea soviética contava com cerca de 800 aparelhos diante da escassa centena de aviões antiquados dos finlandeses.[5]

Os países ocidentais não haviam levado em consideração, em momento algum, uma resistência efetiva por parte do pequeno exército finlandês. Nem sequer o soldado finlandês se considerava um herói de guerra, e sim um homem capaz de se opor a um vizinho ao qual não desejava mal, mas que lhe inspirava desprezo por sua preguiça e embrutecimento. "Cada soldado finlandês vale por dez soldados russos", dizia um cartaz de propaganda da época. E, enquanto isso, em Londres, Paris e Nova York se arrecadava dinheiro para a causa finlandesa e "contra a invasão vermelha". Mas logo a ilusão se desvaneceu. Em janeiro de 1940, depois de um mês de combate, os finlandeses continuavam fustigando os soviéticos com métodos rudimentares, como o famoso coquetel Molotov (uma garrafa cheia de combustível na qual introduziam um pano como pavio, empapado no próprio combustível; acendia-se o pavio e as garrafas eram lançadas sobre os tanques russos), nomeado em homenagem ao ministro soviético das Relações Exteriores, Viacheslav Molotov.

Enquanto os soviéticos enviavam unidades blindadas ao fronte, os finlandeses se serviam de "brigadas ciclistas", bastante silenciosas, com as quais derrotaram as tropas inimigas na batalha de Suomussalmi, capturando

Pôster de propaganda a favor da Finlândia

---

[5] William R. Trotter, *The Winter War: The Russo-Finnish War of 1939-40*, Workman Publishing Company, Nova York, 2002.

OPERAÇÃO MAINILA

cerca de 2 mil soviéticos e se apoderando de valioso material bélico. Os soldados finlandeses demonstraram enorme inteligência graças a unidades muito ágeis que causaram espanto em toda a Europa por seu brilhante desempenho diante do poderoso Exército Vermelho. Quando a notícia de Suomussalmi chegou a Moscou, Stálin, furioso, trocou o comando da guerra e nomeou Semion Timoshenko como novo comandante-chefe das forças soviéticas no fronte finlandês.[6]

Em 1º de dezembro, a União Soviética estabeleceu um governo fantoche para a nova Finlândia "livre", ao qual batizaram com o nome de República Democrática da Finlândia.

Otto Kuusinen liderou o governo fantoche da Finlândia

À frente do chamado "governo Terijoki", devido ao fato de esta ter sido a primeira cidade finlandesa na qual o Exército Vermelho entrou, empossaram Otto Kuusinen, político, historiador, poeta e um dos fundadores do Partido Comunista da Finlândia. Stálin pensara nele para dirigir os destinos comunistas da futura Finlândia sob o jugo soviético, mas, contrariando suas expectativas, a classe trabalhadora finlandesa apoiou o governo nacional de Cajander. Essa reação da nação contra a invasão soviética foi batizada como o "espírito da Guerra de Inverno". A colaboração de Kuusinen com os soviéticos durante o confronto selou de forma definitiva a opinião pública dos finlandeses contra ele, e, como se fosse pouco, os socialistas lhe deram as costas e o consideraram um traidor.[7] O sentimento de Kuusinen em relação a seu povo era

---

[6] E.N. Kulkov e Oleg Rzhesevskii, *Stalin and the Soviet-Finnish War, 1939-40*, Routledge, Nova York, 2014.

[7] Depois da guerra, Otto Kuusinen se viu obrigado a se exilar em Moscou. Em 1958, foi nomeado membro da Academia de Ciências da União Soviética. Kuusinen morreu em seu exílio, em Moscou, no dia 17 de maio de 1964. Suas cinzas foram enterradas na Necrópole, localizada no muro do Kremlin. (N.A.)

Risto Ryti se viu obrigado a assinar a paz com Stálin

recíproco e, de fato, em seu livro intitulado *Finland Unmasked* [*Finlândia revelada*], Kuusinen critica abertamente os finlandeses e seu estilo de vida. Hoje em dia, muitos finlandeses continuam definindo Kuusinen como o "Quisling finlandês", em referência a Vidkun Quisling, o presidente que traiu a Noruega durante a ocupação nazista.[8]

Quando o inverno enfim acabou, o governo de Estocolmo, representado pelo primeiro-ministro Per Albin Hansson, e o de Berlim, representado pelo ministro das Relações Exteriores Joachin von Ribbentrop, pressionaram o governo de Risto Ryti, que havia substituído Cajander no cargo, a negociar a paz com a União Soviética. Em 29 de janeiro de 1940, Helsinque recebeu uma carta de Moscou na qual se informava que o Kremlin não se oporia à assinatura de um tratado que pusesse fim ao conflito. Stálin necessitava ganhar tempo, e no dia 1º de fevereiro deu ordens de iniciar a ofensiva, desta vez com 600 mil soldados soviéticos trazidos descansados de lugares como a Sibéria e acostumados a viver em temperaturas extremas. Os cansados defensores finlandeses se viram sobrecarregados e, no início de março, foi cruzada a chamada "linha Mannerheim", deixando o campo livre para a ocupação soviética.[9]

O Tratado de Paz de Moscou, entre a Finlândia e a União Soviética, foi assinado em 12 de março de 1940 e ratificado no dia 21 do mesmo mês. As rubricas no documento puseram fim a 105 dias de conflito. No final da "Guerra de Inverno", em 13 de março de 1940, 346 mil soldados finlandeses

---

[8] Otto Kuusinen, *Finland Unmasked*, The London Caledonian Press Ltd. for the Russia Today Society, Londres, 1944.

[9] Robert Edwards, op. cit.

OPERAÇÃO MAINILA

conseguiram repelir o ataque de 998.100 soldados do Exército Vermelho. Os soviéticos perderam 323 mil homens diante de 70 mil perdidos pelos finlandeses.

As duras condições de paz impostas por Moscou fizeram com que a Finlândia se aproximasse da Alemanha nazista.[10] Com a ratificação do tratado, a Finlândia perdia uma das partes mais ricas de seu território, toda a Carélia, algumas ilhas, a cidade de Vyborg e uma ampla faixa de território situada de ambos os lados do istmo que os soviéticos não tinham conseguido conquistar à força. O marechal Gustaf Mannerheim e o governo de Helsinque preferiram aceitar as duras condições para obter a paz, sem esperar da Grã-Bretanha e da França uma ajuda que sempre deve ter parecido a eles pouco confiável e, segundo o próprio Mannerheim, sem valor algum.[11]

Porém, esse tratado não colocaria fim ao conflito entre a Finlândia e a União Soviética, já que apenas um ano depois, exatamente em 25 de junho de 1941, estourou a chamada "Guerra de Continuação", que terminou no dia 19 de setembro de 1944, resultando em 72 mil mortos pelo lado finlandês e cerca de 90 mil pelo soviético.

Depois do fim da Segunda Guerra Mundial, e devido às pressões da Rússia sobre os demais aliados, Risto Ryti foi levado a julgamento por "colaboração com a Alemanha" e por ser "responsável pela guerra contra a União Soviética". Foi sentenciado a dez anos de prisão,[12] mas, em 1949, todos os responsáveis pela guerra contra a União Soviética, incluindo Ryti, foram postos em liberdade condicional. Nesse mesmo ano, recebeu o perdão presidencial por parte de Juho Kusti Paasikivi, e, depois do colapso da União Soviética, a reputação do político finlandês foi restaurada. Em 1994, erigiu-se uma estátua em honra de Ryti bem perto do Parlamento de Helsinque.

Anos depois, o líder soviético Nikita Kruschev escreveu que o bombardeio de Mainila havia sido organizado pelo marechal de artilharia Grigory Kulik, e que havia sido ele quem planejara a operação de falsa bandeira com Stálin e Molotov. Os materiais da quebra de sigilo dos arquivos privados do

---

[10] Heinrik O. Lunde, *Finland's War of Choice: The Troubled German-Finnish Condition in World War II*. Casemate Publishers, Nova York, 2011.

[11] Jonathan Clements, *Mannerheim: President, Soldier, Spy*, Haus Publishing, Londres, 2012.

[12] Ulpu Marjomaa, *100 Faces from Finland*, Finnish Literature Society, Helsinque, 2000.

líder soviético Andrei Jdanov insinuam que todo o incidente foi orquestrado para retratar a Finlândia como a agressora e lançar uma ofensiva contra ela. Do lado finlandês, negou-se a responsabilidade dos ataques e se apontou a artilharia soviética como a verdadeira ocasionadora da investida. De fato, os diários de guerra mostram que Mainila estava fora do alcance de todas as peças de artilharia da Finlândia, já que elas haviam sido retiradas dias antes para evitar o menor incidente. Também o historiador russo Pavel Aptekar analisou diversos documentos militares soviéticos tornados públicos e descobriu que nos relatórios diários de suas tropas destinadas na zona fronteiriça não se informou sobre perdas de pessoal durante o período, o que leva à conclusão de que o bombardeio de Mainila foi uma montagem.

Em 18 de maio de 1994, quase 60 anos depois, o presidente da Federação Russa, Boris Yeltsin, reconheceu oficialmente, em uma conferência de imprensa conjunta com o presidente finlandês Martti Ahtisaari, realizada no Kremlin, que "a guerra com a Finlândia não tinha sido defensiva, mas uma agressão aberta por parte da então União Soviética". Apesar disso, o governo de Moscou recusou-se a restaurar as fronteiras anteriores a 1939, e até hoje o assunto continua sendo motivo de controvérsia entre Moscou e Helsinque.

(5)

UM LUGAR CHAMADO KATYN
(1940)

— — — — — — — — — — — —

Rudolf Christoph von Gersdorff pertencia a uma nobre família de militares cuja origem remontava ao século IX. O membro mais importante foi Gero III (890-965), que, como conde de Oberlausitz, sob o sacro imperador romano-germânico Otto I, conquistou, cristianizou e defendeu a porção sul de Osmark, a fronteira leste da Alemanha medieval. Alguns membros da família do general Von Gersdorff se uniram à Ordem dos Cavaleiros Teutônicos para combater pela cristandade na Terra Santa, e inclusive um certo Von Gersdorff sucumbiu na batalha de Tannenberg em 15 de julho de 1410. Sua estátua aparece no alto da torre da cidadela de Marienburg, na Prússia Oriental.[1]

Rudolf, filho do barão Ernst von Gersdorff, recebeu em 1923 sua educação militar no quartel de Breslau, onde entrou como oficial cadete. No ano de 1926, ascendeu a segundo-tenente e, em 1938, a capitão de cavalaria. Em 1939, com o início da Segunda Guerra Mundial, Rudolf Christoph von Gersdorff foi destinado à Wehrmacht durante as primeiras horas da invasão da Polônia. Em 1941, para a "Operação Barbarossa" (a invasão da URSS), Rudolf foi enviado para o Grupo Central de Exércitos. Hitler estava deslumbrado com seus triunfos militares e acreditava que tudo era possível para a Alemanha. Onde Napoleão fracassou, ele triunfaria. Em 22 de junho de 1941, no mesmo dia em que se comemorava o 129º aniversário da travessia do rio Neman por parte das hostes napoleônicas, o Führer decidiu lançar suas tropas na invasão

---

[1] Rudolph Christoph von Gersdorff, *Soldier in the Downfall: A Wehrmacht Cavalryman in Russia, Normandy, and the Plot to Kill Hitler*, The Aberjona Press, Bedford, 2012.

da União Soviética. Mas a Wehrmacht ainda não sabia sobre o tipo de resistência que os soviéticos iriam exercer. Hitler precisaria de trigo, ferro, fosfato e petróleo, e o Führer havia sido muito claro com o general Halder, chefe de seu Estado-Maior: "A Rússia deve ser liquidada. Quanto antes melhor." Para a conquista da União Soviética, foram necessários 118 divisões de infantaria, 15 divisões motorizadas, 19 divisões Panzer, 1.160 bombardeiros, 720 caças, 120 aviões de reconhecimento e cerca de 3.000.000 de homens.[2]

Entre esses homens da Wehrmacht, que lutavam cidade por cidade, rua por rua, casa por casa, se encontrava o general de divisão Rudolf Christoph

Rudolf Christoph von Gersdorff descobriu Katyn em 1943

von Gersdorff. O militar tinha sido nomeado a ponte entre o Grupo Central de Exércitos e a Abwehr (Inteligência Militar), e seu chefe direto era o famoso general Heinz Guderian. Em janeiro de 1942, a Wehrmacht tinha perdido 1.500.636 homens, ou seja, 31% dos efetivos enviados para conquistar o gigante russo. No início de 1942, 413.609 prisioneiros alemães se amontoavam em campos de concentração improvisados sob um frio de cerca de 40 graus negativos. O "general inverno", o mesmo que golpeara os exércitos de Napoleão, voltava para fazer frente aos exércitos de Hitler. No final desse mesmo ano, o VI Exército caiu em Stalingrado, e 200 mil soldados foram sacrificados de uma só vez. Finalmente, o general Von Paulus se rendeu em 31 de janeiro de 1943.

No início de abril desse mesmo ano, Von Gersdorff, como oficial de inteligência, recebeu um relatório secreto de uma unidade de infantaria que se retirava para o oeste. Nele, mencionava-se a descoberta de uma grande vala

---

[2] David Stahel, *Operation Barbarossa and Germany's Defeat in the East*, Cambridge University Press, Cambridge, 2011.

comum na floresta de Katyn. O militar alemão ordenou que começassem a escavar para saber quem estava enterrado ali, e pouco depois os peritos forenses militares da Wehrmacht descobriram os corpos de cerca de 4 mil oficiais poloneses. Todos os crânios apresentavam um orifício na parte de trás, o que indicava que havia se tratado de uma execução em massa.

A primeira linha de investigação foi desenvolvida pela *Einsatzgruppen* B, o esquadrão de execução das SS, a mando dos generais Erich Naumann[3] (até março de 1943) e Horst Böhme[4] (a partir de março de 1943). Von Gersdorff leu os relatórios que asseguravam que, até dezembro de 1941, o grupo de carrascos das SS executara 134.298 pessoas, a maior parte com disparos na nuca. Pouco a pouco, a investigação revelava que a matança de militares poloneses

Vala comum em Katyn

---

[3] Erich Naumann seria capturado pelos Aliados depois da guerra e levado a julgamento em Nuremberg, no chamado Julgamento da *Einsatzgruppen*. Declarado culpado por crimes de guerra e por crimes contra a humanidade, foi condenado à morte e executado na forca, na madrugada de 7 de junho de 1951. (N.A.)

[4] Horst Böhme combateu até o final da guerra na frente de Königsberg. Em um primeiro momento, foi declarado desaparecido em combate, até que, em 1954, um tribunal, alemão o declarou oficialmente morto em 10 de abril de 1945. (N.A.)

Erich Naumann, da *Einsatzgruppen* B, foi o primeiro suspeito de Katyn

Horst Böhme (esq.) com Heydrich e Nebe

fora realizada por unidades soviéticas, embora os russos negassem a acusação, assegurando que os executores eram membros das SS com o objetivo de "manchar" a imagem da União Soviética e do Exército Vermelho diante de seus aliados.

Em setembro de 1943, Goebbels recebeu a notícia de que o exército alemão tivera de se retirar da zona de Katyn, bem como da descoberta das valas comuns. O ministro da Propaganda escreveu uma profecia em seu diário pessoal: "Lamentavelmente, tivemos de renunciar a Katyn. Os bolcheviques, sem dúvida, logo 'encontrarão' algum motivo para nos acusar de ter executado 12 mil oficiais poloneses. Esse episódio irá nos causar grandes problemas. Os soviéticos, sem dúvida, farão todo o possível, depois de descobrir as valas comuns, para jogar a culpa em nós."[5]

Os protocolos secretos assinados entre Molotov e Ribbentrop devolviam à União Soviética o que o tsar e Lênin haviam perdido: os Estados bálticos

---

[5] Joseph Goebbels, *The Goebbels Diaries, 1942-1943*, Doubleday, Nova York, 2003.

UM LUGAR CHAMADO KATYN

e o Leste da Polônia. Agora, a tarefa do todo-poderoso Lavrenti Beria, chefe do NKVD, consistia em expurgar da União Soviética um total de 20 milhões de novos cidadãos e selecionar aqueles que, se tivessem estado na União Soviética, teriam sido alvo de expurgos. Desde setembro de 1939, ano em que Hitler invadiu a Polônia, a 1941, quando o líder nazista iniciou a "Operação Barbarossa", esses novos soviéticos seriam classificados por dois simples critérios: o étnico e o sociopolítico. Nos Estados do Báltico, os comissários da NKVD expurgaram todos aqueles que haviam trabalhado para o Estado, que fossem proprietários de fábricas ou terras, que militassem em partidos políticos não comunistas ou que tivessem prestígio intelectual que pudesse alimentar certo orgulho nacional.[6] Para Beria, esses últimos eram os mais perigosos. Já no dia 11 de agosto de 1937, o NKVD, sob as ordens de Nikolai Ivanovich Yezhov, tinha estabelecido a chamada ordem número 00485, que marcava o início da eliminação sistemática da minoria polonesa no solo soviético em 1937 e 1938. A ordem levava o seguinte subtítulo: "Sobre eliminação de grupos de sabotagem e espionagem poloneses e unidades da Organização Militar Polonesa", e era assinada pelo Comitê Central do Politburo e Nikolai Yezhov, Comissário do Povo para Assuntos Internos. Essa ordem seria o epicentro das operações do NKVD e a origem de uma das maiores perseguições étnicas efetuadas durante o "Grande Terror".[7] Também conhecida como o "Grande Expurgo",[8] na verdade se tratou da eliminação sistemática de funcionários do governo, de líderes do Exército Vermelho e de membros das forças policiais e de segurança. Mais tarde se estendeu a outros âmbitos sociais e étnicos, e assim, segundo os números oficiais, entre 600 mil e 1,2 milhão de pessoas foram assassinadas pelo aparato de segurança de Stálin. Delas, 139.815 foram condenadas nas operações antipolonesas do NKVD, que acabaram com a vida de 111.071 pessoas.[9]

Stálin queria eliminar todos os prisioneiros de guerra poloneses, e para isso contava com a plena cooperação de Hitler. Ambos os líderes viam na

---

[6] Donald Rayfield, *Stalin and His Hangmen: The Tyrant and Those Who Killed for Him*, Random House, Nova York, 2005.

[7] Eric Frattini, *KGB, Historia del Centro*, EDAF, Madri, 2005.

[8] Definição dada pelo escritor Robert Conquest quando publicou seu livro em 1968, utilizando a comparação com o "Reinado do Terror" ou *la Grande Terreur* da Revolução Francesa. (N.A.)

[9] Robert Conquest, *The Great Terror*, Oxford University Press, Oxford, 2007.

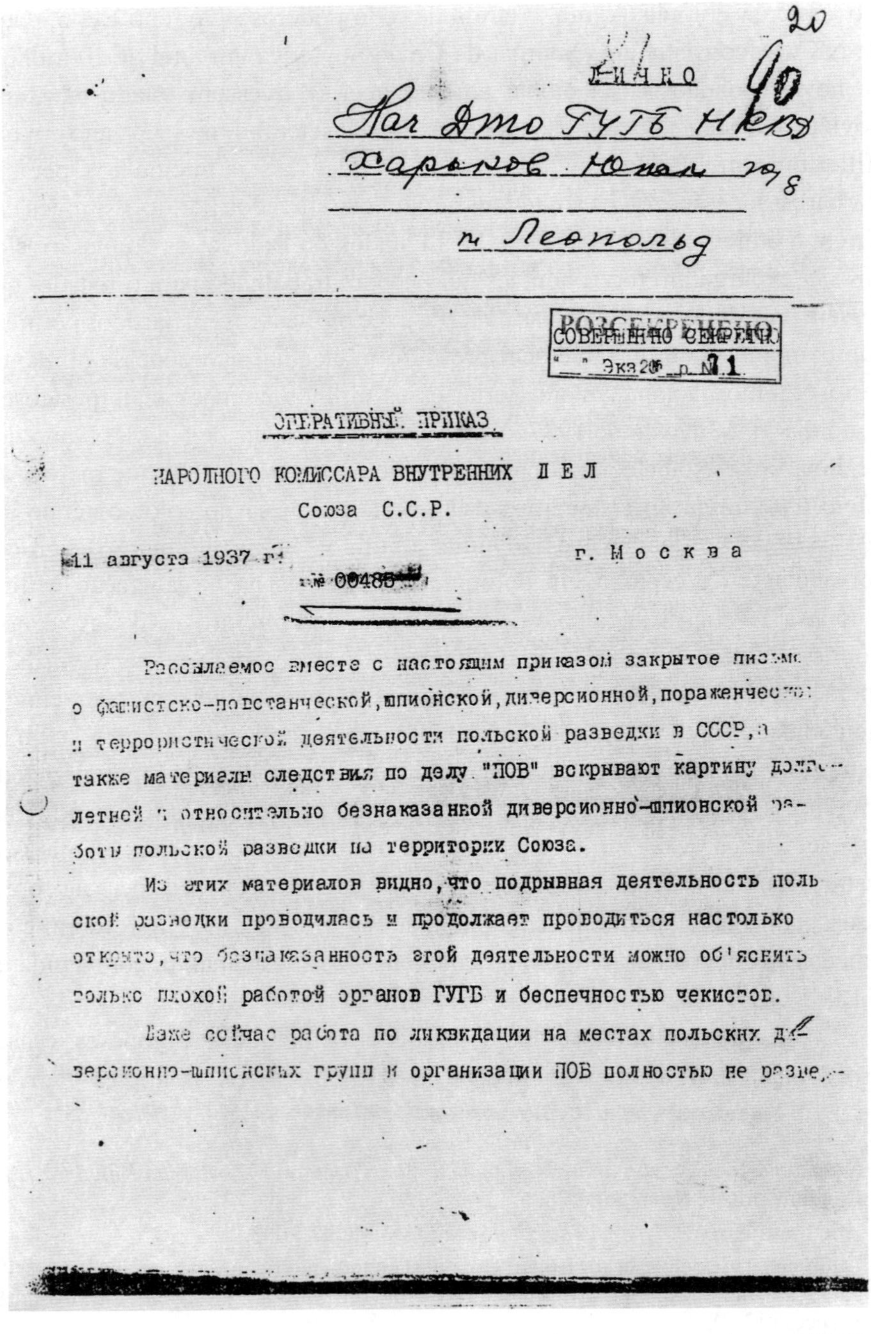

НКВД

Нач ЭКО ГУГБ НКВД

Харьков юпал

г. Леопольд

РОЗСЕКРЕЧЕНО

СОВЕРШЕННО СЕКРЕТНО

Экз.№ р. № 1

ОПЕРАТИВНЫЙ ПРИКАЗ

НАРОДНОГО КОМИССАРА ВНУТРЕННИХ ДЕЛ
Союза С.С.Р.

11 августа 1937 г.   г. Москва

№ 00485

Рассылаемое вместе с настоящим приказом закрытое письмо о фашистско-повстанческой, шпионской, диверсионной, пораженческой и террористической деятельности польской разведки в СССР, а также материалы следствия по делу "ПОВ" вскрывают картину долголетней и относительно безнаказанной диверсионно-шпионской работы польской разведки на территории Союза.

Из этих материалов видно, что подрывная деятельность польской разведки проводилась и продолжает проводиться настолько открыто, что безнаказанность этой деятельности можно объяснить только плохой работой органов ГУГБ и беспечностью чекистов.

Даже сейчас работа по ликвидации на местах польских диверсионно-шпионских групп и организации ПОВ полностью не разверну...

NKVD. Ordem 00485 para executar líderes e prisioneiros de guerra poloneses (1937)

UM LUGAR CHAMADO KATYN

Polônia uma "maquinação do Tratado de Versalhes", e ambos desejavam ver a população polonesa reduzida ao mínimo. A *AB-Aktion* (Operação Extraordinária de Pacificação), delineada por Hitler para aniquilar a *intelligentsia* e o estamento militar polonês, seria insignificante comparada com o plano de eliminação planejado e realizado por Stálin e Beria. A rendição em massa de unidades polonesas que não haviam sido capturadas pela Wehrmacht e que haviam se refugiado na neutra Romênia foi algo verdadeiramente imprevisto. Os capturados pelos soviéticos caíram nas mãos de Beria, e foi então que surgiu o problema da falta de alimento para tantos poloneses. Alguns militares do Alto-Comando russo propuseram pôr em liberdade os de origem belarussa e ucraniana, enquanto outra parte propunha libertar apenas os soldados alemães que tinham sido capturados pelos poloneses. No total, foram criados oito campos na Rússia Ocidental, e cerca de 400 mil habitantes da Polônia foram transportados para esses campos de trabalho em três grandes operações realizadas pelo NKVD durante a primavera de 1940. Calcula-se que um em cada seis morreu durante o primeiro ano de reclusão.[10] A maioria de fome e enfermidades; outros, cerca de 43 mil que chegaram da Alemanha, foram entregues aos nazistas; 25 mil oficiais e soldados poloneses foram condenados a trabalhos forçados em estradas e na indústria do aço; e cerca de 11 mil foram enviados às minas na Ucrânia. Beria ordenou que todos os oficiais de grau superior ao de tenente-coronel fossem tratados de forma educada e alimentados com boas refeições. Era preciso tratar bem os altos oficiais poloneses que seriam entregues às SS; do contrário, poderiam falar mal do regime soviético.[11]

De acordo com o historiador Donald Rayfield, "os massacres de Katyn são os mais famosos, além dos mais insensatos, de todos os crimes cometidos por Stálin e Beria. [...] Os assassinatos de Katyn demonstravam uma cegueira e uma falta de previsão pouco recorrentes. A União Soviética seria considerada responsável perante toda a comunidade internacional. Mesmo que a Polônia fosse riscada do mapa, teria Stálin chegado a acreditar de verdade,

---

[10] Donald Rayfield, op. cit.

[11] Jan Zawodny, *Death in the Forest; The Story of the Katyn Forest Massacre*, Pickle Partners Publishing, Londres, 2014.

tão firmemente como Hitler, que poderia fazer o que bem entendesse aos cidadãos de outras nações?". Stálin acreditava que sim.

Mas o que ocorreu realmente em Katyn? Essa cidade está localizada a 20 quilômetros da cidade de Smolensk, na região de Belarus, e era composta de não mais que 30 casas ocupadas por cerca de 150 habitantes.[12] Perto da cidade há uma frondosa floresta. Até ali foram levados os oficiais do mais alto escalão do exército polonês, dos quais 3 mil estavam internados na Lituânia. No mês de janeiro de 1940, e por ordem de Beria, o NKVD fotografou e tomou as impressões digitais de todos os poloneses prisioneiros nos diferentes campos soviéticos, e em um primeiro momento pensou-se em enviar 140 mil deles às geladas planícies de Kolima, no coração da Sibéria. Foi Piotr Soprunenko, o qual Beria tinha posto no comando dos campos, quem teve a ideia de "descongestionar" os campos de trabalho.

Para Stálin, os poloneses eram o objetivo prioritário, e ele fez Beria entender isso. O líder soviético odiava os poloneses desde que estes humilharam a Rússia na Guerra Russo-Polonesa (1919-1920). Lavrenti Beria propôs a Stálin, em um memorando secreto datado de 5 de março de 1940, executar ex-oficiais do exército e policiais poloneses reclusos em campos de prisioneiros de guerra e em prisões.

> TOP SECRET do Comitê Central do Partido Comunista da URSS ao camarada Stálin.
> Nos campos de prisioneiros de guerra e do NKVD nas prisões das províncias ocidentais da Ucrânia e da Belarus, atualmente existe um grande número de antigos oficiais do exército polonês, ex-policiais poloneses e empregados das agências de inteligência, membros do Partido Nacionalista Polonês (contrarrevolucionários), participantes de organizações clandestinas rebeldes, desertores e outros. Todos eles são implacáveis inimigos do poder soviético e estão cheios de ódio em relação ao sistema soviético. Esperam ser libertados para ter a oportunidade de se unir ativamente à luta contra o poder soviético. Agentes do NKVD nas províncias ocidentais da Ucrânia e da Belarus puseram a descoberto uma série de organizações rebeldes. Em cada uma dessas organizações, os ex-oficiais do antigo exército polonês e ex-policiais poloneses tiveram um papel de liderança ativa entre os desertores detidos e os infratores. (Assinaturas: A favor: Stálin, Voroshilov, Molotov, Mikoyan) (À margem: Camarada Kalinin, a favor. Camarada Kaganovich, a favor.)

---

[12] Em 22 de março de 1943, a população inteira de Katyn foi massacrada pelo 118º Batalhão da *Schutzmannschaft*, a polícia auxiliar, formada por ucranianos colaboracionistas das Waffen SS. (N.A.)

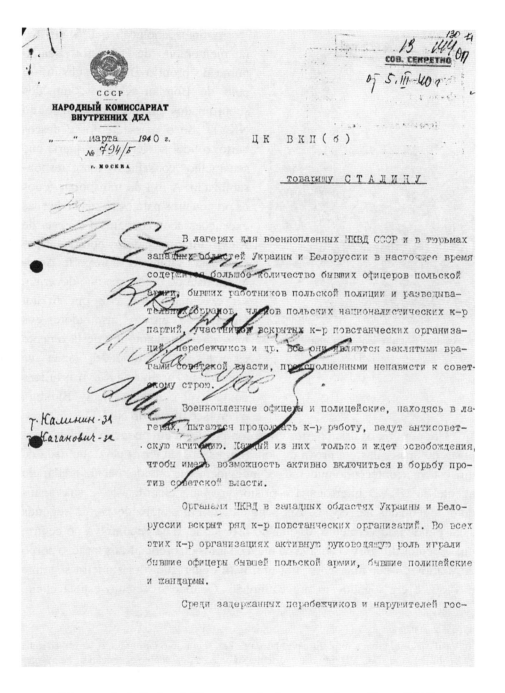

Memorando de Beria a Stálin recomendando a execução em Katyn (1940)

Eric Frattini MANIPULANDO A HISTÓRIA

Vasily Blokhin, executor-chefe do NKVD

A única anotação que Stálin fez no memorando de Beria foi riscar o nome do próprio Beria e substituí-lo pelo de Bogdan Kobulov, um dos subordinados do poderoso chefe do NKVD. Se o massacre fosse descoberto, o líder soviético não queria que seu melhor conselheiro fosse responsabilizado. A fim de transportar todos os prisioneiros para os locais onde suas execuções aconteceriam, a floresta de Katyn, foram decididos horários especiais para as linhas de transporte. A primeira lista de poloneses que deveriam ser executados foi feita por Arkadi Guertsovski, um dos inspiradores dos massacres, enquanto um destacamento especial de 53 unidades já estava concentrado na área de Katyn às ordens do temível e infame Vasily Blokhin, o carrasco oficial do NKVD.[13]

Um por um, os prisioneiros eram conduzidos a um pequeno bunker composto de duas salas e à prova de som (com sacos de terra) para que nada do que estava acontecendo pudesse ser indevidamente ouvido. Na antessala, um agente do NKVD interrogava o prisioneiro para identificá-lo, e suas mãos eram algemadas nas costas. Em seguida, ele era conduzido para a segunda sala, pintada de vermelho, e, quando o prisioneiro se encontrava no centro, um executor do NKVD atirava na nuca ou atrás da orelha. Mais tarde, o corpo era removido por uma porta traseira, para evitar que o prisioneiro seguinte o visse, e era jogado em um caminhão. Quando o veículo estava cheio,

---

[13] Vasily Blokhin tem a inqualificável honra de ser, segundo o *Guinness*, o "carrasco mais prolífico da história". Depois da morte de Stálin e da detenção e execução de seu protetor, Lavrenti Beria, Blokhin foi obrigado a se aposentar, dentro do programa de desestalinização ordenado por Nikita Kruschev. Alcoólatra, morreu em 3 de fevereiro de 1955. A causa aparente foi "suicídio". (N.A.)

UM LUGAR CHAMADO KATYN

dirigia-se a uma vala comum especialmente cavada no coração da vizinha floresta de Katyn. Os corpos eram colocados lá, esperando a próxima remessa.[14]

Vasily Blokhin, o mesmo que se gabava de ter executado pessoalmente 7 mil prisioneiros poloneses em 28 dias, cobria seu uniforme com um avental de couro preto, capacete e luvas para evitar que o sangue ou os restos do cérebro de suas vítimas pudessem manchá-lo. As execuções eram realizadas com a pistola alemã Walther 25 ACP modelo 2, mas alguns algozes soviéticos foram mais descuidados e usaram seus próprios 7.62x38mm R Nagant M1895 — revólver de fabricação russa. A ideia do NKVD era de que se jogasse a culpa do extermínio nas tropas alemãs das SS, caso se descobrissem os corpos. Os carrascos de Blokhin executaram 300 prisioneiros por noite, uma média de um morto a cada três minutos.[15] Em Katyn morreram 8 mil prisioneiros de guerra, 6 mil policiais, um almirante, dois generais, 24 coronéis, 79 tenentes-coronéis, 258 majores, 654 capitães, 17 capitães navais, 3.420 oficiais não comissionados, sete capelães, três fazendeiros, um príncipe, 43 oficiais, 85 soldados, 131 refugiados, 20 professores universitários, várias centenas de advogados, engenheiros e professores, mais de 100 jornalistas e escritores, e cerca de 200 pilotos, incluindo a famosa piloto Janina Lewandowska, a única mulher executada em Katyn. Todos eram de nacionalidade polonesa. Em 1943, a Wehrmacht descobriu 4.143 desses cadáveres.

Quando a guerra contra os nazistas estourou, e depois do início da "Operação Barbarossa", muitos prisioneiros poloneses foram postos em liberdade. Mas esses, em vez de lutar do lado soviético, preferiram combater com os britânicos no Norte da África contra as forças do Afrika Korps de Rommel.

De Londres, Wladyslaw Sikorski, chefe do governo polonês no exílio e das Forças Armadas polonesas, solicitou a Stálin uma investigação oficial independente realizada pela Cruz Vermelha Internacional. A União Soviética, por sua vez, trabalhou para convencer os Aliados, principalmente Washington e Londres, da necessidade de substituir o governo polonês no exílio em Londres, liderado por Sikorski, por um governo polonês pró-soviético que parasse de pedir uma investigação sobre Katyn. Roosevelt e Churchill

---

[14] Michael Parrish, *The Lesser Terror: Soviet State Security, 1939-1953*, Praeger Press, Nova York, 1996.

[15] Vladimir Abarinov, *The Murderers of Katyn*, Hippocrene Books, Nova York, 1993.

Eric Frattini 〜 *MANIPULANDO A HISTÓRIA*

preferiram não romper o bloco aliado e tentaram pressionar Sikorski a permanecer em silêncio. Mas ele se recusou.

Em julho de 1943, Wladyslaw Sikorski morreu em um misterioso acidente aéreo enquanto decolava de Gibraltar. Apenas o piloto sobreviveu, e os cadáveres de dois civis (Walter Lock e o Sr. Pinder), que supostamente haviam embarcado, nunca foram encontrados. Por fim, os governos aliados, devido a motivos diplomáticos, aceitaram a desculpa soviética sobre o ocorrido, mas não o governo polonês no exílio, o que tornou ainda mais tensas suas relações com Stálin. Alguns historiadores acusam agentes britânicos ou soviéticos de serem responsáveis pela morte de Sikorski.[16]

Na década de 1950, o presidente da MGB (antecessora da KGB), Sergei Kruglov, sucessor de Beria, propôs a destruição dos documentos relacionados a Katyn em uma nota de 3 de março de 1959 dirigida a Nikita Kruschev. No mesmo documento, Kruglov vinculava as informações sobre os 21.857 poloneses assassinados pelo NKVD em Katyn à sua proposta de destruir os arquivos pessoais de Beria sobre o caso. Mas Kruschev ordenou que fossem preservados.[17]

Em 1989, vários historiadores soviéticos confirmaram que "Stálin ordenou o massacre em Katyn" e, em 1990, o presidente Mikhail Gorbachev admitiu publicamente que "o NKVD havia executado os poloneses", dando detalhes sobre dois outros locais com valas comuns, em Miednoje e Piatykhatky. Uma investigação subsequente realizada pelo gabinete da Procuradoria-Geral da União Soviética (1990-1991) e da Federação Russa (1991-2004) confirmou a responsabilidade soviética pelas mortes, mas recusou-se a classificar essa ação como um "crime de guerra" ou um "ato de genocídio". A investigação foi encerrada sob o argumento de que os autores da atrocidade já estavam mortos e que o governo russo não poderia classificar os assassinados como vítimas do "Grande Expurgo". Em novembro de 2010, a Duma aprovou uma confissão de culpa contra Stálin e outros funcionários do governo soviético e seus aparatos de segurança por terem ordenado pessoalmente o massacre de Katyn.

---

[16] Carl Sifakis, *Encyclopedia of Assassinations*, Checkmark Books, Nova York, 2001.
[17] Tadeusz Piotrowski, *Poland's Holocaust: Ethnic Strife, Collaboration with Occupying Forces and Genocide in the Second Republic, 1918-1947*, McFarland, Nova York, 1998.

UM LUGAR CHAMADO KATYN

No dia 5 de março de 2000, no septuagésimo aniversário do massacre, o governo de Varsóvia, chefiado por Aleksander Kwasniewski, solicitou a seu homólogo russo, o presidente Vladimir Putin, a criação de uma comissão de inquérito independente russo-polonesa para descobrir de uma vez por todas quem foi o responsável pelo massacre. O sucessor de Kwasniewski, o presidente Lech Kaczynski, iniciou uma campanha internacional para exigir que o Kremlin liberasse os documentos oficiais sobre o massacre de Katyn, ao que o presidente russo, Dmitry Medvedev, respondeu que, embora a responsabilidade russa em Katyn já tivesse sido aceita por seus antecessores, a Federação Russa não divulgaria os documentos sobre o massacre. O fato causou grande tensão entre os governos de Moscou e Varsóvia.

Para aumentar ainda mais o mistério sobre a operação de falsa bandeira realizada pelos soviéticos após o massacre de Katyn, Moscou decidiu convidar Kaczynski para uma cerimônia conjunta no próprio local do massacre. Segundo o porta-voz do Kremlin, o governo russo queria estreitar os laços com Varsóvia, e uma cerimônia conjunta seria um importante ato de reparação. Em 10 de abril de 2010, às 10h56, o Tupolev Tu-154 presidencial transportando

Destroços do Tu-154 no qual o presidente polonês perdeu a vida

Lech Kaczynski e sua esposa, junto com 87 outros passageiros que compunham a delegação polonesa oficial que deveria comparecer aos eventos comemorativos em Katyn, caiu no solo antes que pudesse pousar na base aérea mais próxima. Não houve sobreviventes. O avião atingiu as copas das árvores com violência, colidiu com o solo e foi totalmente destruído. Amantes de conspirações, sobretudo na Polônia, espalharam boatos de que o poderoso Serviço Federal de Segurança Russo (FSB) estava por trás do acidente, assim como o NKVD estava no que Wladyslaw Sikorski perdeu a vida em 1943. A história se repetia.

Em 2012, 72 anos após o massacre, continuam a aparecer detalhes sobre o que Stálin ordenou a seu fiel Beria: o extermínio de todo o corpo de oficiais do exército polonês e de boa parte da intelectualidade do país que, meses antes, havia sido repartido com Adolf Hitler.

Atualmente, a quebra de sigilo de vários documentos depositados nos Arquivos Nacionais dos Estados Unidos revela a correspondência sobre o assunto entre o presidente Franklin D. Roosevelt, o então primeiro-ministro britânico e o ditador soviético. Corria o ano de 1943 e Stálin já era inimigo de Hitler, e nem Washington nem Londres estavam interessados em lançar luz ao ocorrido para não comprometer sua aliança com a URSS. "Só estamos interessados no caso Katyn se a cumplicidade alemã for demonstrada", diz um telegrama do serviço de inteligência militar dos Estados Unidos em resposta a um pedido de informação.

De Londres, como já dissemos, o governo polonês no exílio e a Cruz Vermelha Internacional pressionavam para investigar o extermínio em massa. "Estou inclinado a pensar que o primeiro-ministro Churchill encontrará uma maneira de se impor ao governo polonês em Londres para que no futuro ele aja com mais bom senso", escreveu Roosevelt em uma comunicação ao Departamento de Guerra. Por sua vez, em uma carta a Stálin, Churchill se opôs "vigorosamente" a qualquer investigação da Cruz Vermelha e, em outra carta, Churchill encaminhou a Roosevelt as declarações de um diplomata britânico: "Fomos forçados a impedir os poloneses de trazerem o assunto à luz para desencorajar qualquer tentativa do público ou da imprensa de investigar a fundo essa terrível história. [...] Na verdade, nós usamos o bom nome da Inglaterra para encobrir a matança, como os assassinos fizeram com os pinheiros." O primeiro-ministro britânico Winston Churchill pediu à Casa Branca que devolvesse o documento para evitar vazamentos.

UM LUGAR CHAMADO KATYN

O massacre de Katyn ainda é motivo de controvérsia e tensão entre a Polônia e a Rússia. "Os aliados sabiam disso, mas com a guerra a verdade não era conveniente", disse a presidente da Federação de Famílias de Katyn, que expressou seu desejo de que, assim que os Estados Unidos liberassem seus arquivos, a Rússia fizesse o mesmo.[18]

Hoje em dia, o Partido Comunista da Federação Russa, bem como outros políticos e historiadores pró-soviéticos, continuam a negar a culpa soviética no massacre de Katyn e insistem em afirmar que "os prisioneiros poloneses foram fuzilados pelos alemães em agosto de 1941". Até a historiadora da KGB Slava Katamidze, em seu livro intitulado *KGB. Camaradas leais, assassinos implacáveis*, dedica-se de corpo e alma a defender, sem qualquer prova, a inocência do NKVD no massacre de Katyn. Segundo Katamidze, as forças do NKVD "supervisionavam os prisioneiros que estavam trabalhando na construção de estradas. Muitos historiadores ocidentais respeitáveis [Katamidze não dá seus nomes] aceitaram o fato de que os massacres de Katyn eram de autoria russa [...]. Em 1944, um relatório especial foi publicado em Moscou, contendo declarações sobre as atrocidades nazistas, incluindo o massacre de Katyn, mostrando que o assassinato dos oficiais poloneses havia sido cometido pelos alemães, que, em 1943, na véspera da Batalha de Kursk, haviam armado esse teatro para poder acusar os russos dos assassinatos". É claro que a historiadora oficial da KGB faz referência à Comissão de Investigação criada pelo próprio Stálin, omitindo que todos os membros eram fiéis seguidores do líder soviético e que ninguém teria assinado um documento que contrariasse a versão oficial. Portanto, a afirmação dessa historiadora soviética tem pouco valor.[19]

Mas já não há a menor dúvida da autoria soviética das matanças em Katyn e tampouco de que os russos, por ordem de Stálin e Beria, realizaram uma operação de falsa bandeira para colocar os alemães como autores do massacre com a finalidade de não romper a aliança com seus aliados de Washington e Londres na luta contra os exércitos de Hitler.

---

[18] U S Government, *The Katyn Forest Massacre: Polish POWs Killed by Stalin and the Soviets in 1940 — Documents about the Controversy, Madden Committee Report, Coverup of Soviet Involvement, Nazi Accusations*, Progressive Management, Washington, D.C., 2013.

[19] Slava Katamidze, *KGB. Leales camaradas, asesinos implacables*, Libsa, Madri, 2004.

DESPERTANDO O GIGANTE
(1941)

No início de novembro de 1941, o recém-formado governo japonês tentava pela última vez negociar com Washington. A ideia do Japão era apresentar dois planos aos norte-americanos, ambos igualmente vantajosos para Tóquio. Se até o dia 25 Washington não respondesse, o general Tojo e sua camarilha declarariam guerra. O primeiro plano consistia em exigir que os Estados Unidos reconhecessem a legalidade da ocupação do Norte da China pelo Japão, e o segundo, no restabelecimento do comércio entre o Japão e os Estados Unidos em troca da manutenção do *status quo* militar.

Em uma reunião na Casa Branca, no dia 10 de novembro, o presidente Roosevelt tentou explicar ao embaixador japonês, Kichisaburo Nomura, que, se Tóquio fosse por esse caminho, "os Estados Unidos seriam impelidos a uma situação extremamente grave". A Grã-Bretanha e a Holanda decidiram em conjunto congelar os ativos japoneses em suas colônias asiáticas, de modo que o Japão foi estrangulado por uma tomada de decisão fundamental: ou se retirar da Manchúria e da Indochina e negociar com as potências ocidentais, ou dar um salto para frente e se lançar a uma política de conquistas militares territoriais. Washington sabia da forte pressão que os militares japoneses exerciam sobre a diplomacia nipônica, mas o que não sabia é que no dia 6 de setembro, em uma reunião secreta do mais alto escalão do Império, havia sido decidido que, se em 1º de novembro os pedidos japoneses não fossem atendidos, a guerra contra os Estados Unidos, Grã-Bretanha e Holanda seria imediatamente declarada.[1]

---

[1] Robert Jenkins, *World War 2: Pearl Harbor Through Japanese Eyes: The First Stories of the Pacific Theatre*, Success Publishing, internet, 2015.

DESPERTANDO O GIGANTE

O general Tojo decidiu o ataque a Pearl Harbor

O representante de Tóquio em Washington também foi informado de que o primeiro plano era inaceitável. Dez dias depois, chegou a resposta norte-americana ao segundo plano: também inaceitável. Para Hideki Tojo, primeiro-ministro do Japão, a guerra era inevitável. Em uma reunião secreta convocada no dia 29 de novembro, Tojo e os militares decidiram realizar um ataque-surpresa em 7 de dezembro. Eventos como os massacres de Nanquim, que ocorreram em 1937, nos quais os japoneses assassinaram cruelmente mais de 200 mil pessoas, incluindo mulheres e crianças, voltaram a opinião pública mundial contra o Japão, o que levou os Estados Unidos, a Grã-Bretanha e a França a aumentar a ajuda econômica à República da China. A invasão da Indochina, em 1940, também não ajudou a mudar sua posição a respeito do exército japonês. O Japão tentava obter suprimentos da China que passavam por aquele país, e por isso Tojo ordenou a invasão. Em resposta, Washington suspendeu todas as suas exportações de matérias-primas, maquinário civil e militar e combustível de alta octanagem para a aviação. Roosevelt proibiu cortar o fornecimento de petróleo ao Japão, pois isso seria visto por Tóquio como uma declaração de guerra, e, supostamente, a Casa Branca não queria que algo assim acontecesse. Em resposta, Tóquio pensou em ocupar as Índias Holandesas (futura Indonésia) para apreender seu petróleo, o que significaria entrar em guerra com a Grã-Bretanha; e os Estados Unidos, devido ao seu pacto de assistência militar mútua com Londres, seriam arrastados para a guerra com o Japão.[2]

O governo dos Estados Unidos estava ciente das intenções de Tóquio, pois havia anos já conhecia as chaves dos códigos japoneses, chamados com o nome cifrado "JN25" (para as transmissões secretas da Marinha Imperial) e "Púrpura" (para as transmissões secretas diplomáticas), projetados pelo famoso matemático Teiji Takagi.[3]

Em maio de 1940, um pequeno barco pesqueiro japonês naufragou nas águas do Mar de Bering, e um navio norueguês resgatou o corpo do capitão. No bolso, ele carregava um caderninho com capa de chumbo coberta por um pano vermelho, e em suas páginas havia uma infinidade de cálculos e fórmulas matemáticas. O capitão do navio norueguês entregou o caderno ao comandante de um navio-patrulha norte-americano que navegava na costa do Alasca, e o oficial não teve dúvidas de que o caderninho era um livro de código. Especialistas em Washington descobriram que não era nada mais, nada menos do que o código primário da Marinha Imperial Japonesa, o JN25. A inteligência naval então entendeu que o pesqueiro japonês naufragado era, na verdade, uma embarcação espiã. A partir desse momento, a Marinha dos Estados Unidos conseguiu decifrar todas as transmissões entre os navios japoneses.[4]

Os analistas navais norte-americanos pensavam que o primeiro ataque do Japão poderia ocorrer na Malásia ou nas Índias Orientais. Quando, na manhã de 7 de dezembro de 1941, os diplomatas japoneses estavam tentando decifrar

---

[2] Gordon W. Prange e Donald Goldstein, *At Dawn We Slept: The Untold Story of Pearl Harbor*, Penguin Books, Nova York, 1982.

[3] Joseph Persico, *Roosevelt's Secret War: FDR and World War II Espionage*, Random House, Nova York, 2001.

[4] Roger Dingman, *Deciphering the Rising Sun: Navy and Marine Corps Codebreakers, Translators, and Interpreters in the Pacific War*, Naval Institute Press, Washington, D.C., 2009.

DESPERTANDO O GIGANTE

o telegrama de 5 mil palavras enviado por seu Ministério das Relações Exteriores em Tóquio e que deveria ser entregue em mãos a Cordell Hull, secretário de Estado dos Estados Unidos, o ataque a Pearl Harbor já havia começado exatamente meia hora antes, precisamente às 7h48. Os aviões que decolaram dos porta-aviões do vice-almirante Nagumo estavam abrindo fogo contra uma base inoperante.

Havia dias, três submarinos, escoltados a uma distância de 150 quilômetros por uma grande esquadra aeronaval formada por porta-aviões, encouraçados, cruzadores e torpedeiros, navegavam pelas calmas águas do Pacífico. Por incrível que pareça, conseguiram percorrer quase 5.600 quilômetros sem serem detectados. Os bombardeiros e caças foram alinhados nos conveses dos seis porta-aviões da frota combinada que participaram do ataque-surpresa. A *Kido Butai* (Força de Choque) consistia no *Akagi* (afundado em Midway em 1942), no *Kaga* (afundado em Midway em 1942), no *Soryu* (afundado em Midway em 1942), no *Hiryu* (afundado em Midway em 1942), no *Shokaku* (afundado em 1944) e no *Zuikaku* (afundado em 1944). Tratava-se da primeira esquadra aeronaval da Marinha Imperial Japonesa, cuja missão era atacar de surpresa a base norte-americana de Pearl Harbor.[5]

Ao amanhecer, a movimentação a bordo dos conveses dos porta-aviões era frenética. O comandante-chefe, vice-almirante Nagumo, convencido de que a missão que lhe fora confiada estava fadada ao fracasso, caminhava de um lado ao outro da ponte de comando. O chefe das operações aéreas era o capitão Minoru Genda, e nas mãos de ambos estava o destino de 100 milhões de japoneses.

O plano de ataque a Pearl Harbor havia sido idealizado em janeiro de 1941 pelo almirante Yamamoto, o comandante-chefe da frota combinada. Em carta endereçada ao almirante Mitsumasa Onishi, ministro da Marinha, Yamamoto discutiu as novas estratégias de ataque aéreo. Após consultar o capitão Genda, o melhor piloto da Marinha, Onishi tomou a decisão de pôr o plano em prática. Yamamoto pensava que, em vez de tentar afundar os porta-aviões, o melhor era investir contra os encouraçados.[6] De fato,

---

[5] Craig Nelson, *Pearl Harbor: From Infamy to Greatness*, Scribner, Nova York, 2016.

[6] Mark Stille, *Yamamoto Isoroku*, Osprey Publishing, Oxford, 2012.

O almirante Isoroku Yamamoto planejou e preparou o ataque a Pearl Harbor

o grande estrategista já havia mostrado a Tojo que não estava de acordo com uma guerra aberta com os Estados Unidos. "Se eu receber a ordem de lutar sem me preocupar com as consequências, eu lutarei com todas as minhas forças durante os seis primeiros meses, mas não respondo de forma alguma pelo que poderá acontecer durante o segundo ou terceiro ano. Portanto, espero que você faça todo o possível para evitar uma guerra entre o Japão e os Estados Unidos", disse ele. Mas não nos enganemos: o almirante é um soldado e, ao receber ordens para atacar, acredita firmemente que o seu destino e o do Japão é começar uma guerra e, como a maior parcela de sua geração, ele está convencido de que faz parte de um povo escolhido pela Providência para cumprir um desígnio.[7]

A decisão de posicionar a frota no Havaí, na base de Pearl Harbor, é um erro estratégico completo. Trata-se de uma base altamente vulnerável. Durante um exercício naval realizado em 1932, as Forças Aéreas norte-americanas, lideradas pelo almirante Harry Yarnell, conseguiram atacá-la de surpresa e simular o afundamento de dois porta-aviões. Um exercício semelhante realizado em 1938, sob a liderança do almirante Ernst King, foi igualmente bem-sucedido. O mais curioso é que esses dois exercícios seriam estudados nas academias navais de muitos países, inclusive no Japão.

Atingir a frota norte-americana do Pacífico tinha duas nítidas desvantagens: os navios que seriam atacados estavam ancorados em águas muito rasas

---

[7] Bill Williams, *Sunday in Hell: Pearl Harbor Minute by Minute*, Open Road Media, Nova York, 2014.

e por isso podiam ser removidos e reparados com relativa facilidade, e a maior parte da tripulação sobreviveria ao ataque porque estaria de licença em terra ou seria resgatada do porto. Outro contratempo importante, conhecido pela inteligência naval japonesa, era a ausência em Pearl Harbor dos cinco maiores porta-aviões da frota do Pacífico: o *USS Enterprise*, o *USS Lexington* (afundado na Batalha do Mar de Coral em 1942), o *USS Saratoga*, o *USS Yorktown* (afundado em Midway em 1942) e o *USS Hornet* (afundado na campanha das Ilhas Salomão em 1942).[8]

Os Estados Unidos sabiam que Pearl Harbor era um alvo. Franz Knox, secretário da Marinha, escreveu uma carta em 24 de janeiro de 1941 para Henry L. Stimson, secretário da Guerra: "No caso de uma guerra com o Japão, é bem possível que as hostilidades comecem com um ataque repentino contra a esquadra ou contra a base naval de Pearl Harbor." Tal hipótese foi levada em consideração em três relatórios ao longo daquele ano. O mais preciso foi o do coronel William Farthing: "Os japoneses poderiam atacar Pearl Harbor de surpresa, provavelmente utilizando seis porta-aviões. [...] O momento mais vantajoso para lançar os ataques seria ao amanhecer, e possivelmente o primeiro viria do norte."[9] Durante o mês de outubro, cinco militares japoneses pisaram no Havaí com a intenção de reunir informações vitais para o ataque.

Em 25 de novembro de 1941, chegou a tão esperada mensagem. Yamamoto ordenou que o vice-almirante Nagumo partisse para o Havaí no dia seguinte. "Executar o primeiro ataque ao amanhecer do dia D (a ser especificado posteriormente). Stop.

O vice-almirante Chuichi Nagumo assumiu o comando do ataque

---

[8] Edwin Hoyt, *Yamamoto: The Man Who Planned the Attack on Pearl Harbor*, The Lyons Press, Nova York, 2001.
[9] Walter Lord, *Day of Infamy, 60th Anniversary: The Classic Account of the Bombing of Pearl Harbor*, Henry Holt and Co., Nova York, 2001.

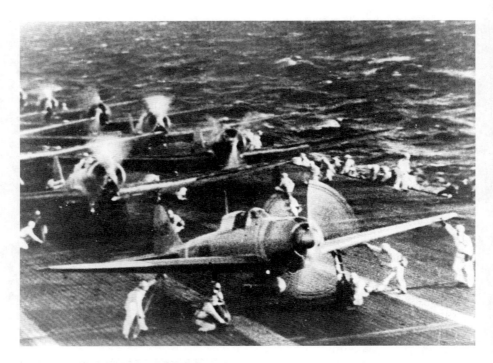

Caças no *Shokaku* a ponto de sair para Pearl Harbor

Se as negociações em andamento derem resultado, a esquadra receberá imediatamente a ordem para regressar ao Japão. Stop." Este é o texto do telegrama com o qual se indica a ordem do comandante-chefe da frota. No dia 6 de dezembro, a esquadra está a apenas 800 quilômetros do objetivo. Os norte-americanos não posicionaram balões de barragem ou redes de antitorpedo ao redor dos encouraçados.

Às 5h30, os seis porta-aviões da frota combinada seguem para o leste. A primeira onda de ataque vem do primeiro porta-aviões: 43 caças, 49 bombardeiros de grande altitude, 51 bombardeiros de mergulho e 40 aviões torpedeiros. Em todo o Pacífico, os líderes da segunda, terceira, quarta e quinta frotas japonesas aguardam notícias. Às 7h30, o almirante Kimmel recebe uma ligação alertando que, perto de Pearl Harbor, o contratorpedeiro *USS Ward* abriu fogo contra um submarino não identificado. Segundos depois, ele recebe outra ligação. Um marinheiro entrou no quartel-general gritando que estavam atacando Pearl Harbor.

DESPERTANDO O GIGANTE

De fato. Às 7h49, o comandante Mitsuo Fuchida envia a primeira mensagem: *"To, to, to!"*, a primeira sílaba de uma palavra japonesa que significa "Ao ataque!". Isso significa que a primeira onda de aviões entrou em ação. Minutos depois, chega a segunda mensagem: *"Tora! Tora! Tora!"* ("Tigre! Tigre! Tigre!"), palavra-chave para indicar que o ataque pegara os norte-americanos de surpresa.[10] O capitão Logan Ramsey, chefe de operações navais do Estado-Maior, é o primeiro a anunciar o ataque. Dois caças passaram em voo rasante sobre ele e seu motorista. Segundos depois, um dos aparelhos deixa cair um objeto sobre um hangar. Ainda em choque, assiste à explosão que faz voar os vidros de seu carro. Na estação de rádio, Ramsey transmite: "Ataque aéreo sobre Pearl Harbor. Stop. Atenção. Stop. Não se trata de um exercício." Nesse momento, há uma forte explosão vinda da baía de Pearl Harbor. Às 8h06, o piloto Tadashi Kusumi lança uma das bombas de seu avião, *Kate*, que atinge em cheio o encouraçado *USS Arizona*, que voa pelos ares. A explosão causou um total de 1.177 vítimas (a tripulação era de 1.400 homens).

Ataque a Pearl Harbor de um avião Zero japonês

---

[10] Bill Williams, op. cit.

Eric Frattini ∞ MANIPULANDO A HISTÓRIA

Ataque a Pearl Harbor

Os pilotos japoneses, posicionados nos conveses dos porta-aviões, pedem ao vice-almirante Nagumo que autorize uma terceira onda de ataque. Também o almirante Yamaguchi, chefe da segunda divisão de porta-aviões, pede autorização, dizendo que *"Dai niji kogeki jumbi kansei"* ("Tudo está pronto para um novo ataque"). Mas Nagumo se mostra cauteloso. Ele sabe que, se os Estados Unidos perderem um navio de guerra, em menos de um mês terão outros três em operação. Se o Japão perder um navio de guerra, não poderá substituí-lo nos próximos dois anos. Nagumo ordena que toda a frota combinada dê meia-volta e rume para o Japão. Os japoneses conseguiram avariar ou afundar oito encouraçados, três cruzadores leves, três torpedeiros e quatro navios auxiliares, imobilizando mais de 300 mil toneladas e desferindo o golpe mais terrível contra a Marinha dos Estados Unidos em toda a sua história. O ataque causou 2.402 mortes e 1.247 feridos do lado dos Estados Unidos e 64 do lado japonês.

A notícia caiu sobre a opinião pública japonesa com um misto de surpresa, orgulho nacional, alegria e incerteza. Em 8 de dezembro, o jornal *Mainichi* publicava um editorial afirmando que "para 100 milhões de japoneses é hora de seguir em frente. O dia glorioso, tão aguardado, chegou". Todos pulavam,

DESPERTANDO O GIGANTE

eufóricos com o golpe infligido aos Estados Unidos. Todos, menos um homem, o almirante Yamamoto, que, dirigindo-se aos seus pilotos, disse: "A operação contra Pearl Harbor foi um sucesso, mas tenham cuidado para não pecar por excesso de confiança. Ainda restam muitos combates." E, para a história, deixa sua famosa frase: "Receio que tenhamos despertado um gigante adormecido. Sua resposta será assustadora." Duas cidades japonesas, Hiroshima e Nagasaki, comprovarão a crueza das garras do gigante.

Muitos militares norte-americanos concluíram que os japoneses lhes fizeram um favor ao afundar toda aquela "sucata velha" e, assim, converter os porta-aviões na base da moderna guerra naval. Além disso, o que o Japão não percebeu foi que, ao atacar a base dos Estados Unidos em Pearl Harbor, estava unindo uma nação seriamente dividida, mas determinada, até 7 de dezembro, a permanecer neutra. Como o vice-almirante Chuichi Hara reconheceria, "o presidente Roosevelt deveria ter nos condecorado".

A verdade é que os historiadores debateram durante anos se o presidente Roosevelt tinha conhecimento prévio do ataque japonês a Pearl Harbor. A quebra de sigilo de documentos liberados por meio da chamada Lei de Liberdade de Informação (*Freedom of Information Act*) forneceu evidências contundentes de que Roosevelt e seus principais conselheiros políticos e militares sabiam que os navios de guerra japoneses se dirigiam ao Havaí. Inúmeros historiadores afirmam que Roosevelt, que desejava influenciar a opinião pública norte-americana para apoiar a entrada do país na Segunda Guerra Mundial, promoveu uma política destinada a provocar um ataque japonês. O plano é descrito em uma nota estratégica secreta da Inteligência Naval, datada de outubro de 1940. Nela, Roosevelt ordena a execução imediata de um plano de oito etapas claras que inclui o envio de navios de guerra dos Estados Unidos para águas territoriais japonesas e a imposição de um embargo total projetado para estrangular a economia do Japão. E todas essas medidas deveriam culminar em um ataque japonês. O tenente Arthur McCollum, chefe da seção do Extremo Oriente no Escritório de Inteligência Naval, destaca-as em um memorando de outubro de 1940:

1. Concluir com o Reino Unido um acordo para o uso de bases britânicas no Pacífico, especialmente em Singapura.
2. Concluir um acordo com a Holanda para a utilização de suas bases e o fornecimento de matérias-primas das Índias Holandesas.

3. Auxiliar o governo chinês de Chiang Kai-shek por todos os meios possíveis.
4. Enviar para o Leste (Filipinas ou Singapura) uma divisão de cruzadores de grande tonelagem.
5. Enviar duas divisões de submarinos para o Leste.
6. Manter a maior parte das forças da frota norte-americana atualmente estacionada no Pacífico ao redor do arquipélago havaiano.
7. Insistir para que os holandeses se recusem a atender aos pedidos japoneses de concessões econômicas indevidas, especialmente no que diz respeito ao petróleo.
8. Estabelecer um embargo total que impeça todo o comércio entre os Estados Unidos e o Japão, em colaboração com um embargo semelhante imposto pelo Império Britânico.

McCollum conclui seu relatório explicando que "se dessa forma pudermos levar o Japão a cometer um ato oficial de guerra, tanto melhor. Em todo caso, nós devemos estar totalmente preparados para aceitar uma ameaça de guerra". Mais uma vez, os Estados Unidos buscavam uma forma de arrastar outro país para o conflito, como aconteceu em 1898, quando, depois da explosão do *Maine*, na baía de Havana, Washington fingiu ter sido um ato de guerra dos espanhóis. Em 1940, a situação era ainda mais complicada para Washington. O isolacionismo norte-americano fora fortalecido depois da Primeira Guerra Mundial, e o regime nazista contava até com algum apoio nos Estados Unidos. A ideia de provocar um ato hostil de grande magnitude para justificar a entrada na guerra ao lado dos Aliados estava se impondo por si só.[11]

Os documentos tornados públicos em 1994 pelo Pentágono sobre Pearl Harbor revelam os nomes dos personagens norte-americanos que estavam cientes da estratégia de permitir o ataque ao Japão. O diário do secretário da Guerra, Henry L. Stimson, revela que, em 25 de novembro de 1941, o gabinete de guerra de Roosevelt se reuniu para discutir como "deixar o Japão atirar primeiro". Os personagens são o próprio presidente Roosevelt, o tenente McCollum, os capitães Walter S. Anderson e Dudley Knox, os almirantes Harold Stark, James O. Richardson e William Leahy, o general George Marshall e o comandante Vincent Murphy. Nem todos aprovaram o conteúdo do plano, sobretudo quando começa a se vislumbrar que, para que o ataque surta efeito na opinião pública, a ação desejada deve causar baixas humanas, e, quantas mais, melhor.

---

[11] Anthony Summers e Robbyn Swan, *A Matter of Honor: Pearl Harbor: Betrayal, Blame, and a Family's Quest for Justice*, Harper, Nova York, 2016.

DESPERTANDO O GIGANTE

HEA...QUARTERS HAWAIIAN DEPARTME...
FORT SHAFTER, T. H.

MEMORANDUM FOR DEPARTMENT ADJUTANT GENERAL:

Request that the following { *Secret *CONFIDENTIAL *REGULAR } official radiogram be sent. This message does NOT cover subject matter previously sent in a message, either in the clear or having a different security classification.

This message is { *Priority. *ROUTINE *DEFERRED }

*Strike out words not applicable.

Signature and Title

Sent as Radiogram No.	Message Center No.	Time Filed	Check	Code Clerk

F1 WAR PRTY

   WASHN DC 611 PM NOV 27 1941

CG

   HAWN DEPT FT SHAFTER TH

Approved for Transmission:

Adjutant General

472 27TH NEGOTIATIONS WITH JAPAN APPEAR TO BE TERMINATED TO ALL PRACTICAL PURPOSES WITH ONLY THE BAREST POSSIBILITIES THAT THE JAPANESE GOVERNMENT MIGHT COME BACK AND OFFER TO CONTINUE STOP JAPANESE FUTURE ACTION UNPREDICTIBLE BUT HOSTILE ACTION POSSIBLE AT ANY MOMENT STOP IF HOSTILITIES CANNOT COMMA REPEAT CANNOT COMMA BE AVOIDED THE UNITED STATES DESIRES THAT JAPAN COMMIT THE FIRST OVERT ACT STOP THIS POLICY SHOULD NOT COMMA REPEAT NOT COMMA BE CONSTRUED AS RESTRICTING YOU TO A COURSE OF ACTION THAT MIGHT JEOPARDIZE YOUR DEFENSE STOP PRIOR TO HOSTILE JAPANESE ACTION YOU ARE DIRECTED TO UNDERTAKE SUCH RECONNAISSANCE AND OTHER MEASURES AS YOU DEEM NECESSARY BUT THESE MEASURES SHOULD BE CARRIED OUT SO AS NOT COMMA REPEAT NOT COMMA TO ALARM CIVIL POPULATION OR DISCLOSE INTENT STOP REPORT MEASURES TAKEN STOP SHOULD HOSTILITIES OCCUR YOU WILL CARRY OUT THE TASKS ASSIGNED IN RAINBOW FIVE SO FAR AS THEY PERTAIN TO JAPAN STOP LIMIT DISSEMINATION OF THIS HIGHLY SECRET INFORMATION TO MINIMUM ESSENTIAL OFFICERS

TRUE COPY

O M CUTLER

O M CUTLER

LT COL INFANTRY

MARSHALL.

1162/27

NOTE: This form to be used only for Radiograms and Cablegrams. One copy only to be submitted. The making of an exact copy of Secret or Confidential Radiograms is forbidden. Only such extracts as are absolutely necessary will be made and marked secret or confidential as the case may be. This copy will be safeguarded with the greatest care and when no longer required will be returned to the Records Division, Adjutant General's Office, without delay. (AR 380-5)

Form H.D. No. 1173 (Rothell—1664 Honolulu 10-10-40 6M.

Source: General Short's papers, Hoover Institution Archives, Stanford University, Stanford, California.

Memorando de 27 de novembro de 1941 ao general Walter Short

Um memorando de 27 de novembro de 1941, assinado por Marshall e redigido pelo secretário da Guerra, Henry L. Stimson, lembra ao general de exército Walter Short os desejos da Casa Branca: "Os Estados Unidos querem que o Japão cometa a primeira ação manifesta." Dez dias antes, a Casa Branca ordenou que os três encouraçados mais importantes da frota fossem enviados em uma missão de reconhecimento. Dessa forma, o governo tinha o caminho livre para jogar sua cartada.

— 87 —

Eric Frattini ∽ MANIPULANDO A HISTÓRIA

3. British still hold Hongkong and Singapore and are favorable to us

4. Important Chinese armies are still in the field in China against Japan.

5. A small U.S. Naval Force capable of seriously threatening Japan's southern supply routes already in the theater of operations.

6. A considerable Dutch naval force is in the Orient that would be of value if allied to U.S.

8. A consideration of the foregoing leads to the conclusion that prompt aggressive naval action against Japan by the United States would render Japan incapable of affording any help to Germany and Italy in their attack on England and that Japan itself would be faced with a situation in which her navy could be forced to fight on most unfavorable terms or accept fairly early collapse of the country through the force of blockade. A prompt and early declaration of war after entering into suitable arrangements with England and Holland, would be most effective in bringing about the early collapse of Japan and thus eliminating our enemy in the Pacific before Germany and Italy could strike at us effectively. Furthermore, elimination of Japan must surely strengthen Britain's position against Germany and Italy and, in addition, such action would increase the confidence and support of all nations who tend to be friendly towards us.

9. It is not believed that in the present state of political opinion the United States government is capable of declaring war against Japan without more ado; and it is barely possible that vigorous action on our part might lead the Japanese to modify their attitude. Therefore, the following course of action is suggested:

1. Make an arrangement with Britain for the use of British bases in the Pacific, particularly Singapore.

2. Make an arrangement with Holland for the use of base facilities and acquisition of supplies in the Dutch East Indies.

3. Give all possible aid to the Chinese government of Chiang Kai-shek.

4. Send a division of long range heavy cruisers to the Orient, Philippines or Singapore.

5. Send two divisions of submarines to the Orient.

6. Keep the main strength of the U.S. Fleet now in the Pacific, in the vicinity of the Hawaiian Islands.

Memorando de McCollum, página 4

Muitos dos militares de baixo escalão do Exército e da Marinha pareceram ver e sentir o perigo crescente sobre Pearl Harbor. Eles tentaram agir, mas seus superiores os desencorajaram. Isto é especialmente evidente no depoimento de McCollum perante o Comitê de Investigação do Congresso acerca do ocorrido. O oficial garantiu que, alarmado com as informações de que já dispunham sobre os movimentos da frota combinada japonesa,

— 88 —

DESPERTANDO O GIGANTE

em 4 de dezembro de 1941 foi preparado um despacho para colocar as frotas no Pacífico em estado de alerta máximo. Solicitou-se permissão para transmitir essa mensagem aos participantes de uma reunião de urgência com a presença dos almirantes Stark, Ingersoll, Turner e Wilkinson. Contudo, os quatro altos--comandos navais não lhes permitiram fazê-lo, alegando que as mensagens de 24 e 27 de novembro ao almirante Kimmel eram suficientes. McCollum protestou e insistiu e, embora a mensagem tenha sido redigida, jamais foi enviada. O resultado foi trágico.

Robert Stinnett, historiador militar e veterano naval condecorado na Segunda Guerra Mundial (serviu sob o então tenente George Bush), corrobora tal versão com um grande número de documentos em seu ensaio *Day of Deceit*.[12] Da mesma forma, os últimos documentos tornados públicos contribuem para demolir o falso mito de que a frota japonesa manteve estrito silêncio e mostram que várias transmissões navais japonesas, nos dias anteriores ao ataque de 7 de dezembro, foram interceptadas pelos criptógrafos norte--americanos. Esses mesmos documentos mostram que a cúpula de dirigentes dos Estados Unidos no Havaí — o almirante Husband Kimmel, comandante da frota do Pacífico, e o general Walter Short — manteve-se afastada do círculo de inteligência sobre as ordens dadas expressamente de Washington. Mais tarde, foram os bodes expiatórios, pois não souberam antecipar-se ao ataque japonês.

Os dois militares caíram e tiveram de esperar 58 anos para que o Senado dos Estados Unidos reabilitasse seus nomes.

Na realidade, Kimmel deslocou sua frota para o Pacífico Norte a fim de procurar a zona de concentração da frota japonesa, mas o quartel-general naval ordenou-lhe que retornasse. Muitos historiadores acreditam que a decepção de Roosevelt foi tremenda, mas a maioria sente empatia pelo presidente, que se encontrava diante de um dilema difícil de resolver. Roosevelt era obrigado a encontrar uma maneira de persuadir a população da necessidade de o país se juntar aos Aliados em sua luta pela defesa da liberdade. Por isso, tanto o presidente quanto seu governo têm muito a responder pelos 2.402 norte-americanos que perderam a vida naquela manhã em Pearl Harbor,

---

[12] Robert Stinnett, *Day of Deceit: The Truth About FDR and Pearl Harbor*, Free Press, Nova York, 2001.

Almirante Husband Kimmel   General Walter Short

já que a Marinha dos Estados Unidos poderia ter se antecipado ao ataque.[13] A evidência de que o próprio Roosevelt provocou deliberadamente o ataque é circunstancial, mas suficientemente convincente para que perguntemos, quase 80 anos após a tragédia, se o que aconteceu em Pearl Harbor foi uma operação de falsa bandeira.

---

[13] Bruce Lee e Henry Clausen, *Pearl Harbor: Final Judgement: The Shocking True Story of the Military Intelligence Failure at Pearl Harbor and the Fourteen Men Responsible for the Disaster*, Open Road Media, Nova York, 2015.

OPERAÇÃO AJAX
(1953)

No início de março de 1951, um importante acontecimento atraiu a atenção da imprensa internacional. Sua Majestade Imperial, o xá Mohammad Reza Pahlavi, acabara de se casar, e os jornalistas recorriam a todos os melhores adjetivos para descrever a beleza da jovem imperatriz, a princesa Soraya Esfandiary-Bakhtiari. No entanto, o suntuoso casamento não marcou nenhum tipo de trégua na sempre movediça história do milenar Império Persa. Na verdade, o final da Segunda Guerra Mundial foi o início de um período marcado por constantes conflitos na região.

A princípio, a retirada das tropas aliadas do Irã deveria ser realizada *de facto*, mas os soviéticos, longe de abandonar o território, aumentaram sua presença militar no país. Do ponto de vista político, o então diretor da MGB (antecessora da KGB), Vsevolod Merkulov, e posteriormente seu sucessor, Viktor Abakumov, provocaram motins no Azerbaijão que levaram à criação da República Autônoma do Azerbaijão, em dezembro de 1945.[1] Essa primeira secessão, organizada e financiada pelos serviços de inteligência soviéticos, causou uma reação em cadeia. Na parte ocidental do território, os líderes pró-comunistas do Partido Democrata Curdo decidiram então constituir uma República Popular Curda, liderada por Qazi Muhammad, um agente curdo financiado pela MGB. Segundo um acordo secreto com a União Soviética, os dois "novos" Estados assinariam tratados de assistência militar com Moscou.

---

[1] Kristen Blake, *The U.S.-Soviet Confrontation in Iran, 1945-1962: A Case in the Annals of the Cold War*, University Press of America, Lanham, 2009.

Londres, por meio de Ernest Bevin, ministro das Relações Exteriores, exigiu de seu homólogo soviético, Vyatcheslav Molotov, a retirada das tropas russas de todo o território iraniano antes de 1º de janeiro de 1946. O caso foi apresentado à recém-criada Organização das Nações Unidas (ONU), a qual recomendou que os governos de Moscou e Teerã negociassem, deixando Londres fora do jogo.[2] O xá da Pérsia, por recomendação dos britânicos e para evitar um confronto aberto, decidiu nomear como primeiro-ministro Ahmad Qavam, do Partido Democrata, homem próximo a Moscou. Qavam viajou para a União Soviética e negociou secretamente a retirada das tropas russas do solo iraniano em troca de duas concessões: o restabelecimento das relações diplomáticas entre o Azerbaijão e Teerã, e a criação da companhia petrolífera soviético-iraniana.[3] A primeira condição foi totalmente respeitada, e Teerã assinou um acordo pleno de reconhecimento de autonomia com o Azerbaijão. Dias depois e sem qualquer tipo de consulta, Ahmad Qavam decidiu dialogar com a direção do Partido das Massas do Irã (o pró-comunista Tudeh) e, para isso, incorporou três membros da direção do Tudeh ao seu gabinete.[4] Segundo Londres, o Irã estava marchando por um caminho que inevitavelmente o tornaria um satélite de Moscou.

Stewart Menzies, diretor do MI6 (Serviço de Inteligência Britânico), decidiu enviar agentes à fronteira Irã-Iraque com o objetivo de provocar a rebelião das tribos contra o Tudeh e, assim, abalar o espectro de uma nova secessão pró-Iraque. A situação ficou tão grave, que Qavam se viu obrigado a demitir os três ministros comunistas e convocar novas eleições, mas não antes de ordenar a prisão de todos os líderes comunistas e a ocupação da República Autônoma do Azerbaijão. A política de mão de ferro deu seus frutos: as secessões azerbaijanas e curdas terminaram sem que Moscou pudesse intervir; os comunistas conseguiram apenas dois deputados no Majlis (Parlamento), o que para Londres e Washington significava um extraordinário êxito estratégico. Por um lado, mantinham as concessões de petróleo para a Anglo-Iranian

---

[2] Andrew Scott Cooper, *The Fall of Heaven: The Pahlavis and the Final Days of Imperial Iran*, Henry Holt and Co., Nova York, 2016.

[3] Andrew Scott Cooper, *The Oil Kings: How the U.S., Iran, and Saudi Arabia Changed the Balance of Power in the Middle East*, Simon & Schuster, Nova York, 2011.

[4] O comunista Tudeh, de clara tendência marxista-leninista, foi fundado em 29 de setembro de 1941 por Soleiman Mohsen Eskandari. (N.A.)

OPERAÇÃO AJAX

O xá da Pérsia junto com o presidente Truman e sua esposa quatro anos antes do golpe de Estado

Oil Company (AIOC) e, por outro, eliminaram, com uma canetada, a interferência soviética no país.

Em 20 de junho de 1947, foi assinado um acordo entre os Estados Unidos e o Irã segundo o qual os americanos forneceriam a Teerã todo tipo de armamento. No ano seguinte, um importante grupo de conselheiros militares dos Estados Unidos chegou ao país, sob o comando do coronel Herbert Norman Schwarzkopf (pai do general Schwarzkopf, herói da Guerra do Golfo de 1991). Em 1953, Schwarzkopf estava no escritório da CIA — na embaixada em Teerã — quando o presidente Eisenhower deu sinal verde para retirar do poder o então primeiro-ministro Mohammad Mossadegh.[5]

A "ocidentalização" do Irã estava no caminho certo, e tanto Londres como Washington viam com bons olhos a estabilidade que tanto beneficiava suas concessões de petróleo. A chegada ao poder, em junho de 1950, do general Ali Razmara, um militar educado na França e ex-chefe do Estado-Maior do Exército Imperial, estreitou ainda mais os laços com Londres e Washington. Mas, no início de 1951, os soviéticos estavam preparados para realizar um

---

[5] Andrew Patterson, *The Hypocrites: A CIA-Mossad Road Map of Iran*, CreateSpace Independent Publishing Platform, internet, 2013.

contragolpe. Dias depois do casamento real do xá Reza Pahlavi com Soraya, exatamente no dia 7 de março, o primeiro-ministro Razmara foi assassinado com três disparos quando estava indo orar em uma mesquita em Teerã. Seu assassino, Khalil Tahmassebi, um carpinteiro membro do grupo Fedayin al-Islam, seria preso no próprio local do ataque. Allen Dulles, da CIA, e Stewart Menzies, do MI6, sabiam que por trás do gatilho de Tahmassebi estava a MGB de Viktor Abakumov.[6]

Nos dias vindouros, ocorreriam vários eventos que arrastariam o Irã para o caos. No dia seguinte ao assassinato de Razmara, cerca de 8 mil partidários do Tudeh e da Frente Nacional se reuniram nos portões do Majlis para exigir a libertação de Khalil Tahmassebi. Distribuindo folhetos do Fedayin al-Islam, eles ameaçaram assassinar o xá Reza Pahlavi e outros altos funcionários do governo se o assassino de Razmara não fosse solto. A desordem causada foi usada por azerbaijanos e curdos para se rebelarem contra Teerã. Tahmassebi acabou sendo libertado por ordem do Parlamento, embora logo depois ele tenha sido novamente preso e executado. A sucessão do general Razmara estava preparada. O candidato era Mohammad Mossadegh, homem que os iranianos conheciam bem. O político de 70 anos tivera uma carreira brilhante: era membro do Parlamento desde 1920, governador-geral do Azerbaijão, líder da Frente Nacional desde 1949, ministro da Justiça, da Fazenda e das Relações Exteriores, e agora, desde 28 de abril de 1951, primeiro-ministro do Irã.[7]

O golpe de Estado de 1925 esfriara a relação que o político tinha com o trono imperial e com o soberano deposto, Reza Khan, pai do xá Reza Pahlavi. Claramente hostil ao novo imperador, Mossadegh reapareceu publicamente quando o então imperador abdicou em favor do filho em 1943. Durante seu tempo como deputado no Majlis, lançava de sua bancada ataques ferozes contra as "potências ocidentais que tinham em suas mãos o petróleo iraniano". O paradoxo do caso é que agora Mossadegh era imposto ao xá pelo próprio Parlamento após o assassinato do primeiro-ministro Razmara.

---

[6] Stephen Ambrose, *Ike's Spies, Eisenhower and the Espionage Establishment*, Doubleday & Company, Nova York, 1981.

[7] Mark J. Gasiorowski e Malcolm Byrne, *Mohammad Mossadeq and the 1953 Coup in Iran*, Syracuse University Press, Syracuse, 2004.

OPERAÇÃO AJAX

De acordo com Kermit Roosevelt, neto do presidente Theodore e oficial da CIA no Irã, em Mossadegh se destacavam apenas suas "excentricidades, caprichos espetaculares, seu fanatismo religioso e a reverência que prestava à grandeza de um Irã milenar". Roosevelt ignorou solenemente a britanofobia e a americanofobia do primeiro-ministro, o que o tornava uma figura amável para os serviços de inteligência soviéticos.[8]

Entre os anos 1951 e 53, o governo de Mossadegh propiciou o envio — de Moscou — de "técnicos", "assessores" e "conselheiros" para Teerã, a fim de se infiltrarem em todos os órgãos estatais.

Mohammad Mossadegh

Sua primeira ação foi acabar com o poder anglo-iraniano e seu controle sobre o petróleo do país. Como aliados, Mossadegh contava com o apoio dos pró-comunistas do Tudeh e, mesmo antes de ser eleito primeiro-ministro, conseguira impor a nacionalização de todos os ativos da todo-poderosa companhia petrolífera anglo-iraniana. O então ministro das Relações Exteriores, Herbert Morrison, protestou vigorosamente e ameaçou Mossadegh. "Protegeremos os interesses britânicos no Irã", declarou enquanto ordenava o envio de três navios de guerra da Marinha Real para a costa iraniana. Mas Londres sabia que, se iniciasse um conflito bélico com o Irã, a União Soviética tomaria partido em favor de Mossadegh, o que provocaria uma nova guerra aberta na região. O primeiro-ministro britânico, Clement Richard Attlee, e o presidente dos Estados Unidos, Dwight D. Eisenhower, bem como seus chefes de inteligência, Allen Dulles e John Sinclair, sabiam que a complexa situação no Irã não poderia durar para sempre. Algo precisava ser feito.[9]

---

[8] Kermit Roosevelt, *Countercoup: The Struggle for the Control of Iran*, Mcgraw-Hill, Nova York, 1979.

[9] Christopher de Bellaigue, *Patriot of Persia: Muhammad Mossadegh and a Very British Coup*, Harper Perennial, Nova York, 2013.

Os comunistas haviam se instalado em todas as esferas de poder do país: na política, no Judiciário, na administração pública e na indústria petrolífera. O clima em Teerã fervia. Na manhã de 19 de agosto de 1953, uma multidão de manifestantes, sob a batuta dos seguidores do xá e estreitamente vinculada à CIA, avançou pelas ruas da capital desde os bazares do sul de Teerã até o Centro da cidade, onde ficava a residência do primeiro-ministro, que, ao ouvir a confusão, apareceu na varanda. Gritos de "Morte ao traidor Mossadegh!" e de "Viva o xá!" podiam ser ouvidos a centenas de metros de distância, enquanto uma campanha de meios de comunicação perfeitamente coordenada informava à população que o xá havia demitido Mossadegh por traição.

O líder do golpe de Estado é o general Fazlollah Zahedi, homem forte do Exército Imperial e a figura que a CIA colocou na cúpula do poder iraniano. Na realidade, a decisão de retirar Mossadegh não foi tomada pelo xá ou por Zahedi, nem mesmo por Attlee ou Eisenhower; a decisão foi tomada pelo coronel Schwarzkopf, um militar que conhecia perfeitamente a região, pois entre 1944 e 1948 morou no Irã, onde trabalhou como assessor do exército e da polícia. Na verdade, foi ele o criador do Escritório de Inteligência do primeiro--ministro, que alguns anos depois daria origem à temível Savak (a polícia secreta, o serviço de inteligência e segurança nacional). A verdade é que Schwarzkopf era um dos melhores especialistas que a CIA tinha no Irã, e Allen Dulles, diretor da agência, fazia parte do conselho de administração da empresa Sullivan & Cromwell, assessora jurídica da Anglo-Iranian Oil Company.

Essa combinação de interesses privados, econômicos e políticos só poderia levar a uma intervenção anglo-americana no Irã. Os britânicos há muito financiavam ilegalmente as atividades dos oponentes de Mossadegh, e o xá estava cada vez mais obcecado com a ideia de que acabaria sendo assassinado, tal como acontecera com seu antigo primeiro-ministro, o general Razmara. Mas tudo mudou com a chegada de Herbert Norman Schwarzkopf, que se encarregaria de pôr em andamento um plano, a "Operação Ajax", para derrubar Mossadegh. Junto a Schwarzkopf, desembarcaram em Teerã outros especialistas da CIA, como Frank Wisner e Kermit Roosevelt, e uma maleta contendo 10 milhões de dólares da Agência para subornos. Dessa forma, com tal quantia se pagou aos manifestantes, reunidos sob o nome de Liga Patriótica do Irã, que se dirigiram à residência de Mossadegh para pedir sua renúncia.

OPERAÇÃO AJAX

Frank Wisner, agente da CIA na "Operação Ajax"

Kermit Roosevelt, agente da CIA e neto de Theodore Roosevelt, organizou a "Operação Ajax"

Contudo, chegou aos ouvidos do xá o boato de que Mossadegh, sabendo do plano de golpe de Estado, convocara vários conselheiros soviéticos para contra-atacar, deter o imperador e os comandantes do exército e acabar com os partidos políticos contrários a Moscou. O xá fugiu para a Itália, onde esperou notícias de Teerã no luxuoso hotel Excelsior, na romana Via Veneto. Enquanto isso, na capital iraniana, unidades militares equipadas com tanques saquearam escritórios e jornais relacionados com o primeiro-ministro, com o Tudeh e com vários sindicatos e grupos de estudantes que se opunham ao imperador.

À tarde, os confrontos se generalizaram na capital. O mais grave aconteceu em frente à casa do primeiro-ministro, onde morreram cerca de 200 pessoas. Mossadegh conseguiu escapar pelo telhado, mas no dia seguinte se entregou.[10]

Às 17h25, o general Fazlollah Zahedi chegou à estação de rádio a bordo de um tanque e declarou à nação que "com a bênção do xá, agora sou o primeiro-ministro legal, e minhas forças assumiram o controle de grande parte

---

[10] Mark J. Gasiorowski e Malcolm Byrne, op. cit.

Fazlollah Zahedi chegou ao poder com a ajuda da CIA

da capital". Zahedi chegou ao Palácio Imperial com seus militares e preparou o retorno triunfal do xá.[11] No dia seguinte, Washington e Teerã assinaram um pacto de ajuda militar e econômica de mais de 250 milhões de dólares.

Logo após o sucesso da "Operação Ajax", e devido às críticas internacionais à CIA por países da esfera soviética, Allen Dulles foi forçado a revidar por meio de uma grande campanha de relações públicas na qual afirmava que "a CIA desempenhara um papel não oficial nas saídas de Mohammad Mossadegh do Irã e de Jacobo Arbenz Guzmán, da Guatemala".[12]

Frank Wisner voltou aos Estados Unidos e trabalhou no Diretório de Operações até 1956, quando, devido ao estresse do cargo, precisou ser hospitalizado por distúrbios mentais e removido para um destino mais confortável como chefe do escritório em Londres. No entanto, em 1961, e de forma surpreendente, pediu renúncia da CIA e desapareceu da face da Terra. Em 1965, quando tinha 56 anos, suicidou-se em sua casa de Maryland, deixando para trás uma longa lista de operações secretas.[13]

Kermit Roosevelt retornou a Washington após o sucesso da "Operação Ajax" e recebeu a Medalha de Segurança Nacional. Seu destino seguinte, um ano depois da queda de Mossadegh, foi a Guatemala, onde teve a missão de derrubar o presidente pró-comunista Guzmán. Após sua saída da CIA, Roosevelt tornou-se consultor de grandes multinacionais norte-americanas

---

[11] Stephen Kinzer, *All the Sha's Men: An American Coup and the Roots of Middle East Terror*, Wiley Publishers, Nova York, 2008.

[12] Peter Grose, *Gentleman Spy: The Life of Allen Dulles*, Houghton Mifflin, Boston, 1994.

[13] Eric Frattini, *CIA: Joyas de familia*, Martínez Roca, Madri, 2008.

OPERAÇÃO AJAX

com interesses na América Central e no Oriente Médio. Morreu por causas naturais em 8 de junho de 2000, aos 84 anos, num retiro para aposentados em Cockeysville, Maryland.[14]

Como já dissemos, Mohammad Mossadegh foi preso pouco depois de sua fuga, julgado e condenado a três anos de prisão. Uma vez libertado, o xá mandou seu ex-primeiro-ministro para o exílio em uma região remota do Nordeste do Irã, onde morreu, completamente sozinho e esquecido, em 5 de março de 1967.

Finalmente, após décadas de negação, em agosto de 2013 a CIA reconheceu seu papel no golpe que levou à derrubada de Mohammad Mossadegh em 1953, sob a égide da "Operação Ajax", que realizava operações secretas que incluíam atos de terrorismo de falsa bandeira que causaram a morte de mais de 300 pessoas.

Ignorando o Direito Internacional, a Grã-Bretanha e os Estados Unidos optaram pela estratégia de mudar o regime iraniano para tirar vantagem em relação a um inimigo comum no Oriente Médio, a União Soviética, que buscava colocar a região sob sua esfera de influência. A queda de Mossadegh, vista em Washington como um sucesso importante, foi também a semente do ódio do Irã por tudo que vinha dos Estados Unidos.[15] O magnífico livro sobre o golpe de Estado escrito por Stephen Kinzer e intitulado *Todos os homens do xá*, baseado em documentos da CIA recentemente tornados públicos, descreve como a própria Agência de Inteligência, com ajuda britânica, minou o governo de Mossadegh subornando figuras influentes, fornecendo desinformação (informações falsas/fake news) à mídia iraniana e provocando distúrbios de rua nas principais cidades do país. Liderada pelo agente Kermit Roosevelt, a CIA apoiou um jovem e inexperiente xá, que se sentia inseguro demais para promulgar um decreto de destituição de Mossadegh como primeiro-ministro.

Embora os documentos oficiais tornados públicos descrevam a derrubada de Mossadegh e o retorno do xá ao poder como se os próprios iranianos o tivessem realizado, a realidade está bem longe disso. Os testemunhos diretos de inúmeros agentes de inteligência da CIA que atuaram ativamente para a derrubada mostram que, de fato, essa foi uma operação secreta conjunta dos

---

[14] Thomas Powers, *The Man Who Kept the Secrets. Richard Helms and the CIA*, Alfred A. Knopf, Nova York, 1979.

[15] Ryszard Kapuscinski, *Shah of Shahs*, Penguin Classics, Nova York, 1992.

britânicos e norte-americanos, por mais que as versões oficiais desses dois países praticamente continuem ignorando a possibilidade de que atores externos (a própria CIA e o MI6) tenham desempenhado um papel fundamental. Em vez disso, eles afirmam que o movimento para reabilitar o xá foi "genuíno e de alcance nacional".[16]

Recentemente foi publicada uma obra, escrita por vários historiadores iranianos, britânicos e norte-americanos de renome, que apresenta os fatos de forma mais equilibrada. A partir da nova documentação existente e de muitas entrevistas com os participantes do golpe de 1953, conclui-se que tanto iranianos quanto não iranianos realizaram ações cruciais que permitiram o triunfo do golpe de Estado, e que a CIA, com a ajuda da inteligência britânica, planejou, financiou e executou a operação.

Na verdade, os próprios iranianos contribuíram de inúmeras maneiras para a mudança de seu regime. Entre os principais protagonistas estavam o próprio xá, o general Zahedi e vários agentes locais que trabalharam em estreita colaboração com os serviços de inteligência norte-americano e britânico. As atividades de vários grupos políticos também foram fundamentais, em particular dos membros da Frente Nacional e do Tudeh, que se afastaram de Mossadegh no início de 1953.[17]

O golpe de Estado "28 Mordad", como é conhecido por sua data persa, foi um ponto de mudança para o Irã, para o Oriente Médio e para o prestígio dos Estados Unidos na região. A operação conjunta anglo-americana levou à unidade do Irã na hora de afirmar o controle soberano sobre seus próprios recursos e encerrou um capítulo emocionante na história dos movimentos nacionalistas e democráticos da região. O golpe teve um "efeito eco" nos anos seguintes, e o rancor do povo iraniano em relação à Grã-Bretanha e aos Estados Unidos não parou de crescer. Quando, finalmente, o xá caiu em 1979, as lembranças daquela intervenção tornaram cada vez mais impopulares seus 25 anos de reinado. Além do Irã, os Estados Unidos continuam sendo profundamente criticados por ficarem ao lado dos governos autoritários da região.

---

[16] Ervand Abrahamian, *The Coup: 1953, the CIA, and the Roots of Modern U.S.-Iranian Relations*, The New Press, Nova York, 2013.

[17] Stephen Kinzer, op. cit.

OPERAÇÃO AJAX

S E C R E T

I. <u>PRELIMINARY STEPS</u>

Representatives of British Intelligence met with Near East and Africa (NEA) Division representatives in Washington during November and December 1952 for the purpose of discussing joint war and staybehind plans in Iran. In attendance for British Intelligence were Mr. Christopher Montague Woodhouse, recently Chief of Station for British Intelligence in Tehran; Mr. Samuel Fall of the British Intelligence station in Tehran; and Mr. John Bruce Lockhart, SIS Washington representative. In attendance for NEA Division were Mr. Kermit Roosevelt, Chief of Division, Mr. John H. Leavitt, Chief of Iran Branch; Mr. John W. Pendleton, Deputy Chief of Division; and Mr. James A. Darling, Chief of NEA Paramilitary Staff.

Although it was not on the previously agreed agenda of the meeting, British Intelligence representatives brought up the proposition of a joint political action to remove Prime Minister Mossadeq. The NEA Division had not intended to discuss this question at all and was unprepared to do so. The meeting concluded without any decision being made and with the NEA Division committing itself only to study in more detail the political action proposals advanced by British Intelligence.

S E C R E T

Primeiros passos do plano operacional CIA-MI6 da "Operação Ajax"

Quando "remodelar o Oriente Médio" significar estar ao lado de um regime democrático, então Washington terá aprendido a lição. Mas, se apenas permite os fins para justificar os meios, o espectro da "Operação Ajax" continuará assombrando todos que dela participaram.

OPERAÇÃO SUSANA
(1954)

Em 16 de janeiro de 1951, ocorreu um encontro secreto, em algum lugar de Tel Aviv, entre vários dirigentes do Aman, o serviço de inteligência militar israelense. A reunião foi presidida pelo diretor, o general Benjamin Gibli; também se encontravam o chefe da chamada "Unidade 131", encarregada das operações secretas em países árabes, o tenente-coronel Ben-Tsur, o major Abraham Dar, e o chefe do Estado-Maior das Forças de Defesa de Israel, general Moshe Dayan. Dar recebeu ordens precisas para montar uma equipe de agentes judeus egípcios, que deveriam ser tratados como "judeus dispostos a ajudar Israel", e não como "espiões" propriamente ditos. Ao que tudo indica, Gibli desejava evitar que se acusasse Israel se os agentes fossem capturados pelo Mukhabarat (serviço de inteligência egípcio).

A Unidade 131, também conhecida como "Heker 2" (Investigação 2), foi criada em 1948 para atuar como uma seção ultrassecreta no interior da Divisão Política capitaneada por Boris Guriel. Suas principais missões eram as sabotagens e as operações de

Moshe Dayan, chefe do Estado-Maior de Israel durante a "Operação Susana"

"propaganda negra" nas linhas inimigas.[1] Desde 1950, as operações da 131 eram lideradas por dois chefes, Reuven Shiloah, o futuro chefe do Mossad, e Mordechai Makleff, o segundo na hierarquia do Estado-Maior do Exército israelense. Em 1951, o comando passou para o tenente-coronel Motke Ben-Tsur, e foi então que começaram as operações secretas no Egito.[2]

O major Dar deveria assumir a identidade de John Darling, um cidadão britânico nascido em Gibraltar. Assim que chegou ao Egito, vindo da França, Dar contatou um agente israelense, o doutor Victor Saadi, que estava encarregado de um grande número de agentes judeus que operavam no país.

Abraham Dar

Aparentemente, Saadi havia trabalhado para o Mossad, pois, quando entrou em contato com Dar, este informou seu agente de controle, que, por sua vez, informou o poderoso *memuneh* (diretor) Isser Harel. Durante meses, Harel e Gibli haviam se enfrentado abertamente pelo controle da Unidade 131, mas o último contava com o apoio de Dayan, um dos homens fortes de David Ben-Gurion.

Saadi apresentou a Dar uma garota de 21 anos chamada Victorine "Marcelle" Ninio, que conseguira liderar doze jovens dispostos a ajudar Israel. Sua pequena, porém eficaz, rede de espiões consistia em Victor Levy, um funcionário de uma agência de viagens, de 19 anos; Philip Natanson, vendedor da seção masculina de uma loja de departamentos, da mesma idade; Robert Cohen, bancário, 20 anos; Meir Zafrani, estudante de arquitetura,

---

[1] Ian Black e Benny Morris, *Israel's Secret Wars: A History of Israel's Secret Services*, Grove Weidenfeld, Nova York, 1991.
[2] Michael Bar-Zohar e Nissim Mishal, *Mossad: The Greatest Missions of the Israeli Secret Service*, Ecco, Nova York, 2014.

19 anos; Yosef Carmon, engenheiro, 21 anos; Meir Meyuhas, funcionário público, 22 anos; e Robert Dassa, enfermeiro de um hospital público, 20 anos. A eles se juntaram um pouco depois Mussa Marzuk, um médico de 32 anos, e Samuel Azar, que havia trabalhado como professor, mas, desde o final de 1944, operava no país árabe para a Haganah[3] (uma organização paramilitar de autodefesa judaica). A maioria eram "agentes adormecidos" que foram acordados para realizar a chamada "Operação Susana".

Parecia que tudo estava pronto quando, em 23 de julho de 1952, um acontecimento fez com que os planos fossem suspensos. Naquele dia, o corrupto rei Farouk do Egito foi derrubado por um grupo de oficiais do exército chamado "Movimento de Oficiais Livres", liderado pelo general Mohamed Naguib e por um jovem coronel de 34 anos chamado Gamal Abdel Nasser. Este último havia participado da guerra de 1948 contra o recém-criado Estado de Israel e tinha sido humilhado, tornando-se um ferrenho nacionalista árabe e feroz anti-judeu. Na verdade, dois anos depois, em 18 de abril de 1954, o próprio Nasser deu um golpe de Estado para, por sua vez, derrubar Naguib e tomar o controle do país.[4]

Em 26 de maio de 1952, o tenente-coronel Ben-Tsur voou a Paris para se reunir com Avri Elad (Avraham Seidenwerg), um agente especial do Aman. Elad nasceu em Viena, em 1926, e chegou à Palestina em 1939. Servira no Exército britânico até o fim da guerra, quando se tornou um dos melhores guias para a emigração judaica para a Palestina. Após a criação

Isser Harel, diretor do Mossad
(1952-1963)

---

[3] Eddy Bauer, *Espías. Enciclopedia del espionaje*, Idées & Editions, Paris, 1971.
[4] Hugh McLeave, *The Last Pharaoh: Farouk of Egypt*, McCall Publishers Co., Nova York, 1970.

OPERAÇÃO SUSANA

do Estado de Israel, Elad permaneceu no exército israelense e atingiu o posto de major. Em 1952, desempregado, à beira da miséria e a ponto de divorciar-se, foi recrutado por Ben-Tsur para a Unidade 131.

Mas voltemos ao grupo de espiões israelenses, que ainda estavam no Egito, só esperando para serem "ativados". No entanto, apenas dois deles, Marzuk e Zafrani, foram enviados a Yaffa para receber um curso, ministrado pelo israelense Shin Beth, sobre comunicações, sabotagens, identificação de navios, demolições navais e fabricação de explosivos. O restante do grupo permaneceu "adormecido" até o final de junho de 1954.

No dia 28 daquele mês, chegou ao Cairo o cidadão alemão Paul Frank, ex-integrante das SS nazistas, com importantes conexões com a cúpula militar de Nasser, como Zakaria Mohieddin, primeiro diretor do GID (Diretório Geral de Inteligência), o almirante Soleiman Ezzat, comandante da Marinha egípcia, e o coronel Osman Nuri, chefe da Administração Militar de Inteligência e Reconhecimento (DMI). Na verdade, Paul Frank era Avri Elad, que, seguindo as instruções de Gibli, deveria coletar informações sobre o Exército egípcio, especialmente suas unidades blindadas, e colocar artefatos explosivos em locais públicos, incluindo alguns edifícios antigos. Tratava-se de fazer a opinião pública acreditar que um grupo terrorista nacionalista árabe estava atacando interesses norte-americanos no Egito e fazer Eisenhower se voltar contra o governo do presidente Naguib e do primeiro-ministro Nasser.

Em 2 de julho de 1954, Frank se reuniu com dois membros do grupo em um apartamento próximo ao Hospital Geral de Alexandria. Graças ao que aprendera no curso do Shin Beth, Zafrani montou o primeiro explosivo com pó de manganês e alumínio, e com ácido. Três artefatos foram preparados e três pacotes feitos e colocados em uma caixa na agência central do correio da praça Ismail, no Cairo. Poucos minutos depois, a primeira bomba explodiu. Na manhã de 14 de julho, três outros artefatos foram colocados: dois na Agência de Informações dos Estados Unidos; em Alexandria e no Cairo, e um terceiro em um teatro de propriedade de um cidadão britânico na capital egípcia. À tarde, um quarto explosivo foi detonado no Centro Cultural dos Estados Unidos em Alexandria. No dia 23 de julho, bombas foram plantadas em dois cinemas, no Cairo e em Alexandria, e outra em uma estação ferroviária. Mas uma das bombas explodiu antecipadamente na mochila do agente

— 105 —

judeu Philip Natanson, que acabou detido pelas forças de segurança egípcias. À noite, quase todos os membros do grupo estavam na prisão. Antes de ser presa, Ninio tentou se matar.[5]

Ao mesmo tempo, o serviço de inteligência egípcio prendeu um judeu que nada tinha a ver com o ocorrido. Trata-se de Yosef Cremona, morto em cativeiro, embora os egípcios afirmassem que ele havia se suicidado. Seja como for, a imprensa egípcia noticiou as detenções e a morte de Cremona, embora em nenhum momento tenha sido mencionado que as forças de segurança egípcias tenham detido Meir *Max* Binnet, um dos espiões mais importantes da Unidade 131 no país árabe. Ou Ninio ou Elad haviam informado os egípcios da importância de Binnet.

Nascido na Hungria em 1917, filho de pais alemães, Binnet emigrou para a Palestina em 1935. Depois de trabalhar como marinheiro no porto de Jaffa, juntou-se ao Aman para facilitar a entrada de judeus da Europa na Palestina. Foi então enviado para Teerã e Bagdá, e em 1951 juntou-se à Unidade 131 sob as ordens de Avri Elad. Binnet entrou no Egito como representante comercial de uma empresa alemã de oleodutos e, mais tarde, tornou-se representante da Ford no Egito, o que lhe dava acesso à maioria das bases militares do país.

Em outubro de 1954, uma reunião de emergência ocorreu no escritório do primeiro-ministro em Jerusalém. Nela, ficou decidido que o próprio gabinete do primeiro-ministro cuidaria das famílias de todos os agentes envolvidos em operações secretas pelo resto da vida. Terminada a reunião, Gibli ativou todos os seus contatos na Europa para obter a libertação dos agentes israelenses detidos no Egito e até persuadiu o governo alemão do chanceler Adenauer a reconhecer Binnet como cidadão alemão e interceder por ele junto ao governo do Cairo.

O julgamento dos espiões começou na capital egípcia em 11 de dezembro de 1954. Dez dias depois, Max Binnet cortou os pulsos em sua cela, embora, antes de morrer, tenha escrito uma carta para a esposa, que a recebeu somente 15 anos depois:

---

[5] Joel Beinin, *The Dispersion of Egyptian Jewry: Culture, Politics, and the Formation of a Modern Diaspora*, University of California Press, Berkeley, 1998.

OPERAÇÃO SUSANA

Minha querida, não espero ser libertado e a pena será de no mínimo 15 anos. Eu não poderia suportar esta prisão, física ou moralmente. Aconselho você a se casar novamente, o mais rápido possível, após minha morte e dar a nosso filho o pai de que ele precisa.

Quero que sua vida com seu novo marido seja semelhante à que vivemos juntos. Peço-lhe, por ocasião do meu aniversário, que plante uma árvore no nosso jardim. Espero que seu relacionamento com nossa grande família (o Exército) continue como antes.

Seu marido que te ama,
Max.[6]

No julgamento, que terminou em 27 de janeiro de 1955, o doutor Mussa Marzuk e Samuel Azar acabaram condenados à morte por enforcamento. Os demais agentes receberam sentenças que variaram de sete anos até a prisão perpétua. Depois de ouvir as sentenças, o primeiro-ministro Moshe Sharett, que substituíra Ben-Gurion em janeiro de 1954, declarou o seguinte no Knesset (Parlamento de Israel): "Os judeus mártires são vítimas da guerra criminosa e sangrenta que o Egito impôs a Israel e que continua a travar contra o nosso país."

Meir *Max* Binnet depois de cortar os pulsos em sua cela

---

[6] Avi Shilon, *Ben-Gurion: His Later Years in the Political Wilderness*, Rowman & Littlefield Publishers, Londres, 2016.

Doutor Mussa Marzuk, executado na forca

Samuel Azar, executado na forca

Mas a opinião pública israelense queria saber o que de fato havia acontecido. Alguns dias depois, o jornal *Haaretz* publicou um editorial severo:

> É surpreendente a forma primitiva e torpe como os ataques foram perpetrados e a falta de precauções elementares que caracterizaram as ações dos agentes israelenses. [...] É evidente que aquele ou aqueles que tomaram a iniciativa de criar e operar tal rede fizeram um péssimo trabalho.[7]

Na verdade, o que todos queriam saber era quem tinha dado a ordem. O então diretor-geral do Ministério da Defesa, Shimon Peres, e o chefe do Estado-Maior, Moshe Dayan, ambos próximos a Ben-Gurion, afirmaram que o ministro da Defesa, Pinhas Lavon, havia "protegido" aquela "lamentável operação". E disseram a quem quisesse ouvir. Era preciso salvar a pele. Lavon, por sua vez, sustentava que a ativação da rede no Egito havia ocorrido sem a sua autorização, e até o Mapai (Partido dos Trabalhadores da Terra de Israel) estava mergulhado em uma espécie de guerra civil. A ala direitista apoiava Lavon, e a esquerdista, Sharett e Ben-Gurion.

---

[7] Livia Rokach, *Israel's Sacred Terrorism: A Study Based on Moshe Sharett's Personal Diary and Other Documents*, Association of Arab-American University Graduates, Ypsilanti, 1985.

OPERAÇÃO SUSANA

Finalmente, Lavon renunciou em 17 de fevereiro de 1955. Foi sucedido pelo ex-primeiro-ministro, David Ben-Gurion. Em abril, Gibli também foi forçado a renunciar à chefia do Aman e sucedido por Yehoshafat Harkabi. A comissão de inquérito, formada pelo ex-chefe do Estado-Maior, Yakov Dori, e pelo presidente da Corte Suprema, Isaac Olshan, concluiu que Gibli "deveria ter sido julgado por negligência criminal e insubordinação".

Em abril de 1960, foi formada a chamada "Comissão Cohn", presidida pelo procurador-geral Haim Cohn, que concluiu uma minuciosa revisão dos documentos da investigação realizada por Dori e Olshan. Foram encontrados contradições e um documento falso (possivelmente elaborado por Gibli) que poderia ter servido para demonstrar que Pinhas Lavon, de fato, em nenhum momento teve conhecimento da operação. Moshe Sharett e Levi Eshkol queriam fazer uma declaração oficial para reabilitar Lavon e se desculpar publicamente, mas David Ben-Gurion recusou, temendo que o assunto pudesse levar a uma divisão dentro do partido Mapai. Meses depois, uma terceira comissão de inquérito se alinhou com a Comissão Cohn, e Ben-Gurion renunciou ao cargo de ministro da Defesa, resultando na expulsão de Lavon do sindicato Histadrut e em uma nova convocação de eleições gerais. Detalhes da "Operação Susana" foram mantidos em segredo do público israelense.

Logo após o escândalo estourar, o chefe do Mossad, Isser Harel, transmitiu suas suspeitas ao Aman em relação a Avri Elad. No entanto, o serviço de inteligência continuou a usá-lo em várias operações até 1956, quando foi detido pelo Mossad, depois de tentar vender documentos secretos israelenses, principalmente sobre as operações da Unidade 131, para o coronel egípcio Osman Nuri. Elad foi transferido para Israel, julgado e condenado a dez anos de prisão. Durante seu tempo no cárcere, no presídio de Ayalon, a mídia se

Pinhas Lavon, ministro da Defesa durante a "Operação Susana"

referiu a Elad como "o terceiro homem", ou simplesmente como "X", devido à censura imposta pelo governo. Em 1976, quando já morava em Los Angeles, Avri Elad reconheceu publicamente, em um livro intitulado *Decline of Honor*, que ele foi o "terceiro homem" no caso Lavon.[8] Em 1980, Harel forneceu fortes evidências de que Avri Elad era um agente egípcio antes mesmo do início da "Operação Susana".

Em 30 de março de 2005, após meio século de silêncio e reprovações políticas, Israel decidiu homenagear oficialmente os nove agentes judeus que haviam participado de um dos maiores desastres da inteligência israelense. Não reconhecendo o fracasso, o país preferiu negar sua participação e permaneceu calado, mesmo depois de assinar os acordos de paz de Camp David de 1979 com o Egito, por medo de que recordar a operação arruinasse as relações diplomáticas recém-inauguradas entre os dois países. "Embora continue a ser um assunto delicado, decidimos expressar nosso respeito por esses heróis", disse o presidente, Moshe Katsav, ao apresentar em uma cerimônia em Jerusalém os três únicos membros sobreviventes da "Operação Susana".[9]

Mas o caso não termina aqui. Os agentes judeus presos no Egito foram ignorados e até excluídos de várias trocas de prisioneiros com Israel após as guerras de 1956 e 1967. "Este é um grande dia para todos nós, os que foram enforcados e os que morreram. É uma grande satisfação receber essa homenagem", afirmou Ninio.

Em 25 de junho de 2016, Israel tornou pública a correspondência, após 62 anos, da "Operação Susana". Os documentos de Haim Laskov, chefe do Estado-Maior de 1958 a 1961, bem como do próprio Gibli, referem-se aos esforços deste último para limpar seu nome depois de ser demitido como chefe da inteligência militar. Em 1960, Gibli negou que tenha dado as ordens para os ataques no Egito e pediu a criação de uma comissão de investigação. "Não vejo outra maneira de defender minha honra como oficial das forças de defesa israelenses e como ser humano", escreveu ele. Mas sua secretária na época, Daliya Goldstein, declarou que, depois de estourado o escândalo, seu patrão [Gibli] ordenou-lhe que queimasse um grande número de documentos relacionados com a "Operação Susana".

---

[8] Avri Elad, *Decline of Honor*, Regnery Publishers, Nova York, 1976.

[9] Michael Bar-Zohar e Nissim Mishal, op. cit.

OPERAÇÃO SUSANA

Victorine "Marcelle" Ninio
no Tribunal do Cairo

Em uma carta que Haim Laskov enviou a Ben-Gurion em 1958, ele conta sobre uma conversa que teve com Gibli, na qual o ainda chefe do Aman perguntou se poderia ser nomeado para um posto de general de divisão. "Gibli tem uma péssima reputação nas forças de defesa israelenses e, desde que seu nome não seja apagado com ações e esforços, essa questão será um obstáculo para sua promoção", escreveu Laskov.

Como já dissemos, em suas cartas Gibli pedia ao chefe de governo e ao ministro da Defesa que criassem uma nova comissão de investigação, pois, segundo ele, a anterior havia sido encerrada sem sucesso por obrigar um alto oficial de inteligência a cometer perjúrio. Gibli, além disso, insistiu que, "embora fosse eu quem ordenasse os ataques no Egito, o fiz obedecendo a ordens precisas de Pinhas Lavon, ministro da Defesa, e apenas cumpri ordens dadas por um superior". Entre os documentos, também há um registro de uma reunião secreta do Estado-Maior das Forças de Defesa de Israel para discutir o desastre da "Operação Susana". Mas, mesmo agora que todos esses documentos foram tornados públicos, observa-se que os parágrafos mais delicados foram apagados ou "mascarados" pela censura militar.

Avraham Dar renunciou ao cargo na inteligência militar em 1957, em protesto contra a recusa do governo israelense de trocar agentes da "Operação Susana" por prisioneiros egípcios da guerra de 1956, incluindo o general Mohamed Digwi, governador de Gaza e presidente do tribunal que condenou à morte Marzuk e Azar. Depois da Guerra dos Seis Dias (1967), Israel tinha em seu poder mais de 6 mil prisioneiros egípcios, enquanto o Egito tinha apenas sete soldados israelenses e seis espiões (Victorine "Marcelle" Ninio, Victor Levi, Philip Natanson, Robert Dassa, Wolfgang Lotz e sua esposa). A liberdade de todos eles foi alcançada graças ao fato de Meir Amit, sucessor de Harel na chefia do Mossad, ter enviado uma carta pessoal a Nasser.

No final de 1960, Pinhas Lavon solicitou sua reabilitação na Histadrut. Em dezembro do mesmo ano, uma comissão ministerial livrou-o de todas as responsabilidades na "Operação Susana", o que colocou David Ben-Gurion em uma posição difícil, sendo forçado a renunciar. A crise política que afetou toda a sociedade israelense foi esquecida quando estourou a Guerra dos Seis Dias, em junho de 1967, conflito que voltou a unir toda a nação contra um inimigo comum.[10]

Benjamin Gibli morreu em 19 de agosto de 2008, aos 89 anos de idade, sem ter conseguido reabilitar seu nome. Pinhas Lavon faleceu em 24 de janeiro de 1976, aos 71 anos, totalmente reabilitado.

Essa operação de falsa bandeira foi desastrosa para Israel por dois motivos: em primeiro lugar, o país perdeu prestígio e credibilidade em suas relações com o Reino Unido e os Estados Unidos, algo que levaria décadas para reparar, e, em segundo lugar, a ação provocou inúmeras sequelas políticas que suscitaram uma considerável agitação no país. De fato, atualmente continuam sendo muitos os que afirmam que o "caso Lavon", como é conhecido o escândalo, foi o Watergate israelense.

David Ben-Gurion foi forçado a renunciar após o caso Lavon

---

[10] Avi Shilon, op. cit.

⑨

A REDE GLADIO
(1958)

———————————————

Em 12 de dezembro de 1969, às 16h37, uma potente bomba explodiu na Piazza Fontana, em Milão, dentro da sede da instituição financeira Banca Nazionale dell'Agricoltura. Dezessete pessoas perderam a vida e outras 88 tiveram múltiplos ferimentos. Em um primeiro momento, o ataque é atribuído a grupos anarquistas, e quase uma centena de pessoas é presa nos dias seguintes em diversos pontos da Itália. Giuseppe Pinelli, um anarquista que trabalha nas ferrovias, "suicida-se" ao se atirar de uma janela do quarto andar do gabinete do comissário Luigi Calabresi,[1] chefe da Divisão Política da polícia italiana. Pouco depois, e na ausência de evidências que ligassem o ataque a grupos de esquerda, as suspeitas dos investigadores começaram a se voltar para o grupo de extrema direita conhecido como Ordine Nuovo, fundado por Pino Rauti após uma cisão do fascista Movimento Social Italiano (MSI). Em março de 1972, são presos o próprio Rauti, Franco Freda e Giovanni Ventura, acusados de serem os autores do atentado na Piazza Fontana, bem como dos ocorridos na Feira do Comércio e na Estação Central de Milão (25 de abril de 1969) e em vários trens (8 e 9 de agosto de 1969).[2]

---

[1] O comissário Luigi Calabresi foi morto a tiros em 17 de maio de 1972 por membros do grupo anarquista Lotta Continua. Calabresi foi convocado a testemunhar pela misteriosa morte de Pinelli, mas, dias antes de se apresentar ao juiz, ele foi "convenientemente" assassinado. (N.A.)

[2] Luciano Lanza, *Secrets and Bombs. Piazza Fontana 1969*, Christie Books, internet, 2002.

Eric Frattini ∞ *MANIPULANDO A HISTÓRIA*

Funeral pelos mortos na Piazza Fontana

A polícia sabia que Rauti havia participado em 1965 de um congresso sobre "Guerra e guerrilha revolucionária" organizado pelo Istituto di Studi Militari Alberto Pollio, onde apresentou um artigo intitulado "Tática de penetração comunista na Itália". Nele, Rauti falou sobre a execução de ataques seletivos nas principais cidades da Europa para direcionar as denúncias de autoria a grupos de esquerda. No congresso, financiado por um grupo de estudos da Virgínia (Estados Unidos) com amplas ligações com a CIA, reuniram-se fascistas de toda a Europa, altos funcionários do Estado italiano e importantes empresários, e foi aí que surgiram as bases ideológicas e organizacionais da chamada *strategia della tensione* ("estratégia da tensão"), que duraria até novembro de 1989 e causaria quase mil atentados seletivos.[3]

Como resultado da investigação do atentado à Piazza Fontana, em 27 de março de 1976 o general Giandelio Maletti e o coronel Antonio Labruna

---

[3] As investigações judiciais sobre o atentado na Piazza Fontana duraram até 3 de maio de 2005, sem que ninguém fosse considerado culpado. (N.A.)

foram presos, acusados de ajudar Giovanni Ventura a escapar, de cometer perjúrio e de obstruir a investigação. Após um julgamento de dois anos, em 23 de fevereiro de 1979 o Tribunal Criminal de Catanzaro condenou Maletti a quatro anos de prisão por cumplicidade, embora sua pena tenha sido reduzida a dois anos, após um recurso impetrado em 20 de março de 1981. Quando a revisão de sua sentença foi marcada, Maletti conseguiu escapar e fugiu para a África do Sul, país onde anos depois solicitou a nacionalidade.[4] Desde 1991, o procurador italiano Guido Salvini tentou levar à justiça os responsáveis pelo massacre, mas sem sucesso. Ele inclusive quis declarar como fugitivos o general Giandelio Maletti e o coronel Antonio Labruna, dois altos mandatários do "Gabinete D" do Servizio Informazioni Difesa (SID), ou seja, o serviço secreto de contraespionagem militar. Mas também não conseguiu.

Giovanni Ventura, terrorista de extrema direita envolvido no atentado da Piazza Fontana

---

[4] Philip Willan, *Puppetmasters: The Political Use of Terrorism in Italy*, Universe Publishers LLC, Bloomington, 2002.

Eric Frattini ⟣ *MANIPULANDO A HISTÓRIA*

General Giandelio Maletti

A verdade é que essa não seria a primeira nem a última vez que uma obscura "canetada" dentro dos serviços de segurança de vários países europeus bloqueava as investigações daqueles atentados.

Em 2000, o general Maletti deu uma entrevista em seu refúgio na África do Sul ao jornal *La Repubblica*, na qual revelou que a CIA estava envolvida nos massacres cometidos pelos grupos de extrema direita nas décadas de 1960 e 1970. Também afirmou saber que seriam enviados explosivos da Alemanha para um grupo paramilitar neofascista italiano, fato que ele mesmo comunicou aos seus superiores. Mas nenhuma ação foi realizada. "Foi esse o explosivo usado no massacre da Piazza Fontana", afirmou Maletti. Também contou que os atentados pretendiam criar um clima de tensão que levaria a um golpe de Estado, como o ocorrido na Grécia em 1967. Maletti assegurou que, embora o governo tenha sido informado das descobertas, nenhum alto funcionário da Defesa, da Justiça ou da Presidência foi chamado a depor. "A CIA, por meio de infiltrados e colaboradores, serviu de elo entre os diferentes grupos das extremas direitas alemã e italiana", afirmou de forma taxativa o general.

Em outra entrevista concedida em 2001, Maletti voltou a sugerir que foram conjuntamente a rede clandestina Gladio, o serviço secreto italiano e um grupo de terroristas da extrema direita italiana que provocaram os massacres para desacreditar os comunistas italianos, e que o plano tinha o apoio da Casa Branca e da CIA. Na verdade, o general afirmou que

> [...] a CIA, seguindo as diretrizes de seu governo, pretendia criar um nacionalismo italiano forte, capaz de deter o que considerava uma virada à esquerda em vários países europeus, e para isso poderia apoiar golpes terroristas da extrema direita. [...] A impressão era de que os americanos fariam qualquer coisa para evitar que a Itália deslizasse para a esquerda. Não se deve esquecer que Richard Nixon estava no

A REDE GLADIO

comando e era um homem estranho, um político muito inteligente, um homem de iniciativas pouco ortodoxas. [...] A Itália sempre foi tratada como uma espécie de protetorado dos Estados Unidos. Tenho vergonha de pensar que ainda estamos sujeitos a tal supervisão especial.[5]

Em 31 de maio de 1972, um carro-bomba explodiu em uma estrada de Peteano, na região italiana de Gorizia. Três *carabinieri* morreram instantaneamente e dois outros oficiais ficaram gravemente feridos. Apenas três meses antes, exatamente em 24 de fevereiro de 1972, um grupo de *carabinieri* havia descoberto por acaso um depósito, perto de Trieste, que continha armamentos, munições e vários quilos do explosivo plástico C4, idênticos aos utilizados em Peteano meses depois. De acordo com o historiador Daniele Ganser, "a investigação do juiz Casson revelou que a organização de extrema direita Ordine Nuovo havia trabalhado em estreita colaboração com o Serviço Secreto Militar Italiano (SID). Juntos, eles planejaram o ataque terrorista em Peteano e depois trabalharam para que o grupo italiano de extrema esquerda Brigadas Vermelhas levasse a culpa". Casson identificou o membro do Ordine Nuovo Vincenzo Vinciguerra como o homem que plantou a bomba de Peteano. Vinciguerra confessou ao juiz que "[ele] havia servido como acobertador de toda uma rede de simpatizantes na Itália e no exterior da extrema direita e que lhes tinha sido assegurado que, após o ataque, conseguiriam escapar. Todo um mecanismo foi posto em funcionamento, ou seja, os *carabinieri*, o Ministério da Justiça, os serviços aduaneiros e os serviços militares e de inteligência civil aceitaram o raciocínio ideológico que havia por trás do atentado". Supunha-se que o ataque da Piazza Fontana em 1969 deveria

Vincenzo Vinciguerra, terrorista de extrema direita

---

[5] Philip Willan, "Terrorist 'helped by CIA' to Stop Rise of Left in Italy", *The Guardian*, 26 de março de 2001.

Eric Frattini MANIPULANDO A HISTÓRIA

A estação de Bolonha após a explosão

pressionar o então ministro do Interior, Francesco Restivo, a declarar estado de emergência em todo o território italiano, o que não chegou a acontecer.[6]

Depois das investigações judiciais realizadas pelo juiz Casson, descobriu-se que o explosivo C4 (o mais potente na época) usado no atentado de Peteano em 1972 vinha de um depósito controlado pela Rede Gladio, localizado embaixo de um cemitério perto de Verona. A existência desse "armazém" foi revelada pelos juízes Felice Casson e Carlo Mastelloni a Giulio Andreotti, ex-primeiro-ministro da Itália e ex-ministro da Defesa. As investigações de Casson também revelaram que Marco Morin, um especialista em explosivos que trabalhava para a polícia italiana e integrava o Ordine Nuovo, havia mentido ao afirmar que os explosivos utilizados eram iguais aos usados pelas Brigadas Vermelhas em seus atentados. Casson demonstrou que os C4 eram, na verdade, os mesmos usados pela Otan.

---

[6] Daniele Ganser, *NATO's Secret Armies: Operation GLADIO and Terrorism in Western Europe*, Routledge, Nova York, 2005.

A REDE GLADIO

Em 2 de agosto de 1980, às 10h25, um potente explosivo colocado na Estação Central de Bolonha causou a morte de 80 pessoas e deixou mais de 200 gravemente feridas. A autoria do ataque foi atribuída à organização de extrema direita Nuclei Armati Rivoluzionari (Núcleo Armado Revolucionário), liderada por Valerio Fioravanti, um antigo ator de telenovelas da RAI. O grupo, além disso, tinha laços estreitos com a organização mafiosa romana chamada Banda de la Magliana e também com comandantes operacionais do alto escalão do Sismi, o serviço de inteligência militar.[7] O general Pietro Musumeci, um importante membro da Loja P2, e o general Giuseppe Belmonte, do Sismi, ordenaram a um sargento da polícia que depositasse uma maleta cheia de explosivos — do mesmo tipo daqueles que foram detonados na estação — em um trem de Bolonha. Na maleta havia também artigos pessoais de dois membros da extrema esquerda, um francês e um alemão. Musumeci também criou um outro expediente falso, denominado "Terror nos trens", a fim de direcionar a autoria do ataque a núcleos revolucionários de esquerda. Mais tarde, o general Musumeci foi acusado de falsificar provas.

Vários líderes do grupo de extrema direita Terza Posizione afirmaram que Musumeci estava tentando desviar a atenção sobre Licio Gelli, o dirigente máximo da Loja P2, que eles consideravam o maior responsável pelo ataque de Bolonha. Em 26 de agosto de 1980, o promotor ordenou a prisão de 23 suspeitos de terem relação com o atentado, mas no ano seguinte todos eles foram soltos. Em 2 de maio de 1985, foi iniciado o julgamento de 53 réus do NAR (Nuclei Armati Revoluzionari), acusados de terrorismo. Licio Gelli e Francesco Pazienza foram condenados por obstrução da investigação, assim como os generais do Sismi Pietro Musumeci e Giuseppe Belmonte. Os julgamentos duraram até junho de 2000 e resultaram em numerosas condenações, apelações e entradas e saídas da prisão de vários dos condenados, muitos dos quais pertenciam a grupos de extrema direita e a corpos e forças de segurança italianos.[8]

---

[7] Steve Hendricks, *A Kidnapping in Milan: The CIA on Trial*, W. W. Norton & Company, Nova York, 2010.

[8] Eric Wilson, *Government of the Shadows: Parapolitics and Criminal Sovereignty*, Pluto Press, Nova York, 2009.

Eric Frattini ∞ MANIPULANDO A HISTÓRIA

Bomba na Oktoberfest

No dia 26 de setembro de 1980, às 22h19, uma bomba é detonada em plena comemoração da tradicional Oktoberfest de Munique. A explosão mata 13 pessoas, incluindo três crianças de 6, 8 e 10 anos, e fere outras 211. O autor do atentado é Gundolf Köhler, um estudante de geologia de 21 anos e de ideologia neonazista, que morreu no ataque. A bomba, colocada sobre um antigo projétil britânico, lança estilhaços que atingem uma extensão semelhante à de um campo de futebol.[9]

A teoria do "lobo solitário" é defendida pela polícia alemã, apesar das críticas e suspeitas de amplos setores da sociedade, da imprensa e dos próprios familiares dos mortos e feridos. Mas a polícia fez ouvidos moucos. E mais: Richard Meier, presidente da contraespionagem BfV (Gabinete Federal de Proteção à Constituição), e seu homólogo Klaus Kinkel, do BND (Serviço

---

[9] Isaac Cronin, *Confronting Fear: A History of Terrorism*, Basic Books, Nova York, 2002.

de Inteligência Exterior), dedicam-se a silenciar todos aqueles que defendem a teoria dos "vários autores".[10] Em 1997, Ignatz Platzer, pai de duas das crianças que morreram no atentado, e seu advogado, Werner Dietrich, exigiram a abertura de uma investigação independente ao governo do chanceler Helmut Kohl. Logo perceberam que muitas das evidências coletadas no local do ataque haviam desaparecido misteriosamente.[11]

Em 9 de novembro de 1985, na cidade belga de Aalst, vários homens armados entram no supermercado Delhaize e atiram indiscriminadamente contra todos que estão lá (incluindo crianças). Oito pessoas morrem, e muitas outras ficam gravemente feridas.

O ataque fazia parte de uma série de 19 atentados (entre 1982 e 1985), conhecidos como "os assassinos loucos de Brabant", já que aconteceram

O supermercado Delhaize de Aalst depois do atentado

---

[10] Richard Cottrell, *Gladio, Nato's Dagger at the Heart of Europe: The Pentagon-Nazi--Mafia Terror Axis*, Progressive Press, San Diego, 2015.
[11] Daniele Ganser, op. cit.

naquela região da Bélgica. No total, 28 pessoas perderam a vida e 45 ficaram feridas. A identidade e o paradeiro dos assassinos permanecem desconhecidos.

O fracasso na investigação e na prisão dos assassinos gerou um forte mal-estar social, que deu lugar à reforma de todos os serviços de segurança do país, incluindo o Serviço de Segurança do Estado (VSSE), a inteligência belga liderada pelo polêmico Albert Raes. Segundo vários jornalistas e juízes que investigaram o ataque de Aalst, a célula *stay-behind* (redes secretas e clandestinas ligadas à Otan no período da Guerra Fria para deter qualquer "ameaça comunista") belga SDRA8 estava ligada a um grupo de extrema direita, e várias unidades dessa célula (ou rede) eram compostas de membros da Gendarmaria.

Durante os anos da Guerra Fria, a ameaça comunista à Europa Ocidental serviu de justificativa para a criação de uma importante e poderosa rede paramilitar, a Operação Gladio, que, apoiada pela inteligência da Otan, foi ativada com o objetivo de aterrorizar a população civil com a falsa ideia de que a origem dos atentados perpetrados pela própria rede era da extrema esquerda. No entanto, a investigação belga sobre a Gladio não encontrou nenhuma evidência convincente para apoiar a hipótese de que tal rede estivesse por trás dos ataques. Por sua vez, a Gendarmaria belga foi remodelada devido à insatisfação da opinião pública quanto à sua atuação na investigação do caso dos assassinatos de Brabant.[12]

Na Europa, sempre se pensou que os ataques foram obra de terroristas locais, que eram atos isolados sem nenhuma relação entre si. Hoje, a explicação segue outro caminho. Um documento classificado como "ultrassecreto" e elaborado pelo Serviço de Inteligência de Defesa italiano mostrava a relação de todos os atentados ocorridos na Itália durante aqueles anos com a Rede Gladio, ligada à Otan e à CIA.

Para realizar os atentados, recorreu-se a grupos de direita que, além de atuar, tinham a função de fazer a opinião pública europeia acreditar que era a extrema esquerda (anarquistas e comunistas) que estava por trás de todas essas mortes. O terrorista Vincenzo Vinciguerra sustenta a esse respeito:

> É precisamente no terreno desse "anticomunismo atlântico" que o mundo neofascista, em busca de um lugar à sombra dos poderosos, acabou finalmente por entrar

---

[12] C. Carpentier e F. Moser, *La Sûreté de l'État: histoire d'une déstabilisation*, Ottignies, Bruxelas, 1993.

A REDE GLADIO

na onda americana, na única posição possível: a de um dos instrumentos de ação do poder estadunidense. Não se tratou de uma aliança, mas de uma posição de absoluta submissão política e operacional, que não podia ser ignorada pelos elementos mais proeminentes do neofascismo.

Tal afirmação coincide amplamente com a polêmica teoria que diz que o Estado italiano, com a colaboração da CIA, havia contribuído para gerar um clima de medo na opinião pública, a fim de facilitar a chegada ao poder de um regime ditatorial, como aconteceu na Grécia com o golpe de Estado dos coronéis (1967).

Também há quem afirme que Pino Rauti, jornalista e fundador da organização de extrema direita Ordine Nuovo, recebeu financiamento por meio de um funcionário da assessoria de imprensa da embaixada dos Estados Unidos na Itália. Aparentemente, tal funcionário era um agente da CIA designado a Roma. A esse respeito, o relatório parlamentar publicado em 2000, e elaborado pela coalizão de centro-esquerda El Olivo, menciona que "mesmo antes que os planos de desestabilização que os círculos *atlantistas* [relacionados à Otan] haviam preparado para a Itália se tornassem efetivos mediante ataques com bomba, um dos principais membros da direita subversiva estava realmente sendo pago pela embaixada norte-americana em Roma. […] Agentes da inteligência dos Estados Unidos foram informados com antecedência sobre vários ataques terroristas com bomba [de grupos] de direita, incluindo o que ocorreu na Piazza Fontana em dezembro de 1969, em Milão, e o da Piazza della Loggia de Brescia, cinco anos depois, mas nada fizeram para alertar as autoridades italianas a fim de evitar que os ataques ocorressem".

Paolo Emilio Taviani, cofundador democrata-cristão da Rede Gladio na Itália, disse aos investigadores que o SID e o Serviço de Inteligência Militar (Sismi) estavam prestes a enviar um oficial do alto escalão de Roma a Milão para que impedisse o ataque à Piazza Fontana, mas finalmente optaram por enviar um agente de Pádua para tentar culpar os anarquistas quando a bomba explodiu no Banca Nazionale dell'Agricoltura. Taviani também declarou em entrevista ao jornal *Il Secolo XIX*, em agosto de 2000, que "me parece acertado assegurar que os agentes da CIA trabalhando na Europa estão entre aqueles que forneceram material explosivo e armas, e que atrapalharam as investigações para que nenhum juiz ou procurador chegasse a qualquer resultado".

— 123 —

Nigel West, especialista em serviços de espionagem, explica:

O *stay-behind* na Europa foi organizado pela Otan e tinha como objetivo criar uma organização que, no caso de uma invasão soviética da Europa Ocidental, teria em alguma medida uma estrutura que lhe permitisse realizar ações clandestinas e manter contato com as potências ocidentais. Eram os anos em que as pessoas pensavam seriamente nessa invasão. [...] Em termos gerais, uma organização já criada captaria homens de confiança que seriam recrutados para participar do *stay-behind*. Então eles receberiam treinamento e alguns iriam para a Grã-Bretanha, em um campo de treinamento do SAS, onde aprenderiam técnicas de espionagem, comunicações clandestinas, infiltrações etc. E aqueles que terminassem o curso voltariam a seus países para realizar suas atividades normais. Muito provavelmente atuariam como reservistas.

O historiador Daniele Ganser investigou as ações da Gladio na Itália, Grã-Bretanha, Estados Unidos, França, Espanha, Portugal, Bélgica, Holanda, Luxemburgo, Dinamarca, Noruega, Alemanha, Grécia e Turquia. Em cada um desses países, a rede tinha nomes diferentes: Gladio na Itália, SDRA8 na Bélgica, Ueberrollagenten na Alemanha, Rose des Vents na França, P26 na Suíça...

Em 1990, na Itália, o juiz Felice Casson descobriu vários documentos secretos sobre a Rede Gladio nos arquivos do Serviço Secreto Militar Italiano e forçou o primeiro-ministro Giulio Andreotti a confirmar no Parlamento a existência de uma milícia dentro do Estado. Andreotti confirmou que a Itália não foi o único país a participar da grande conspiração da Gladio e que os exércitos *stay-behind* anticomunistas secretos se encontravam em toda a Europa Ocidental. Em 2 de agosto de 1990, no relatório intitulado "O chamado 'SID paralelo': O caso Gladio", Andreotti confirmou que a milícia anticomunista tinha relações estreitas com a Otan e que havia criado uma ampla rede de "resistência" organizada em países como Grã-Bretanha, França e Bélgica, e provavelmente também na Dinamarca e na Noruega. O veterano político italiano foi o primeiro a reconhecer publicamente a existência da Gladio.

Na Suíça, o coronel Herbert Alboth, ex-comandante do exército secreto P26, declarou em uma carta ao Departamento de Defesa de seu país que estava disposto a revelar "toda a verdade" a uma comissão de investigação. Pouco antes de comparecer, Alboth foi encontrado morto em casa com a sua

A REDE GLADIO

> ## Rapport transmis par Andreotti
> ## à la commission Stragi
> ### SID *parallelo* — *Operazione Gladio* *
>
> 1. Les réseaux clandestins *au niveau international*
>
> Après la Seconde Guerre mondiale, la peur de l'expansionnisme soviétique et l'infériorité des forces de l'OTAN par rapport au Kominform conduisirent les nations d'Europe de l'Ouest à envisager de nouvelles formes de défense non conventionnelles, créant sur leur territoire un réseau occulte de résistance destiné à œuvrer en cas d'occupation ennemie, à travers le recueil d'informations, le sabotage, la propagande et la guérilla.
>
> Des réseaux de résistance furent organisés par la Grande-Bretagne, en France, en Hollande, en Belgique et vraisemblablement au Danemark et en Norvège. *La France s'occupa des territoires allemands et autrichiens soumis à son contrôle et du territoire national jusqu'aux Pyrénées, tandis que la Yougoslavie centra sa préparation militaire essentiellement sur ce type d'opérations spéciales.* Quant à notre pays, *le Service Information des Forces Armées (SIFAR)* étudia depuis 1951 la réalisation d'une organisation « clandestine » de résistance soit pour uniformiser dans un seul cadre opérationnel de défense les structures mili-
>
> * Les parties en italique reproduisent les passages censurés par Andreotti.

Relatório Andreotti à comissão de estratégia paralela SID-Gladio, página 1

própria baioneta. O relatório parlamentar que detalhava as ações do exército secreto suíço da Rede Gladio se tornou público em 17 de novembro de 1990.[13]

Na Grécia, o ex-primeiro-ministro socialista Andreas Papandreou confirmou ao jornal *Ta Nea* que ele mesmo havia descoberto, em 1984, uma estrutura secreta da Otan muito parecida com a Gladio italiana, cujo desmantelamento

---

[13] Daniele Ganser, op. cit.

havia ordenado imediatamente. Outras pessoas pediram uma investigação parlamentar independente sobre a Gladio e seu suposto papel no golpe dos coronéis de 1967, mas o governo grego de então preferiu ignorar o pedido. O ministro da Defesa entre 1989 e 1993, Ioannis Varvitsiotis, explicou que "um ex-adido militar grego em Washington que trabalhara para a Otan examinaria as acusações, mas que o governo não tinha nada a temer".[14]

Na Alemanha, o porta-voz do governo, Hans Klein, tentou explicar em 14 de novembro de 1970, de forma um tanto confusa, que "a Gladio alemã não era, como já foi dito, uma milícia secreta ou uma unidade guerrilheira", e acrescentou que não poderia mencionar detalhes, pois o assunto era "segredo militar". As declarações de Klein causaram um verdadeiro escândalo entre os social-democratas e os verdes da oposição, que viram nelas um trampolim em relação à iminência das eleições federais.[15] O parlamentar Hermann Scheer, especialista em questões de defesa dentro do SPD, o Partido Social-Democrata alemão, comparou a misteriosa rede com uma espécie de Ku Klux Klan, mais destinada a realizar operações clandestinas contra sua própria população e a oposição do que lutar contra uma improvável invasão soviética. Scheer insistiu na necessidade de estabelecer uma investigação oficial sobre a Gladio "antes que eles possam fazer as provas desaparecerem".[16]

Na Bélgica, em 7 de novembro de 1990, o ministro socialista da Defesa, Guy Coeme, confirmou à população que havia existido um exército secreto ligado à Otan. Em uma referência implícita aos massacres registrados em Brabant durante os anos 1980, o ministro acrescentou: "Quero descobrir agora se existe um vínculo entre as atividades dessa rede secreta e a onda de ataques que ensanguentou nosso país nos últimos anos."[17]

---

[14] "Spinne unterm Schafsfell. In Südeuropa war die Guerrillatruppe besonders aktiv-auch bei den Militärputschen in Griechenland und der Turkei?", *Der Spiegel*, 26 de novembro de 1990.

[15] Presse und Informationsamt der Bundesregierung. Pressemitteilung n. 455/90, de Hans Klein, 14 de novembro de 1990.

[16] "Das blutige Schwert der CIA. Nachrichten aus dem Kalten Krieg: In ganz Europa gibt es geheime NATO Kommandos, die dem Feind aus dem Osten widerstehen sollen. Kanzler, Verteidigungsminister und Bundeswehrgenerale wussten angeblich von nichts. Die Spuren führen nach Pullach, zur 'stay-behind organisation' des Bundesnachrichtendienstes", *Der Spiegel*, 19 de novembro de 1990.

[17] Jan Willems, *Gladio*, Editions EPO, Bruxelas, 1991.

A REDE GLADIO

Dois dias antes, em 5 de novembro de 1990, a Otan negara categoricamente as alegações do primeiro-ministro Andreotti sobre a participação da própria Otan na Operação Gladio e na "guerra secreta" na Europa Ocidental durante os anos da Guerra Fria. No dia seguinte, a Organização do Tratado do Atlântico Norte, por meio de um porta-voz, explicou que a "negação" do dia anterior havia sido um erro, mas recusou-se a responder a mais perguntas dos jornalistas. Por sua vez, o Parlamento Europeu condenou energicamente a Otan e os EUA mediante uma resolução por ter manipulado a política europeia através dos seus exércitos *stay-behind*.

Em 1995, a comissão do Senado italiano que investigava a Operação Gladio e o assassinato do ex-primeiro-ministro Aldo Moro, presidida pelo senador comunista Giovanni Pellegrino, solicitou à CIA todos os documentos relativos ao caso. A agência rejeitou a solicitação e respondeu que "não pode confirmar nem negar a existência ou inexistência de arquivos que respondam ao seu pedido". Um ano depois, na Áustria, são descobertos dois grandes depósitos de armas criados pela CIA para abastecer o exército *stay-behind* daquele país. Oliver Rathkolb, da Universidade de Viena, em nome do governo austríaco, enviou a Langley um pedido de documentos com base na Lei de Liberdade de Informação (FOIA), relativos às conexões da referida milícia com a CIA. Esta mais uma vez negou o pedido com a mesma frase que usou no caso italiano. E aconteceu novamente quando, em 2001, o historiador Daniele Ganser apresentou um pedido de acesso aos documentos da Agência de Inteligência dos Estados Unidos. Mas Ganser não se conformou com a negação da CIA e disse que seria imprudente "privar a CIA de sua voz e da possibilidade de tomar uma posição no discurso de divulgação da Gladio, que será levado a cabo independentemente de que participe ou não". A Agência decidiu aceitar o pedido e informou a Ganser que a unidade de comando da Agência (Agency Release Panel) que trata dos pedidos de quebra de sigilo de documentos respondeu que, devido à sua política de "a primeira recebida, a primeira a sair", tem uma sobrecarga de trabalho de aproximadamente 315 pedidos. "Responderemos ao seu pedido no devido tempo", concluíram. Até hoje, Ganser continua esperando uma resposta.[18]

---

[18] Daniele Ganser, op. cit.

Eric Frattini ∞ *MANIPULANDO A HISTÓRIA*

24. 12. 90 | Official Journal of the European Communities | No C 324/201

Thursday, 22 November 1990

7. Reaffirms its support for the most comprehensive and stringent embargo as a means of bringing pressure to bear on Iraq with a view to restoring the rule of law in Kuwait and avoiding war;

8. Instructs its President to forward this resolution to the Commission, the Council, European Political Cooperation, the governments of Iraq and Kuwait and the Secretary-General of the United Nations.

———

2. Gladio

— Joint resolution replacing B3-2021, 2058, 2068, 2078 and 2087/90

RESOLUTION

on the Gladio affair

The European Parliament,

A. having regard to the revelation by several European governments of the existence for 40 years of a clandestine intelligence and armed operations organization in several Member States of the Community,

B. whereas for over 40 years this organization has eluded all democratic controls and has been run by the secret services of the states concerned in collaboration with NATO,

C. fearing the danger that such clandestine networks may have interfered illegally in the internal political affairs of Member States or may still do so,

D. whereas in certain Member States military secret services (or uncontrolled branches thereof) were involved in serious cases of terrorism and crime as evidenced by various judicial inquiries,

E. whereas these organizations operated and continue to operate completely outside the law since they are not subject to any parliamentary control and frequently those holding the highest government and constitutional posts have claimed to be in the dark as to these matters,

F. whereas the various 'GLADIO' organizations have at their disposal independent arsenals and military resources which give them an unknown strike potential, thereby jeopardizing the democratic structures of the countries in which they are operating or have been operating,

G. greatly concerned at the existence of decision-making and operational bodies which are not subject to any form of democratic control and are of a completely clandestine nature at a time when greater Community cooperation in the field of security is a constant subject of discussion,

1. Condemns the clandestine creation of manipulative and operational networks and calls for a full investigation into the nature, structure, aims and all other aspects of these clandestine organizations, any misuse thereof, their use for illegal interference in the internal political affairs of the countries concerned, the problem of terrorism in Europe and the possible collusion of the secret services of Member States or third countries;

2. Protests vigorously at the assumption by certain US military personnel at SHAPE and in NATO of the right to encourage the establishment in Europe of a clandestine intelligence and operation network;

3. Calls on the governments of the Member States to dismantle all clandestine military and paramilitary networks;

Resolução da União Europeia sobre a Gladio (22 de novembro de 1990)

A REDE GLADIO

Os *stay-behind* nasceram em 1958, em plena Guerra Fria, como exércitos paralelos e secretos que só agiriam em caso de um ataque por parte da URSS a um território do bloco ocidental. Quinze países decidiram aderir à nova estrutura secreta da Otan, denominada Comitê Clandestino Aliado (ACC, na sigla em inglês). No entanto, parece claro que, em muitos dos países membros da Rede Gladio, suas estruturas *stay-behind* estavam diretamente relacionadas a atos de terrorismo com o objetivo de desacreditar as forças de esquerda para que em nenhum caso elas pudessem chegar ao poder.

Acredita-se que a Rede Gladio tenha sido desmantelada pela Otan em 1990, mas sabe-se que altos funcionários do ACC se reuniram secretamente em seu Q.G. em Bruxelas nos dias 23 e 24 de outubro de 1990. A reunião ocorreu sob a presidência do general Raymond van Calster, chefe do Serviço Geral de Inteligência belga (SGR). Van Calster ficou furioso quando vários jornalistas conseguiram localizar a reunião. O general mentiu ao negar ter presidido a reunião do ACC e quando afirmou que "a Gladio era uma questão estritamente italiana". Mais tarde, admitiu que uma rede secreta foi estabelecida na Bélgica após a Segunda Guerra Mundial "para coletar dados de inteligência na hipótese de uma invasão soviética".[19] Van Calster negou qualquer "ligação dessa rede com a Otan", embora depois tenha afirmado solenemente: "Não temos nada a esconder."[20] Se não havia nada, o que eles deveriam temer?

Por sua vez, na França, o governo do presidente socialista François Mitterrand tentou minimizar o assunto anunciando, por meio de um porta-voz, que o exército secreto "já estava dissolvido havia muito tempo".[21] O general Constantin Melnik, chefe dos serviços secretos franceses entre 1959 e 1962, declarou que a Gladio francesa "provavelmente foi desmantelada logo após a morte de Stálin em 1953, e que não deveria existir sob a presidência de De Gaulle [depois de 1958]. Nenhuma dessas afirmações era verdadeira.[22]

---

[19] Senado da Bélgica: Investigação parlamentar sobre a existência no país de uma rede clandestina de inteligência internacional. Relatório apresentado pelos senhores Erdman e Hasquein em nome da comissão de investigação. Bruxelas, 1º de outubro de 1991.

[20] Associated Press, 11 de novembro de 1990.

[21] Jean-François Brozzu-Gentile, *L'affaire Gladio: Les réseaux secrets américains au coeur du terrorisme en Europe*, Editions Albin Michel, Paris, 1994.

[22] Leo Müller, *Gladio. Das Erbe des Kalten Krieges. Der NATO Geheimbund und sein deutscher Vorläufer*, Rowohlt, Hamburgo, 1991.

Eric Frattini ⌒ MANIPULANDO A HISTÓRIA

Documento secreto do SID sobre a Gladio (1º de junho de 1959)

A REDE GLADIO

Na Grã-Bretanha, vários porta-vozes do Ministério da Defesa davam à imprensa a mesma resposta quando questionados sobre a Gladio: "Lamento, mas é uma questão de segurança nacional; por isso não falaremos dela."[23] Na Holanda, a questão Gladio se converteu em um assunto incômodo para muitos. O então primeiro-ministro Ruud Lubbers decidiu reagir enviando ao Parlamento, em 13 de novembro de 1990, uma carta na qual confirmava a existência de "um exército secreto semelhante no país e que tal organização jamais esteve sob o controle da Otan". Mais tarde, Lubbers e seu ministro da Defesa, Relus Ter Beek, foram forçados a comparecer perante o Parlamento para informar, a portas fechadas, as ligações da inteligência holandesa com certos detalhes sensíveis da Gladio daquele país.[24]

Em Luxemburgo, o primeiro-ministro Jacques Santer precisou ir ao Parlamento em 14 de novembro de 1990. Lá ele confirmou que "um exército secreto criado por iniciativa da Otan também existiu em seu país e que as atividades dessas pessoas se limitavam, e assim era desde sua origem, a treinar para sua missão, isto é, aprender a reagir individualmente em um ambiente hostil ou a coordenar esforços com os países aliados".[25]

Em Portugal, quando a imprensa internacional anunciou que "se descobriu que células da rede associada à Operação Gladio foram utilizadas durante a década de 1950 na defesa da ditadura de Salazar",[26] o ministro da Defesa português, Fernando Nogueira, em 16 de novembro de 1990, declarou: "Eu nunca tive conhecimento da presença de uma Rede Gladio de qualquer tipo em Portugal, e não se dispõe, no Ministério da Defesa ou no comando das Forças Armadas, de qualquer informação sobre a existência ou atividades de uma estrutura Gladio em Portugal."[27]

Na Espanha, Alberto Oliart, ministro da Defesa entre 1981 e 1982, qualificou de "pueril" o fato de se perguntar se na Espanha de Franco teria cabimento

---

[23] *The Guardian*, 14 de novembro de 1990.

[24] Associated Press, 14 de novembro de 1990. O texto completo da carta de Lubbers ao Parlamento foi publicado em holandês no jornal *NRC Handelsblatt*, em 14 de novembro de 1990, sob o título "Brief premier Lubbers 'geheime organisatie'". Também aparece sob a identificação Kamerstuk número 21895 no Parlamento holandês.

[25] *Luxemburger Wort*, 15 de novembro de 1990.

[26] *The Guardian*, 10 de novembro de 1990.

[27] *Diário de Notícias*, 17 de novembro de 1990.

um exército secreto de extrema direita, pois "aqui [na Espanha] a Gladio era o próprio governo".[28]

Na Dinamarca, Knud Engaard, ministro da Defesa, dirigiu-se ao Parlamento em 21 de novembro de 1990 para desmentir que "nenhuma organização, de qualquer natureza, havia sido criada no país pela Otan e apoiada pela CIA. [...] Dado que a informação relativa a uma operação montada pelos serviços secretos em caso de ocupação do país é confidencial, inclusive altamente confidencial, não me é possível discuti-la com o Parlamento dinamarquês".[29] Por sua vez, na Noruega, a imprensa começou a questionar o governo sobre a Rede Gladio, e a resposta que recebeu foi a mais curta já oferecida acerca desse assunto: "As palavras de Hansen continuam corretas", disse o porta-voz do Ministério da Defesa, Erik Senstad, referindo-se a uma intervenção de 1978 pelo então ministro da Defesa, Rolf Hansen, que reconheceu a existência na Noruega de um "exército secreto que já foi descoberto". O contra-almirante Jan Ingebristen, que renunciou ao cargo de chefe da inteligência militar norueguesa em 1985, provocou a indignação da opinião pública ao justificar o silêncio em torno da existência de exércitos secretos: "Não há nada de suspeito nisso. Se essas unidades estão destinadas a atuar clandestinamente em território ocupado, é imperativo que mantenham isso em segredo", assegurou.[30]

Na Turquia, a elite política reagiu ao escândalo da Gladio em 3 de dezembro de 1990 por meio do general Dogan Beyazit, presidente do Departamento de Operações do exército turco, e do general Kemal Yilmaz, comandante das Forças Especiais, que confirmaram à imprensa a existência de "um exército secreto criado pela Otan e dirigido pelo Departamento de Operações Especiais, com a missão de organizar a resistência diante da possibilidade de uma ocupação comunista [da Turquia]".[31]

---

[28] "Calvo Sotelo assegura que a Espanha não foi informada, quando ingressou na Otan, da existência da Gladio. Morán afirma que 'nunca ouviu falar da rede clandestina enquanto era ministro das Relações Exteriores'", *El País*, 21 de novembro de 1990.

[29] *Berlingske Tidende*, 25 de novembro de 1990.

[30] *Associated Press*, 14 de novembro de 1990.

[31] Serdar Celik, "Turkey's Killing Machine: The Contra Guerrilla Force", fevereiro-março de 1994. A fonte é uma entrevista com o chefe do Estado-Maior Dogan Gures, publicada no jornal *Milliyet* em 5 de setembro de 1992.

A REDE GLADIO

A última grande ação que se enquadra na "estratégia de tensão" foi o atentado em Bolonha, após o qual começaram a perder força os chamados "anos de chumbo" e as operações de falsa bandeira, sobretudo porque os próprios Estados já não conseguiam mais controlar a situação e porque a opinião pública e a imprensa dos países-membros da Rede Gladio rejeitavam energicamente qualquer forma de violência. No entanto, as consequências sociais da década de 1970 na Itália foram tremendamente dolorosas, como constatou a comissão de inquérito do Senado em seu relatório final, que apontava que, entre 1969 e 1987, os atentados da Rede Gladio provocaram, só na Itália, 491 mortes e 1.181 feridos. O certo é que os longos tentáculos da Gladio e da CIA chegaram a 14 países durante três décadas, em plena Guerra Fria, com o único propósito de eliminar as políticas de esquerda daqueles governos e evitar o avanço rumo ao poder dos partidos comunistas por intermédio de meios democráticos.

10

OPERAÇÃO NORTHWOODS
(1960)

No início da década de 1960, durante o governo do presidente Dwight Eisenhower, os principais líderes militares dos Estados Unidos planejaram matar inocentes e cometer atos de terrorismo em cidades norte-americanas com o objetivo de influenciar a opinião pública e fazer com que esta apoiasse uma guerra contra Cuba. O codinome do plano era "Operação Northwoods", e sua origem remonta a 13 de março de 1960, quando, em uma sala de reuniões do Pentágono, comandantes e membros da DIA (Agência de Inteligência de Defesa) se reuniram para conceber uma ação de falsa bandeira contra Cuba (Fidel Castro chegara ao poder havia pouco mais de um ano). O grupo era presidido pelo general Lyman L. Lemnitzer, presidente do poderoso Estado-Maior Conjunto, entretanto, o relatório que saiu da reunião, intitulado "Justificativa para uma intervenção militar dos Estados Unidos em Cuba",[1] era dirigido à CIA e às agências de inteligência.

O memorando sobre Cuba, qualificado como "ultrassecreto", incluía 12 pontos planejados pelos generais William Craig e Edward Lansdale, que foram os maiores responsáveis no Pentágono pela guerra secreta contra a Cuba de Fidel. Nos anos seguintes, apareceria um memorando intitulado "Operação Bingo. Possíveis ações para provocar, incomodar e desestabilizar Cuba", e nele se propunha uma ação direta que servisse para "criar um incidente que tivesse a aparência de um ataque contra as instalações dos Estados Unidos (OGM) em Cuba, proporcionando, assim, uma desculpa para o uso militar da

---

[1] Ken Hudnall, *The Northwoods Conspiracy*, Grave Distractions Publications, Nashville, 2011.

OPERAÇÃO NORTHWOODS

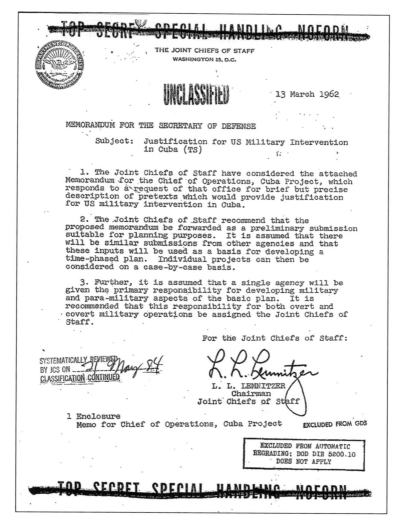

Memorando Northwoods (13 de março de 1962)

força por parte dos Estados Unidos que poderia derrubar o atual governo de Cuba".

Um dos pontos mais chamativos do "Plano Bingo" era a chamada "Operação Truque Sujo", que consistia em culpar Fidel Castro pelo hipotético fracasso do programa Mercury da Nasa depois da explosão do *Friendship 7*, tripulado pelo astronauta John Glenn, em fevereiro de 1962, enquanto era feita a reentrada na atmosfera terrestre. "O objetivo é fornecer uma prova irrevogável de que, se o voo do *Friendship* falhasse, seria culpa dos comunistas e de Cuba, [...] que isso se consiga fabricando vários elementos que provariam a interferência eletrônica dos cubanos", dizia o documento.[2]

Outros planos contemplavam, por exemplo, a explosão de um navio da Marinha dos Estados Unidos em Guantánamo, fingindo baixas e culpando Fidel Castro. No documento da "Operação Northwoods", elaborado em março de 1962, lê-se o seguinte:

> [...] uma série de incidentes bem coordenados [...] que acontecerão dentro e nos arredores de Guantánamo aparentando ser genuínos e realizados por tropas cubanas hostis. As possibilidades incluem sabotagem do navio no porto; grandes incêndios; navio objetivo perto da entrada do porto. Simular um funeral para as vítimas.

Lyman L. Lemnitzer, um luterano ultraconservador de 63 anos que se graduara com honras na academia militar de West Point, declarava-se um profundo e ferrenho anticomunista, algo não muito apreciado pela ala liberal do recém-chegado governo Kennedy. Seu relacionamento próximo com o general Eisenhower vinha da Segunda Guerra Mundial, quando Lemnitzer foi designado para o Quartel-General Supremo da Força Aliada Expedicionária (SHAEF, na sigla em inglês) para ajudar a idealizar os planos de invasão no Norte da África e na Sicília. Em novembro de 1944, ele fez parte da equipe do SHAEF para negociar a rendição da Itália e, pouco depois, foi promovido ao posto de general de divisão. Em maio de 1945, o próprio Eisenhower o nomearia chefe de estratégia para a coordenação da rendição alemã em toda a Europa. Após o fim da Segunda Guerra, e quando Einsenhower chegou à Casa Branca, em janeiro de 1953, o general Lemnitzer foi assumindo papéis cada vez mais relevantes dentro da estrutura militar dos Estados Unidos. Perto do final do segundo mandato de Eisenhower, em julho de 1957, ele foi nomeado chefe do Estado-Maior do Exército e, em setembro de 1960, presidente do Estado-Maior Conjunto. O polêmico general conservador ocupava tal posição quando o novo presidente, John F. Kennedy, chegou à Casa Branca.[3]

---

[2] Jonathan Nashel, *Edward Lansdale's Cold War*, University of Massachussetts Press, Boston, 2005.

[3] James Bamford, *Body of Secrets: Anatomy of the Ultra-Secret National Security Agency*, Doubleday, Nova York, 2001.

OPERAÇÃO NORTHWOODS

Se a *Friendship 7* explodisse, Fidel Castro seria acusado

Depois de ler os relatórios sobre as operações "Bingo" e "Truque Sujo", o general Lemnitzer pediu a Craig e Lansdale que trouxessem novas informações e possibilidades operacionais para a "Operação Northwoods". Os dois especialistas militares começaram a trabalhar. Entre as recomendações especiais estavam autênticos disparates:

> 1. Visto que parece desejável usar a provocação legítima como base para a intervenção militar dos Estados Unidos em Cuba, um plano de cobertura e persuasão para incluir as ações preliminares necessárias, conforme desenvolvido em resposta à Task 33c, poderia ser executado como um esforço inicial para provocar reações entre os cubanos. Ações mais enganosas poderiam ser adicionadas a isso, a fim de convencer os cubanos de uma invasão iminente. Nossa postura militar durante a execução do plano permitiria uma rápida mudança de "exercício" para "intervenção" se a resposta cubana o justificar.
>
> 2. Uma série de incidentes coordenados será planejada para ocorrer dentro e ao redor de Guantánamo, para dar a aparência de autênticos e que foram realizados por forças hostis cubanas.

Eric Frattini ❦ *MANIPULANDO A HISTÓRIA*

3. Os Estados Unidos responderiam executando operações ofensivas para garantir o abastecimento de água e energia, a destruição dos depósitos de artilharia e morteiros que ameaçam a base.

4. Iniciar em larga escala as operações militares dos Estados Unidos.[4]

Apenas um mês antes, Craig e Lansdale haviam escrito ao procurador-geral Robert Kennedy, que supervisionou pessoalmente a "Operação Mongoose", solicitando-lhe considerar tais pretextos, mas apenas como último recurso. Os autores do documento escreveram suas propostas e adicionaram a anotação "Lembre-se dos incidentes do *Maine*".[5] Como vimos no primeiro capítulo, o *USS Maine* explodiu no porto de Havana em 1898, matando 266 marinheiros, e se tornou o pretexto para a intervenção dos Estados Unidos em Cuba, fato que deu início à Guerra Hispano-Americana. Entre as propostas de "incidentes" na "Operação Northwoods" se encontravam as seguintes:[6]

– A explosão de um avião não tripulado (sem pilotos) perto de águas cubanas. Depois de estudar os destroços, a conclusão seria de que havia sido abatido pelas forças de Fidel Castro. "A publicação da lista de vítimas em documentos dos Estados Unidos poderia causar uma onda favorável de indignação entre os nacionais", acrescenta o documento.

– O lançamento simulado de uma campanha de terror nas áreas de Miami e Washington, inclusive fingindo alguma agressão.

– Sequestros de aeronaves por supostos agentes de Fidel Castro.

– Realizar supostos atentados contra líderes da comunidade anticastrista de Miami para depois redirigir as pistas para os serviços secretos de Havana.

– Recrutar cubanos "amistosos" para realizar um ataque na base naval dos Estados Unidos em Guantánamo, distúrbios perto da base e sabotagens no interior.

---

[4] Michael Burns, *Northwoods and Other Short Stories*, Amazon Digital Services LLC, internet, 2012.

[5] Ver o Capítulo 1, "Afunde o *Maine*".

[6] James Henderson, *Operation Northwoods: A Lesson in Terror*, Amazon Digital Services LLC, internet, 2016.

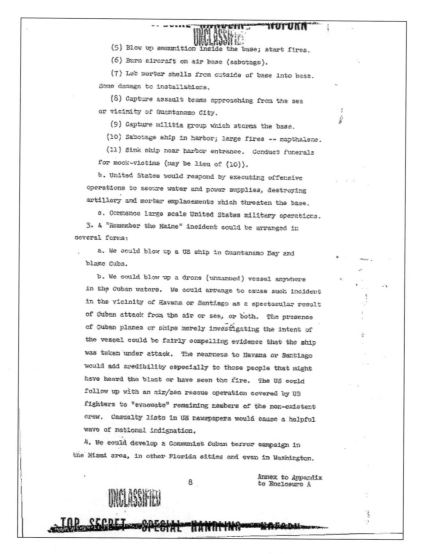

Northwoods (p. 11 de 15). "Lembre-se do *Maine*"

Em carta ao procurador-geral Robert Kennedy, o general Craig propôs várias operações falsas para justificar a invasão, e preferia a sabotagem e o respaldo de dissidentes dentro da ilha, que é o que caracterizou a "Operação Mongoose". Mas o Alto-Comando militar instou John Kennedy a considerar uma ameaça de invasão a Cuba para provocar os cubanos a iniciar um ataque à base naval dos Estados Unidos em Guantánamo, o que seria um verdadeiro pretexto para invadir Cuba. "Os militares acreditam que a existência contínua do regime comunista de Fidel é incompatível com os requisitos mínimos de segurança para os Estados Unidos e todo o hemisfério ocidental", assinalou Craig.

O documento secreto de 15 páginas da "Operação Northwoods" foi elaborado pelo Estado-Maior Conjunto e enviado ao secretário de Defesa, Robert McNamara, em março de 1962. Durante várias semanas, McNamara estudou as possibilidades efetivas da operação, até que finalmente decidiu apresentá-lo ao presidente Kennedy durante reunião no Salão Oval da Casa Branca. Kennedy e seu governo tinham sido duramente criticados dentro e fora do país pelo que acontecera na Baía dos Porcos em 17 de abril de 1961, quando as forças de Fidel Castro esmagaram um exército de exilados cubanos treinados pela CIA.[7]

John F. Kennedy, Robert S. McNamara e o general Maxwell D. Taylor

---

[7] James W. Douglass, *JFK and the Unspeakable: Why He Died and Why It Matters*, Touchstone, Nova York, 2010.

OPERAÇÃO NORTHWOODS

John Kennedy estudou o relatório por vários dias, segundo o próprio McNamara, que observou que o que mais assustou a Casa Branca foi que o memorando contemplava a ideia de causar baixas militares norte-americanas. "Poderíamos explodir um navio dos Estados Unidos em Guantánamo e culpar Cuba, [...] e a lista de baixas nos jornais norte-americanos poderiam causar uma onda de indignação nacional", afirma o documento. Os detalhes do plano são descritos no livro *Body of Secrets: Anatomy of the Ultra-Secret National Security Agency*, de James Bamford.

O mais importante em uma democracia é ter líderes que respondam à vontade do povo, mas aqui é o contrário. Os militares tentam enganar o povo em uma guerra que só eles querem, pois ninguém mais a deseja. Aparentemente, nem a opinião pública norte-americana nem a cubana queriam ver as tropas estadunidenses envolvidas no esforço de expulsar Fidel.

O Estado-Maior Conjunto, chefiado pelo general Lemnitzer, recomendou a McNamara o andamento da "Operação Northwoods", acrescentando que, se aprovado, o Pentágono deveria capitaneá-la. Como James Bamford assinala, três dias depois o presidente Kennedy ordenou a Lemnitzer "que não agitasse as águas cubanas de novo. Praticamente não havia possibilidade de voltar a usar força para atacar Cuba".

A "Operação Northwoods" apareceu em um momento de total desconfiança por parte do Pentágono em relação à Casa Branca. Os líderes do governo Kennedy eram vistos pelos militares como muito liberais, inexperientes e brandos com o comunismo. Por outro lado, a sociedade norte-americana não estava excessivamente preocupada com a possibilidade de seus militares irem além dos limites constitucionais, e a tendência ultraconservadora do Exército era pública e notória. Existem relatórios militares secretos que mostram como os altos-comandos do Pentágono exortaram seus subordinados a votar no republicano Richard Nixon durante a eleição de 1960, na qual o jovem candidato democrata, John F. Kennedy, venceu por muito pouco.[8] E o próprio general Lemnitzer viu-se obrigado a relatar ao Comitê de Relações Exteriores do Senado sobre a campanha liderada pelo ultraconservador Edwin Walker para convencer outros militares do alto escalão da necessidade de recorrer a operações secretas para combater o comunismo. Walker foi exonerado de

---

[8] Michael Burns, op. cit.

Lyman L. Lemnitzer, presidente do Estado-Maior Conjunto

todos os seus cargos pelo presidente Kennedy.[9]

Décadas mais tarde, o Comitê de Relações Exteriores do Senado publicou um relatório sobre a ideologia de extrema direita reinante no Pentágono, advertindo que era um "perigo considerável e a ser levado em conta nas atividades de educação e propaganda dos militares dos Estados Unidos". O comitê chegou inclusive a solicitar uma investigação sobre qualquer vínculo entre o general Lyman Lemnitzer e grupos de extrema direita. O Comitê de Serviços Armados do Congresso, por sua vez, não teve conhecimento de "Northwoods", a não ser depois de muitos anos, quando os principais protagonistas ou estavam fora dos campos político e militar, ou, simplesmente, haviam morrido. Como Bamford bem informa em seu livro: "Embora ninguém no Congresso tivesse conhecimento daquilo [Northwoods] na época, Lemnitzer e o Estado-Maior Conjunto haviam tentado direcionar em silêncio os Estados Unidos rumo à beira do precipício, rumo a uma nova guerra."

Mesmo depois da saída de Lemnitzer, o Estado-Maior Conjunto continuou a planejar operações de falsa bandeira contra Cuba, pelo menos até 1963. Um dos planos era maquinar um confronto entre Cuba e outras nações da América Latina para que os Estados Unidos pudessem intervir. Outro era pagar alguém do governo de Fidel para ordenar o ataque às forças norte-americanas em Guantánamo, um ato que equivaleria a uma declaração formal de guerra.

---

[9] O nome do general Walker apareceu em diferentes ocasiões durante a investigação do assassinato do presidente Kennedy em Dallas. Sabe-se até que Walker teve reuniões com Lee Harvey Oswald um mês antes do magnicídio. Oswald contou a Arnold Johnson, do Partido Comunista dos Estados Unidos, que na tarde de 23 de outubro de 1963 ele havia comparecido a uma reunião "da extrema direita" conduzida pelo general. (N.A.)

OPERAÇÃO NORTHWOODS

Um terceiro plano era enviar aviões dos Estados Unidos para um "voo rasante" sobre o território cubano com a intenção de que sua artilharia antiaérea os abatesse, o que serviria de pretexto para declarar guerra.[10]

O medo de uma investigação ampla e aberta dos Comitês de Inteligência e Serviços Armados do Congresso fez com que o general Lemnitzer ordenasse que todos os documentos relacionados ao Estado-Maior Conjunto e à "Operação Northwoods" fossem destruídos. Mas de alguma forma eles sobreviveram e vieram à tona em 1992, com o lançamento do filme de Oliver Stone *JFK — A Pergunta que Não Quer Calar,* que levanta a possibilidade de uma conspiração militar por trás do assassinato do presidente John F. Kennedy. O crescente interesse da opinião pública por tudo que dizia respeito ao crime levou o Congresso a aprovar uma lei que facilitava o acesso aos documentos governamentais relacionados ao assassinato.

O polêmico memorando "Northwoods" do general Lemnitzer acabou sendo descoberto por James Bamford quando ele estava escrevendo *Body of Secrets.* Mas, obviamente, a operação precisava da aprovação presidencial.[11] Robert McNamara negou ter ouvido ou lido qualquer relatório sobre o plano e acrescentou que não acreditava que Lemnitzer ou o procurador-geral, Robert Kennedy, alguma vez tivessem considerado efetuar realmente a "Operação Northwoods". "Não consigo conceber um comitê secreto no Pentágono que aprovasse uma operação 'Lembre-se do *Maine'.* Não faz sentido. [...] Havia planos de contingência de guerra, sim, mas havia planos de contingência até para invadir a Lua", declarou McNamara poucos meses antes de morrer.[12]

No entanto, outros dizem que "Northwoods" estava, sim, em andamento. Wayne Smith, chefe de operações em Cuba, conta que "foi executado um plano para fingir um ataque cubano a Guantánamo, ao mesmo tempo que se planejava o desembarque na Baía dos Porcos. Mas o suposto ataque fracassou, pois o navio que transportava os falsos soldados cubanos teve problemas no motor".

---

[10] Jon Elliston, *Psywar on Cuba: The Declassified History of U.S. Anti-Castro Propaganda*, Ocean Press, Nova York, 1999.

[11] James Bamford, op. cit.

[12] Robert McNamara morreu em 6 de julho de 2009, aos 93 anos, levando consigo muitos segredos dos governos Kennedy e Johnson. (N.A.)

Por outro lado, o general Lyman Lemnitzer foi exonerado do cargo de presidente do Estado-Maior Conjunto por John F. Kennedy poucos dias após apresentar o memorando da "Operação Northwoods". Ele foi substituído pelo general Maxwell D. Taylor, ainda mais ultraconservador e anticomunista do que seu antecessor, que estava prestes a provocar uma guerra nuclear com a União Soviética durante a chamada "Crise dos Mísseis", entre 16 e 28 de outubro de 1962. Kennedy queria manter Lemnitzer longe a todo o custo e convenceu McNamara a enviá-lo para a Europa como comandante supremo aliado da Otan, cargo que ocupou até 1º de julho de 1969.[13]

Mas o militar voltou à atividade pública em 1975, quando o presidente Gerald Ford o trouxe de volta aos Estados Unidos e o nomeou membro da Comissão de Atividades da CIA, também conhecida como "Comissão Rockefeller". Lyman Lemnitzer, um dos homens que guardavam mais segredos sobre operações secretas, agora deveria investigar violações da lei da Agência Central de Inteligência, incluindo alegações de envolvimento de Howard Hunt e Frank Sturgis no assassinato do presidente John F. Kennedy.[14] Lemnitzer faleceu em 12 de novembro de 1988, aos 89 anos, e foi sepultado no Cemitério Nacional de Arlington, a poucos metros dos túmulos de dois de seus principais inimigos ideológicos, John F. Kennedy e Robert Kennedy. Ironias do destino.

---

[13] Ken Hudnall, *The Northwoods Conspiracy*, Grave Distractions Publications, Nashville, 2011.

[14] Howard Hunt, *American Spy: My Secret History in the CIA, Watergate and Beyond*, Wiley Publishers, Nova York, 2007.

OPERAÇÃO MONGOOSE
(1962)

Em junho de 1960, Anastas Mikoyan, vice-primeiro-ministro das Relações Exteriores da União Soviética, negociou em Havana um pacto de cooperação cubano-soviético, que logicamente incluía ajuda militar à ilha caribenha em caso de "uma intervenção estrangeira contra a ilha". Essa reunião deu o "sinal verde", no quartel-general da CIA em Langley, para acabar com o regime de Fidel Castro. O presidente Eisenhower e Allen Dulles, diretor da CIA, entenderam que Fidel deveria ser riscado do mapa.

De acordo com o relatório do Comitê Church (Comitê Seleto do Senado dos Estados Unidos para o Estudo das Operações Governamentais em relação às Atividades de Inteligência), a CIA deu os primeiros passos para assassinar Fidel Castro em agosto de 1960, quando, da Casa Branca, Richard Bissell, vice-diretor de Operações Secretas da Agência de Inteligência, recebeu a ordem de cuidar da tarefa.[1]

Após a chegada de John F. Kennedy à Casa Branca, em janeiro de 1961, Allen Dulles informou ao novo presidente e ao novo procurador-geral, Robert Kennedy, a operação iniciada em 1960 por Eisenhower para acabar com a vida do líder cubano. O diretor da CIA deu todos os detalhes da "Operação Mongoose", enquanto os dois irmãos ouviam com entusiasmo como a coisa se desenrolaria. Pouco depois, o próprio presidente dos Estados Unidos ordenou-lhe que seguisse em frente com o plano, fornecendo novos e melhores meios.

---

[1] Stephen Ambrose, *Ike's Spies, Eisenhower and the Espionage Establishment*, Doubleday & Company, Nova York, 1981.

Eric Frattini ∞ *MANIPULANDO A HISTÓRIA*

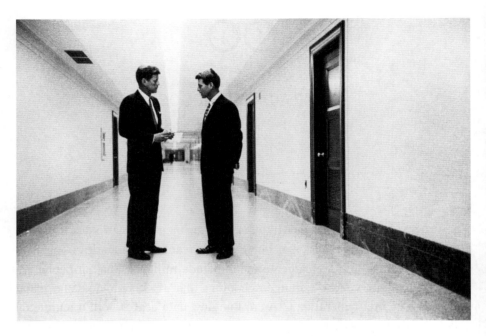

John e Bobby Kennedy queriam se livrar de Fidel a qualquer preço

A chegada dos Kennedy à Casa Branca foi, ao contrário do que se poderia esperar, um impulso aos planos encomendados pelo presidente anterior. Tanto John como Bobby Kennedy estavam convencidos de que Fidel Castro deveria desaparecer. Muito se falou naquela época sobre o envolvimento da máfia nas tentativas de assassinato de Fidel Castro, mas durante quase 40 anos, até a quebra de sigilo das "joias de família" em 2007, apenas se tratou de conjecturas.[2]

A invasão da Baía dos Porcos tinha como alvo um navio militar de Cuba por meio de um exército de exilados cubanos treinados, armados e financiados pela CIA; no entanto, a "Operação Mongoose" (Mangusto) foi uma perfeita e ampla ação de falsa bandeira para levar a cabo um exaustivo programa de propaganda, de sabotagem econômica, dentro e fora da ilha, de infiltração de exilados para organizar revoltas internas e, é claro, de formas de assassinar

---

[2] Richard Bissell Jr., *Reflections of a Cold Warrior: From Yalta to the Bay of Pigs*, Yale University Press, New Haven, 1996.

OPERAÇÃO MONGOOSE

Robert Maheu e Richard Bissell, dois informantes de John e Robert Kennedy

não apenas o líder cubano, mas também importantes membros do regime. Para dirigir a primeira fase da "Mongoose", a Casa Branca nomeou o general Edward Lansdale,[3] enquanto William Harvey, chefe da Special Task Force W, foi encarregado de pesquisar, programar, desenvolver e pôr em prática planos para matar Fidel Castro. Qualquer ideia seria muito bem-vinda.

Na Agência Central de Inteligência, eles estavam convencidos de que a máfia poderia dispor de matadores de aluguel em Havana a qualquer momento para se aproximarem o suficiente de Fidel e acabar com sua vida. Bissell precisava entrar em contato com a máfia sem que o FBI soubesse, e para isso usaria Robert Maheu, um assessor do milionário Howard Hughes, ex-agente do FBI com vastas conexões em Las Vegas e bons amigos dentro do crime organizado.[4] Maheu se encontrou secretamente com Johnny Roselli,

---

[3] Jonathan Nashel, *Edward Lansdale's Cold War*, University of Massachusetts Press, Boston, 2005.
[4] Seymur Hersh, *The Dark Side of Camelot*, Back Bay Books, Boston, 1998.

Johnny Roselli

o representante da máfia de Chicago na Costa Oeste. Roselli, que começou como um mero "soldado", foi escalando posições graças à sua inteligência. Na década de 1930, já representava a máfia de Chicago na indústria cinematográfica de Hollywood, e para sua "família" conseguiu quase 1 milhão de dólares apenas extorquindo grandes produtoras, sindicatos e até certos ícones do cinema, com quem tinha uma estreita relação. Joan Crawford, Errol Flynn, Gary Cooper e muitos outros passaram pelos cassinos clandestinos administrados por Zeppo Marx, famoso jogador de pôquer que se encarregava de limpar os abarrotados bolsos das estrelas de Hollywood para Johnny Roselli.[5] Com o passar do tempo, o mafioso começou a ser conhecido como "O Coveiro", já que, quando a máfia de Chicago queria que alguém desaparecesse, recorria a Roselli, que enterrava o corpo de quem quer que fosse no deserto de Nevada.[6] Para o FBI e John Edgar Hoover, Roselli era um mafioso envolvido no assassinato de pelo menos 30 pessoas, um sujeito desprezível e com uma forte ligação com Sam Giancana, o chefe da máfia de Chicago. Para a CIA e Allen Dulles, Roselli era um homem elegante, culto, refinado e com boas conexões para cumprir a missão de assassinar Fidel.[7]

No dia 11 de setembro de 1960, Maheu ligou para James O'Connell, do Escritório de Segurança da CIA, informando que Roselli havia solicitado

---

[5] Carl Sifakis, *The Mafia Encyclopedia. from Accardo to Zwillman*, Checkmarks Books, Nova York, 1999.
[6] Eric Frattini, *Mafia S.A. Cien años de Cosa Nostra*, Espasa Calpe, Madri, 2002.
[7] David Talbot, *The Devil's Chessboard: Allen Dulles, the CIA, and the Rise of America's Secret Government*, Harper, Nova York, 2005.

OPERAÇÃO MONGOOSE

uma reunião. O encontro aconteceu no quarto 301 do hotel Hilton Plaza de Nova York. A reunião contou com a presença de Johnny Roselli, Robert Maheu e James O'Connell, e, depois de meia hora de explicações sobre o que a CIA queria do mafioso, ele aceitou a proposta. O'Connell tornou-se *de facto* o contato de Roselli com a Agência até maio de 1962.[8] Dias depois, o mafioso voltou a ligar para Maheu, a fim de propor que viajassem juntos a Miami para encontrar dois amigos que também participariam da "Mongoose": Sam Giancana, o chefe da máfia de Chicago, e Santo Trafficante, o chefe da Flórida. Ambos estavam na lista dos dez alvos mais importantes de Robert Kennedy, o procurador-geral dos Estados Unidos; então, Giancana decidiu participar da "Mongoose" para reduzir a pressão do Governo Federal sobre seus negócios ilícitos. O envolvimento de Trafficante era mais uma questão pessoal. O chefe da Cosa Nostra da Flórida morava em Havana desde 1946, mas em 1959 teve de retornar aos Estados Unidos quando Fidel expulsou todos os chefes da máfia da ilha.[9]

A reunião na Flórida ocorreu em 12 de março de 1961, no hotel Fontainebleau, em Miami Beach. Giancana sugeriu vários métodos para acabar com a vida de Fidel: disse que seria impossível se aproximar do líder cubano com uma arma no bolso, mas daria para fazê-lo engolir uma cápsula com veneno, introduzindo-a na comida ou na bebida. Em 14 de março, O'Connell encontrou Johnny Roselli novamente e entregou-lhe uma caixa com três cápsulas contendo um poderoso veneno e 10 mil dólares para as despesas.

Enquanto isso, John F. Kennedy continuava a pressionar Allen Dulles para uma ação efetiva contra Fidel. "As pessoas que a CIA tinha originalmente não eram muito eficazes. Eu tentava fazer coisas, especialmente para forçá-las a buscar novas ideias sobre o que fazer, mas era impossível", declarou anos depois o próprio Robert Kennedy sobre a questão cubana. Samuel Halpern, especialista em Extremo Oriente e assistente do vice-diretor de Operações Clandestinas da CIA e chefe da equipe "Cuba", respondeu: "Tínhamos a impressão de que as coisas que fazíamos em Cuba eram por uma vingança

---

[8] Charles Rappleye, *All-American Mafioso: The Johnny Roselli Story*, Doubleday, Nova York, 1991.

[9] Antoinette Giancana, *JFK and Sam: The Connection Between the Giancana and Kennedy Assassinations*, Cumberland House Publishing, Nashville, 2005.

familiar, e não para o bem dos Estados Unidos ou para sua segurança nacional. Não sabíamos qual era a pressão até termos aqueles dois filhos da puta [John e Robert Kennedy] em cima de nós."[10]

Certa manhã, Richard Bissell foi chamado à Casa Branca para se encontrar com o presidente Kennedy e seu irmão, Robert. "Caíram de pau em cima de mim e me disseram pra mexer o traseiro e fazer algo contra o regime de Castro e o próprio Castro. Disseram que eu não tinha feito nada desde o fiasco da Baía dos Porcos e que era hora de retomar a ação. Esperavam que eu continuasse fazendo a mesma coisa que havia sido tentada na Baía dos Porcos: eliminar Castro", confessou Bissell a William Harvey, como se vê na biografia escrita por Tara Stockton sobre o segundo.[11] Ao sair da Casa Branca, Bissell entendeu que aquele ato havia sido o último de sua carreira dentro da CIA. Dias depois, foi exonerado por Kennedy e substituído por Richard Helms.

Halpern declarou anos mais tarde:

> Richard [Bissell] me disse que ele [Castro] tinha que ser eliminado, embora, é claro, ninguém falasse em "assassinato". Ninguém usaria tal palavra numa operação como essa. [...] Aposto que a máfia não tem nenhum manual escrito sobre esse tipo de coisa. Sabíamos o que fazer porque era o que eles [John e Robert Kennedy] queriam.

William Harvey testemunhou em 1975, perante o Comitê Church, que "Bissell deixou claro que a Casa Branca havia reiterado seu interesse em um dispositivo de 'ação executiva'. Nesse sentido, é provável que o presidente e seu irmão tivessem aprovado o assassinato de Castro novamente naquele outono". Em 19 de janeiro de 1962, Bobby Kennedy foi muito explícito ao falar sobre a "Operação Mongoose", que na época operava em plena capacidade:

> Cuba ocupa a máxima prioridade do governo dos Estados Unidos. Tudo o mais é secundário. Nenhum tempo, dinheiro, esforços nem homens serão poupados. O capítulo final [o assassinato ou derrubada] de Fidel Castro ainda está para ser escrito. É preciso escrevê-lo e isso será feito.[12]

---

[10] Warren Hinckle e Bill Turner, *Deadly Secrets: The CIA-Mafia War Against Castro and the Assassination of JFK*, Thunder's Mouth Press, Nova York, 1993.

[11] Tara Stockton, *Flawed Patriot: The Rise and Fall of CIA Legend Bill Harvey*, Potomac Books, Lincoln, 2008.

[12] Thomas Powers, *The Man Who Kept the Secrets: Richard Helms and the CIA*, Knopf, Nova York, 1979.

OPERAÇÃO MONGOOSE

Em 1975, perante o Comitê Church, o homem que substituiu Richard Bissell no comando das Operações Clandestinas da CIA e futuro diretor da Agência, Richard Helms, declarou que "o discurso de Kennedy [John] refletia a atmosfera que nos fez entender que o assassinato [de Castro] havia sido autorizado".

A equipe do Gabinete de Ciência e Tecnologia da CIA, liderada por Sidney Gottlieb, estava determinada a encontrar uma maneira de acabar com o líder cubano. Entre as diferentes opções estava o uso de uma caixa de charutos cubanos impregnados com a toxina do botulismo. Mas a invenção mais inusitada de Gottlieb e os "magos de Langley", como

Sidney Gottlieb, da CIA, elaborou venenos para matar Fidel Castro

eram conhecidos os membros do Gabinete de Ciência e Tecnologia da Agência de Inteligência, foi uma roupa de neoprene cujo interior fora infectado com esporos do bacilo da tuberculose. Gottlieb recebeu a informação de que Fidel Castro gostava muito de pesca submarina e que costumava mergulhar na costa norte da ilha. A ideia era entregar a roupa a um agente de Giancana ou Trafficante e fazer com que esse o incluísse no equipamento de mergulho que Castro usava.[13]

Um primeiro "envenenador", um camareiro do Palácio Presidencial de Havana, foi despedido uma semana antes que a substância tóxica pudesse ser colocada na comida de Fidel. Um segundo envenenador foi descoberto pelos

---

[13] Eric Frattini, *CIA. Joyas de familia*, Ediciones Martínez Roca, Madri, 2008.

Eric Frattini ~ *MANIPULANDO A HISTÓRIA*

serviços de inteligência cubanos e forçado a ingerir as pílulas projetadas nos laboratórios da CIA, o que causou sua morte em questão de segundos.

James Jesus Angleton, chefe de Contraespionagem da CIA, informou ao DCI (diretor) John McCone que Trafficante vinha revelando aos cubanos as tentativas da Agência de acabar com a vida do *Comandante*. McCone tomou nota e ordenou que William Harvey se reportasse a Robert Maheu. Quando Richard Bissell ficou sabendo do que Angleton dizia, exigiu que Harvey investigasse as acusações contra Santo Trafficante entre a comunidade de exilados cubanos em Miami.[14]

Para o FBI, John Kennedy estava brincando com fogo. Giancana esperava que seu envolvimento na "Operação Mongoose" fosse recompensado com a limpeza de sua ficha, o que não aconteceu.[15]

Em 10 de abril de 1962, J. Edgar Hoover escreveu um memorando ao presidente Kennedy no qual informava que o FBI havia detectado uma operação secreta realizada pela CIA, com a ajuda de Robert Maheu e Sam Giancana, na qual se ofereciam 150 mil dólares a vários pistoleiros para viajar a Cuba e matar Fidel. Ele tinha tomado especial cuidado para não mencionar o presidente ou seu irmão no memorando; portanto, mencionava apenas Maheu e Giancana.

Rapidamente os alarmes soaram no Salão Oval e no Departamento de Justiça. Helms disse a Harvey para solicitar a Johnny Roselli que cortasse qualquer comunicação imediata com Maheu ou Giancana e que, se ele não apresentasse um plano concreto de ação contra Fidel Castro, as comunicações com a CIA seriam interrompidas automaticamente.

Em outubro de 1962, estourou a chamada "Crise dos Mísseis", quando os soviéticos decidiram implantar armas nucleares em Cuba. Os mísseis foram revelados por aviões espiões americanos U-2, uma descoberta que foi imediatamente relatada ao Pentágono e à Casa Branca. Aquela foi uma das maiores crises diplomáticas da História e colocou o planeta à beira de uma possível Terceira Guerra Mundial. Superada a tensão, iniciou-se um período

---

[14] Tom Mangold, *Cold Warrior: James Jesus Angleton: The Cia's Master Spy Hunter*, Touchstone Books, Nova York, 1992.

[15] Chuck Giancana, irmão de Sam e *consigliere* da "família" de Chicago, declarou anos depois que seu irmão desempenhou um papel relevante no assassinato do presidente Kennedy e que foi uma vingança contra JFK. (N.A.)

OPERAÇÃO MONGOOSE

EYES ONLY

4 October 1962

MEMORANDUM FOR RECORD

SUBJECT: Minutes of Meeting of the Special Group (Augmented) on Operation MONGOOSE, 4 October 1962

PRESENT: The Attorney General; Mr. Johnson; Mr. Gilpatric, General Taylor, General Lansdale; Mr. McCone and General Carter; Mr. Wilson

1. The Attorney General opened the meeting by saying that higher authority is concerned about progress on the MONGOOSE program and feels that more priority should be given to trying to mount sabotage operations. The Attorney General said that he wondered if a new look is not required at this time in view of the meager results, especially in the sabotage field. He urged that "massive activity" be mounted within the entire MONGOOSE framework. There was a good deal of discussion about this, and General Lansdale said that another attempt will be made against the major target which has been the object of three unsuccessful missions, and that approximately six new ones are in the planning stage.

Mr. Johnson said that "massive activity" would have to appear to come from within. He also said that he hopes soon to be able to present to the Group a plan for giving Cuban exiles more of a free hand, with the full realization that this would give more visibility to their activities. On this latter point, Mr. McCone said that he reserves judgment as to the feasibility and desirability of such a program. (Mr. Johnson agreed that he has reservations as well.)

2. Mr. McCone then said that he gets the impression that high levels of the government want to get on with activity but still wish to retain a low noise level. He does not believe that this will be possible. Any sabotage would be blamed on the United States. In this connection, he cited the enormous number of telephone calls that had been directed at CIA at the time that the skin divers landed in Eastern Cuba and at the time Cuban exile students shot up the apartment house. He urged that responsible officials be prepared to accept a higher noise level if they want to get on with operations.

In partial rebuttal, the Attorney General said that the reasons people were so concerned at the times mentioned were: (a) the fact that the skin divers were Americans, and (b) that the student

DECLASSIFIED

TOP SECRET

EYES ONLY

Memorando secreto da "Mongoose" (4 de outubro de 1962)

de distensão entre Washington e Moscou, de modo que Kennedy ordenou à CIA que encerrasse qualquer operação secreta contra Cuba ou Fidel Castro. Robert Kennedy chamou John McCone e Richard Helms, e exigiu que pusessem fim à "Operação Mongoose". O nome da unidade da CIA responsável pelas operações secretas contra Cuba mudou e passou a se chamar Seção de

Assuntos Especiais (SAS, na sigla em inglês). William Harvey foi afastado no início de 1963 e substituído por Desmond Fitzgerald, amigo íntimo de Robert Kennedy. As conexões entre a CIA e a máfia terminaram quando Fitzgerald disse pessoalmente a Johnny Roselli que a "Mongoose" havia deixado de existir.

Com a chegada de Lyndon B. Johnson à Casa Branca, as tentativas do governo de acabar com a vida de Fidel terminaram. O próprio Johnson convocou McCone, diretor da CIA, e ordenou-lhe que interrompesse qualquer ação contra o líder cubano. Mas, apesar da ordem expressa da Casa Branca, as operações secretas contra Cuba não parariam.

Não há dúvida de que a "Mongoose" foi realmente uma operação imposta pelos irmãos Kennedy à CIA como uma missão estratégica para a Segurança Nacional dos Estados Unidos na América Latina e Caribe, mas, na realidade, para eles, acabar com Fidel Castro era uma questão pessoal. Para a CIA, foi mais uma batalha da Guerra Fria.

Depois da "Mongoose", a estação JM-WAVE (Miami) de Operações Secretas contra Cuba passou por grandes transformações, com a finalidade de se colocar à altura das futuras ações que se desenvolveriam até o governo Ford.[16] Assim, entre 1962 e 65, a Agência Central de Inteligência esforçou-se por criar, no seio da "Mongoose", uma rede de guerrilhas contrarrevolucionárias que atuaria em toda a ilha, apesar de a operação ter sido oficialmente encerrada em outubro de 1962. Numerosos recursos militares, técnicos e econômicos foram destinados pela CIA para abastecer esses grupos armados que em determinado momento seriam unificados em um único exército contrarrevolucionário para tomar Havana. A CIA criou três organizações no interior de Cuba: FAL, RCA e Alpha-66. Além disso, foram estabelecidas cinco redes de espionagem, cujos líderes operacionais se comunicavam diretamente com os oficiais da CIA, que se encontravam na base naval de Guantánamo. Desse modo, os planos de uma invasão militar norte-americana em Cuba voltaram a ser, nos primeiros meses de 1962, uma ameaça real e iminente.

---

[16] Para os investigadores do Comitê Church foi bem complicado juntar informações exatas sobre os fundos destinados à "Mongoose"; afinal, nessa operação, o presidente Kennedy e seu irmão Bobby envolveram não apenas a CIA, mas também o Departamento de Justiça, o Departamento de Defesa, o Departamento de Estado, a Agência de Informação dos Estados Unidos e o Departamento do Tesouro. (N.A.)

OPERAÇÃO MONGOOSE

Sam Giancana

Santo Trafficante

Muitas das figuras envolvidas na "Operação Mongoose" não chegariam vivas à abertura do Comitê Seleto do Senado para o Estudo das Operações Governamentais em relação às Atividades de Inteligência, estabelecido em 1975. Sam Giancana foi assassinado em 19 de junho de 1975, na cozinha de sua casa, em Oak Park (Chicago), pouco antes de ter de comparecer perante o comitê para responder por seu papel na "Operação Mongoose".[17] Johnny Roselli desapareceu da face da Terra até que, em julho de 1976, alguns pescadores encontraram um barril de gasolina lacrado flutuando na costa. Ao abri-lo, descobriram os restos mortais de Roselli. Amigos próximos de ambos os mafiosos declararam que os dois haviam sido liquidados não por causa de suas ligações com a máfia, mas por suas relações próximas com a Agência Central de Inteligência, com a "Operação Mongoose" e com os irmãos Kennedy.[18]

Quanto a Santo Trafficante, está claro que William Harvey não fez bem seu trabalho; caso contrário, teria descoberto que o mafioso, em sua tentativa de obter uma fatia maior da jogatina em Cuba e, assim, tirar poder do gângster

---

[17] Antoinette Giancana, op. cit.
[18] Eric Frattini, op. cit.

Eric Frattini ～ MANIPULANDO A HISTÓRIA

| 94TH CONGRESS 2d Session | SENATE | REPORT No. 94-755 |

FOREIGN AND MILITARY INTELLIGENCE

BOOK I

FINAL REPORT
OF THE
SELECT COMMITTEE
TO STUDY GOVERNMENTAL OPERATIONS
WITH RESPECT TO
INTELLIGENCE ACTIVITIES
UNITED STATES SENATE
TOGETHER WITH
ADDITIONAL, SUPPLEMENTAL, AND SEPARATE VIEWS

APRIL 26 (legislative day, APRIL 14), 1976

U.S. GOVERNMENT PRINTING OFFICE
WASHINGTON : 1976

For sale by the Superintendent of Documents, U.S. Government Printing Office
Washington, D.C. 20402 - Price $5.35

Stock No. 052-071-00470-0

Primeira página do relatório final do Comitê Church

OPERAÇÃO MONGOOSE

russo-americano Meyer Lansky, havia feito um acordo secreto com o próprio Fidel Castro. A CIA nunca descobriu que, durante a guerra de guerrilhas contra o exército de Batista, Fidel Castro havia recebido uma grande quantidade de armas de Santo Trafficante. Como moeda de troca, Fidel prometeu ao chefe da máfia da Flórida que, se a revolução tivesse sucesso, ele se tornaria o único "amo e senhor" do jogo em Cuba. O chefe da máfia também permitiu que os agentes de Fidel introduzissem e traficassem heroína em Miami. Trafficante gradualmente colocou os espiões de Fidel no organograma da "Mongoose". Nem a CIA nem o FBI jamais descobriram que parte dos grupos anticastristas mais radicais estava, verdade seja dita, à frente da DGI, o serviço de espionagem cubano.[19]

"Na verdade, Kennedy e seu irmão Bobby não estavam preocupados com as questões dos assassinatos políticos por uma questão ética, mas, sim, pela dificuldade prática de executá-los sem deixar provas de seu envolvimento", escreveu Seymur Hersh. O "Projeto Cubano" foi uma das operações de falsa bandeira mais importantes já planejadas pela CIA; durou 14 anos, de 1961 a 1975, incluiu a invasão da Baía dos Porcos, a "Operação Northwoods" e a "Operação Mongoose", teve um orçamento de cerca de 50 milhões de dólares, e nele trabalharam algo em torno de 2.500 pessoas, das quais 500 eram norte-americanas. A "Comissão Church" do Senado, criada em 26 de abril de 1976, expôs todos os planos de cinco governos, de Eisenhower a Ford, para desestabilizar Cuba e derrubar Fidel Castro.

---

[19] Joseph Trento, *La Historia Secreta de la CIA*, Ediciones Península, Barcelona, 2001.

INCIDENTE EM TONKIN
(1964)

Em 1966, a CIA estava em pé de guerra. Por ordem do presidente Lyndon B. Johnson, a Agência deixara de se concentrar em Cuba e Fidel Castro e tinha voltado toda a atenção para o Vietnã. A aventura norte-americana no país do Sudeste Asiático começara 12 anos antes, quando o então ocupante da Casa Branca, Dwight D. Eisenhower, decidiu que os Estados Unidos substituiriam a França como potência colonial na região. Tanto Eisenhower quanto Dulles, o diretor da CIA, estavam dispostos a fazer o que fosse necessário para evitar que o Vietnã caísse em mãos comunistas. Assim, pediram ao general Edward Lansdale que elaborasse um plano secreto para impedir o avanço comunista, como fizera nas Filipinas, que não caiu na esfera da União Soviética graças à criação de uma forte e eficaz guerrilha. Foi assim que se criou o chamado Grupo Consultivo de Assistência Militar para o Vietnã, formado por uma centena de militares norte-americanos especialistas em guerra de guerrilhas.

O trabalho do grupo era elaborar, estabelecer e financiar um governo pró-americano e anticomunista em Saigon. Para fazer isso, a CIA decidiu apoiar Ngo Dinh Diem, um líder católico formado militar e politicamente nos Estados Unidos. Mas grande parte da sociedade vietnamita não via com bons olhos Dinh Diem, pois era considerado um político corrupto. Mesmo assim, o general Lansdale acreditava que um líder aceitável para Washington não precisava ser um "filho favorito" do povo vietnamita, erro que repetiriam décadas depois no Oriente Médio.[1]

O que a CIA não sabia é que a família católica do novo presidente Dinh Diem, principalmente seu irmão, Ngo Dinh Nhu, verdadeiro homem forte do

---

[1] Jonathan Nashel, *Edward Lansdale's Cold War*, University of Massachusetts Press, Boston, 2005.

INCIDENTE EM TONKIN

O monge Thich Quang Doc ateia fogo em si mesmo diante das câmeras de televisão

regime, estava ativamente envolvida na opressão à maioria budista e, de fato, na primavera de 1963, o governo de Saigon proibiu a prática pública de qualquer rito dessa religião. A perseguição acabou se tornando uma fonte de tensão no país e, em 8 de maio de 1963, o exército reprimiu uma manifestação de monges budistas jogando granadas. Nove monges perderam a vida. Em resposta, em 11 de junho, um monge chamado Thich Quang Doc ateou fogo em si mesmo na frente das câmeras da televisão norte-americana. A chocante imagem rodou o mundo.

Quando John F. Kennedy se tornou presidente dos Estados Unidos, o "assunto Vietnã" era uma verdadeira "batata quente". O alto escalão do Pentágono, com o general Maxwell Taylor no comando, pressionou JFK a enviar mais tropas para o Vietnã do Sul. A perseguição aos budistas pelo governo de Saigon tirou Robert Kennedy do sério, e ele ordenou que John Richardson, chefe do escritório da CIA em Saigon, preparasse um golpe para derrubar Dinh Diem. A decisão provocou protestos enérgicos do Pentágono, da CIA e até do poderoso cardeal Spellman.

Após o assassinato de Kennedy, o vice Lyndon B. Johnson assumiu a presidência do país e, com ele, o aparato militar foi colocado em uma posição de maior poder e influência no novo governo. Para Johnson, o Vietnã era uma peça-chave na estratégia geopolítica dos Estados Unidos; portanto, em 1º de julho de 1964, destituiu o general Maxwell Taylor como presidente do Estado-Maior Conjunto e o nomeou embaixador dos Estados Unidos em Saigon. Assim, tinha "um dos seus" no cenário asiático.

Depois do fiasco da Baía dos Porcos, tanto a CIA quanto o Pentágono precisavam de uma "boa" guerra para fazer com que o ocupante da Casa Branca e a sociedade norte-americana voltassem a confiar neles. Durante 1963 e 1964, altos oficiais militares tentaram convencer Johnson da necessidade de uma intervenção aberta no Vietnã, mas os conselheiros da Casa Branca preferiram outro tipo de ação e optaram por uma operação de falsa bandeira que permitiria a Johnson "vender" ao Congresso a ideia de que não havia escolha, a não ser declarar guerra ao Vietnã do Norte.

Isso aconteceu em 2 de agosto de 1964, no Golfo de Tonkin, que faz fronteira com o Vietnã a sudoeste, oeste e noroeste; ao norte, com a China e, a leste, com a ilha chinesa de Hainan, que forma o limite oriental do golfo. O incidente de Tonkin marcou uma virada no avanço dos EUA em direção à guerra em grande escala no Sudeste Asiático. Graças ao que aconteceu, o presidente dos Estados Unidos obteve a autoridade legislativa de que precisava para declarar guerra, pois, durante vários anos, repetiu continuamente que seu governo nada fizera para provocar um combate naval entre o Vietnã do Norte e os Estados Unidos, e que agira com moderação, reagindo apenas quando vários barcos de patrulha norte-vietnamitas realizaram um *segundo* ataque naval. Esta afirmação não era verdadeira.[2]

Em janeiro de 1964, o presidente Johnson aprovou um programa de ataques secretos contra o Vietnã do Norte.[3] Em uma extensa série de documentos tornados públicos ("Estimativas Nacionais de Inteligência", fevereiro e maio de 1964), observa-se que os Estados Unidos deram instruções a propósito do

---

[2] Edwin E. Moïse, *Tonkin Gulf and the Escalation of the Vietnam War*, University of North Carolina Press, Chapel Hill, 1996.

[3] Para a documentação desse programa, veja o conjunto de documentos sobre o Golfo de Tonkin na coleção do Arquivo de Segurança Nacional intitulada "A Política norte--americana na Guerra do Vietnã. 1954-1968." (N.A.)

INCIDENTE EM TONKIN

Capa do relatório de operações escrito três meses antes do incidente de Tonkin

OPLAN 34A (Plano Operacional 34 Alfa) para pressionar o Vietnã do Norte e provocar a reação do governo de Hanói. Concluiu-se erroneamente que o Vietnã do Norte, ao tomar medidas cautelares, "poderia por ora reduzir o nível de tensão" para evitar um conflito aberto com os Estados Unidos e, na melhor

Eric Frattini ∞ MANIPULANDO A HISTÓRIA

USS Maddox

das hipóteses, "partir para o ataque por causa das provocações". Em vez de comprometer suas forças regulares — o Exército Popular do Vietnã do Norte (EPVN) —, o governo vietnamita decidiu usar a guerrilha vietcongue, criada pelo próprio Executivo em 20 de dezembro de 1960 com o objetivo de fomentar a insurgência no Vietnã do Sul.

O retrato do governo Johnson quanto aos detalhes do incidente no Golfo de Tonkin foi completamente impreciso. Funcionários do governo afirmaram que o navio de guerra *USS Maddox* estava navegando "inocentemente" na área, embora a realidade fosse bem diferente: o navio fazia parte de uma missão de inteligência. A tarefa do *Maddox* era vigiar duas ilhas, Hon Me e Hon Ngu, e, embora estivesse em águas internacionais quando a batalha começou, os norte-vietnamitas entenderam que as incursões contínuas em suas águas e a permanente vigilância de suas duas ilhas constituíam um "ato de guerra". Na verdade, a missão do *USS Maddox* era "fazer uma varredura" com seus radares nos sinais emitidos a partir do Vietnã do Norte.[4]

A batalha naval entre o contratorpedeiro *USS Maddox* e três lanchas torpedeiras da Marinha do Vietnã do Norte ocorreu em 2 de agosto de 1964, logo depois que a Marinha dos Estados Unidos fez várias incursões em águas vietnamitas para detectar alvos costeiros. O *USS Maddox* foi o primeiro a abrir fogo contra as lanchas, que responderam com torpedos e metralhadoras. O *Maddox*, por sua vez, atacou disparando mais de 280 tiros de três e cinco polegadas. Ao final da batalha, que não durou mais de 20 minutos, os norte-americanos causaram sérios danos às três embarcações de patrulha. Quatro marinheiros vietnamitas foram mortos e seis outros ficaram feridos. Do lado norte-americano não houve vítimas, apenas alguns buracos de bala no casco do *Maddox*.

Robert S. McNamara, secretário de Defesa dos Estados Unidos, falou por telefone com o presidente Johnson em 3 de agosto, às 10h30, e foi convocado ao Salão Oval para uma sessão informativa privada com os líderes do

Fotografia, tirada do *USS Maddox*, de três embarcações de patrulha no ataque ao Vietnã do Norte em 2 de agosto

---

[4] H.R. McMaster, *Dereliction of Duty: Johnson, McNamara, the Joint Chiefs of Staff, and the Lies That Led to Vietnam*, Harper Perennial, Nova York, 1998.

Congresso. Nessa reunião, McNamara descreveu a missão do OPLAN 34A, detalhando, entre outras coisas, o número de navios participantes e o custo da munição. O secretário de Defesa mencionou "dois ataques" e afirmou que os dois contratorpedeiros norte-americanos (o *USS Maddox* e o *USS Turner Joy*) estavam em missões de cooperação naval com o Vietnã do Sul. Mentira. A verdade é que ambos os navios espionavam alvos selecionados pela CIA em uma operação financiada inteiramente pelos EUA. O secretário McNamara mentiu naquela reunião e o fez novamente no Congresso, quando o governo solicitou permissão legal para usar força contra o Vietnã do Norte. Em uma reunião executiva, realizada em 6 de agosto na Casa Branca, McNamara declarou: "Nossa Marinha não desempenhou absolutamente nenhum papel em qualquer ação no Vietnã do Norte."[5]

A controvérsia sobre o incidente do Golfo de Tonkin levou a uma revisão incomum do ocorrido em uma audiência perante o Comitê de Relações Exteriores do Senado, realizada em fevereiro de 1968. O secretário McNamara foi novamente citado como testemunha principal e afirmou que "a questão da provocação já havia sido amplamente explorada nas audiências de 1964", e acrescentou que os ataques já haviam sido investigados e que "de forma alguma foram provocados pela atividade naval [dos Estados Unidos] no Vietnã do Sul". Ele disse mais tarde que as missões eram "contramedidas adotadas pelo Vietnã do Sul em resposta à agressão norte-vietnamita". Documentos tornados públicos do OPLAN 34A mostram que isso não era verdade. Na realidade, o programa era uma operação secreta no Vietnã do Norte para infiltrar equipes de agentes de inteligência e realizar missões de reconhecimento aéreo e sabotagem naval.[6]

Os documentos utilizados pelos membros da comissão de investigação de incidentes faziam uma referência clara ao atentado ocorrido em 2 de agosto, mas não ao segundo, que, de acordo com a própria Marinha dos Estados Unidos e o governo Johnson, ocorreu em 4 de agosto. Após os eventos de 2 de

---

[5] Steve Sheinkin, *Most Dangerous: Daniel Ellsberg and the Secret History of the Vietnam War*, Roaring Brook Press, Nova York, 2015.

[6] U.S. Government, *21st Century Secret Documents — Vietnam and the Gulf of Tonkin Incident, Newly Declassified National Security Agency (NSA) Documents, Signals Intelligence, Histories and Reports*, Progressive Management, 2006.

INCIDENTE EM TONKIN

USS Turner Joy

agosto, o presidente ordenou que um segundo contratorpedeiro, o *USS Turner Joy*, se juntasse ao *USS Maddox* no Golfo de Tonkin. Na noite de 4 de agosto, acreditaram que ambos os navios estavam sendo atacados e enviaram à base várias mensagens sobre contatos inimigos, torpedos na água e inúmeros disparos.

    Pouco antes da meia-noite de 4 de agosto, o presidente Lyndon B. Johnson foi à televisão para relatar à nação que os navios norte-vietnamitas haviam atacado dois navios de guerra da Marinha dos Estados Unidos, o *Maddox* e o *Turner Joy*. O discurso de Johnson apresentava o Vietnã do Norte e seu líder, Ho Chi Minh, como os agressores que forçaram os Estados Unidos a se colocarem em uma postura defensiva. Johnson afirmou que os ataques ocorreram "em alto-mar", sugerindo que se deram em águas internacionais, e enfatizou o compromisso do povo norte-americano e de seus militares em defender o governo do Vietnã do Sul.[7] Disse também que o seu governo não tinha

---

[7] Larry Berman, *Planning a Tragedy: The Americanization of the War in Vietnam*, W.W. Norton & Company, Nova York, 1983.

O presidente Johnson
assina a resolução do
Golfo de Tonkin

desejo algum de guerra, algo que tampouco era verdade. A operação secreta (OPLAN 34A), terrestre e aérea, já estava em pleno funcionamento.[8]

Na esteira desse suposto desafio, o presidente Johnson ordenou o bombardeio retaliatório do Vietnã do Norte ("Operação Pierce Arrow") e pediu ao Congresso que aprovasse uma resolução que daria início à Guerra do Vietnã. Em 10 de agosto de 1964, o Congresso deu sinal verde ao presidente Johnson para declarar guerra ao governo comunista do Vietnã do Norte.

A verdade é que aquele "segundo ataque" em 4 de agosto contra o *Maddox* e o *Turner Joy* no Golfo de Tonkin nunca foi claro, e não se forneceu nenhuma evidência física de que tivesse ocorrido. O capitão e quatro marinheiros do *USS Turner Joy* disseram que viram um holofote, as luzes da cabine de um navio e um ou dois torpedos que passaram a estibordo. A Marinha alegou que seus navios haviam afundado dois torpedeiros norte-vietnamitas, o que é bem estranho, considerando que no dia seguinte ao evento não foram encontrados destroços e tampouco registros de radar dos avisos.[9]

---

[8] Larry Berman, *Lyndon Johnson's War: The Road to Stalemate in Vietnam*, W.W. Norton & Company, Nova York, 1991.
[9] Gabinete do secretário de Defesa, *Command and Control of the Tonkin Gulf Incident, Critical Report n. 7*, BiblioGov, Washington, D.C., 2013.

INCIDENTE EM TONKIN

Os pilotos norte-americanos enviados do porta-aviões *USS Ticonderoga* para defender os dois contratorpedeiros de seus supostos agressores contaram a mesma história aos investigadores do Congresso e do Senado anos depois. O comandante James B. Stockdale, chefe da esquadrilha formada por quatro caças F-8 Crusaders, assegurou "não ter localizado qualquer inimigo, mas vi em determinado momento o *Turner Joy* apontando armas para o *Maddox*". Mais tarde, o próprio Stockdale escreveu o seguinte em sua autobiografia:

> Não houve absolutamente nenhum disparo, com exceção dos nossos, nenhum PT [barco-patrulha] ativo, nenhuma luz de vela, muito menos um navio em chamas. Nada poderia estar lá que não fosse visto mesmo em uma noite tão escura. [...] Eu estava na melhor posição para detectar navios inimigos, se houvesse algum. Até voei perto do *Maddox* e observei cada movimento dos dois contratorpedeiros. Não havia nada lá.[10]

Essas observações reforçam os despachos enviados do próprio local do incidente pelo capitão John Herrick, comandante da VII Frota de Contratorpedeiros, que estava a bordo do *USS Maddox* e enviou um telegrama no qual questionava o ataque de 4 de agosto. Um relatório classificado como "Top Secret", datado de 28 de agosto de 1964, apoia a versão do capitão:

> Uma revisão da ação faz com que muitos relatos de contatos e torpedos disparados pareçam duvidosos, e podem ser devido a efeitos inesperados no radar e a marinheiros obcecados com a possibilidade de um ataque. Nenhum sinal visual foi relatado pelo *Maddox*, e o comandante sugere que uma avaliação completa deve ser realizada antes de qualquer ação adicional.[11]

No entanto, Washington já havia tomado a decisão de atacar.

Os comentários de Stockdale, piloto do *Ticonderoga*, surgiram no final da Guerra do Vietnã, mas as perguntas sobre esse "segundo ataque" permaneceram sem resposta, levando o Congresso a restabelecer uma comissão de inquérito em 1968. O secretário de Defesa, Robert McNamara, tirou um ás da manga ao falar sobre a interceptação de comunicações:

---

[10] James B. Stockdale, *A Vietnam Experience: Ten Years of Relection*, Hoover Institution Press, Stanford, 1984.

[11] Frank E. Vandiver, *Shadows of Vietnam: Lyndon Johnson's Wars*, Texas University Press, Austin, 1997.

Eric Frattini ∞ MANIPULANDO A HISTÓRIA

O USS Ticonderoga na costa do Vietnã do Norte

Os relatórios secretos de inteligência de uma fonte altamente confiável informam que o Vietnã do Norte estava se preparando para atacar nossos contratorpedeiros com dois navios Swatow [patrulha] e um barco PT, se este último estivesse preparado para fazê-lo. A mesma fonte informou que em 4 de agosto, enquanto a participação no ataque [contra o USS Maddox] desse PT estava assegurada, o ataque se pôs em marcha. [...] Imediatamente após a conclusão do ataque, a fonte informou que os norte-vietnamitas perderam dois navios em combate.

McNamara apresentou o relatório ao Comitê de Relações Exteriores do Senado, mas se recusou a entregar uma cópia.

John Norvill Jones, membro da equipe de McNamara, lembra que o próprio secretário de Defesa ordenou que os altos-comandos do Pentágono "colocassem todos os tipos de obstáculos a qualquer investigação aberta pelo Congresso ou Senado em relação ao ataque de 4 de agosto no Golfo de Tonkin".

Anos mais tarde, o presidente do Comitê de Relações Exteriores, J. William Fulbright, conseguiu combinar com o governo Nixon para que entregassem a Carl Marcy, presidente do comitê, o documento secreto das interceptações a que Robert McNamara se referira durante as audiências de 1968. Entre as várias mensagens, havia uma sobre o incidente de 4 de agosto (as demais eram sobre o combate do dia 2). Fulbright disse o seguinte sobre o assunto: "Minha conclusão, ao ler a interceptação de 4 de agosto, foi de que era um resumo orgulhoso do ataque de 2 de agosto. [...] Mesmo vários

INCIDENTE EM TONKIN

funcionários da NSA [Agência de Segurança Nacional] não poderiam assegurar que essa transmissão estivesse relacionada com a ação de 4 de agosto. Além disso, a sequência de tempo da interceptação e a própria ação dos contratorpedeiros dos Estados Unidos não se encaixavam. Curiosamente, a NSA não conseguiu encontrar o original da interceptação das comunicações de 4 de agosto, embora tivesse os originais das demais."[12]

Uma investigação realizada em 1980 sobre os incidentes do Golfo de Tonkin forneceu as declarações de vários oficiais de inteligência que não concordavam com a versão oficial do ocorrido. Por exemplo, Ray S. Cline, que na época era responsável pelo Gabinete de Inteligência da CIA, disse que "comecei a ver que essas [as interceptações] estavam sendo recebidas no momento do segundo ataque [em 4 de agosto] e quase certamente não era possível recebê-las durante o segundo ataque, devido a diferenças de fuso horário. Os fatos aos quais se referiam as interceptações, embora pudessem ter ocorrido àquela altura, não podiam ter sido informados tão rapidamente desse segundo ataque". Também era suspeito o fato de que a interceptação de comunicações em 2 de agosto, incluindo as do *USS Maddox*, havia sido captada por todas as estações da NSA na região, enquanto as de 4 de agosto haviam sido registradas apenas por um posto de escuta em Phu Bai, no Vietnã do Sul.[13]

Hoje, quase 60 anos depois, os norte-americanos têm a oportunidade de tirar suas próprias conclusões sobre o que aconteceu no Golfo de Tonkin. Poucos dias após a crise, em 8 de agosto, o tenente-general Gordon Blake, diretor da NSA, recebeu uma nota de McGeorge Bundy, conselheiro de Segurança Nacional do presidente Johnson, que dizia o seguinte: "Ontem à noite, o Gabinete de Crise da Casa Branca retransmitiu um pedido do Sr. Bundy para que todas as interceptações antes e depois do segundo ataque ao *USS Maddox* e ao *USS Turner Joy* fossem selecionadas e compiladas pela CIA e pela NSA."

Deve-se levar em conta a provável provocação dos Estados Unidos na realização de uma segunda incursão no Vietnã do Norte durante a noite

---

[12] John S. Friedman, *The Secret Histories: Hidden Truths That Challenged the Past and Changed the World*, Picador, Nova York, 2005.

[13] U.S. Government and National Security Agency (NSA), *NSA Secrets Declassified: The Vietnam War Gulf of Tonkin Documents — Articles, Chronologies, Command Messages, History of Southeast Asia, Memos, Oral Histories, Sigint Reports*, Progressive Management, Washington, D.C., 2015.

de 3 para 4 de agosto. Se o governo vietnamita respondeu à primeira incursão, estava claro que responderia à segunda também. Mas Hanói decidiu não agir. O então ministro da Defesa do Vietnã do Norte, o general Võ Nguyên Giáp, explicou durante uma conferência internacional em 1997 que a resposta do dia 2 de agosto foi ordenada por um comando naval local, e não pelos líderes militares de Hanói. O líder norte-vietnamita explicou também que "mesmo tendo montado um bloqueio naval para o dia 4 de agosto, Hanói estava preocupada com a gravidade da reação que os Estados Unidos poderiam ter após o incidente de 2 de agosto, e isso o levou a ordenar que não entrassem em combate aberto com nenhuma unidade naval dos Estados Unidos, não importava quantas incursões costeiras suas unidades realizassem".[14]

A mensagem 04/1140Z informa a ordem de preparação para o combate a dois barcos de patrulha norte-vietnamitas, e diz que um torpedeiro, o T-333, pode se juntar a eles se conseguir se preparar a tempo. Três minutos depois, há um relato de avistamento de um contratorpedeiro dos Estados Unidos (o *USS Maddox*), que parece apoiar a tese de que os norte-vietnamitas combateram os norte-americanos novamente em 4 de agosto. No entanto, se olharmos os documentos dos Estados Unidos, veremos que não foi assim. O capitão Herrick informou pela primeira vez sobre os contatos de radar na mensagem 04/1240Z. A base dos barcos de patrulha norte-vietnamitas mencionados ficava em Quang Khe, perto de Dong Hoi, a cerca de 110 milhas náuticas da ilha de Hon Me, no coração do Golfo de Tonkin, uma distância impossível de cobrir no intervalo entre a primeira mensagem norte-vietnamita e a mensagem norte-americana.

O secretário de Defesa McNamara teve uma reunião com o presidente Johnson às 9h43 do dia 4 de agosto, na qual falou sobre as interceptações das mensagens: "A embarcação [refere-se ao *Maddox*] será supostamente atacada esta noite." O secretário e o presidente passaram a discutir as represálias que poderiam lançar após o ataque (que não ocorreu), os objetivos no Vietnã do Norte ou a realização de sabotagens pela força operativa do OPLAN 34A. Uma hora depois, quando McNamara ligou para o presidente Johnson na Casa

---

[14] James Warren, *Giap: The General Who Defeated America in Vietnam*, St. Martin's Press, Nova York, 2013.

INCIDENTE EM TONKIN

Branca, o suposto segundo ataque já havia começado; então, ele lhe disse que estava preparando "uma lista de opções a serem executadas contra o Vietnã do Norte".[15]

A interceptação seguinte da NSA é registrada na mensagem 04/1630Z, onde se fala da apresentação de relatórios do Vietnã do Norte por ter disparado contra aviões [dos Estados Unidos], e de uma queda no mar, como "uma nave inimiga talvez atingida". Uma mensagem ampliada, 04/1644Z, admite que "sacrificamos dois companheiros", acrescentando que haviam disparado contra dois aviões (atiraram contra dois caças do *USS Ticonderoga*, provavelmente F8E Cruzaders). Curiosamente, a ação coincidia em detalhes com os eventos ocorridos em 2 de agosto, quando houve trocas entre os torpedeiros norte-vietnamitas e aeronaves dos Estados Unidos, e quando o *Maddox* foi atingido por vários projéteis de canhão de pequeno calibre, característicos das lanchas torpedeiras norte-vietnamitas. Os relatórios não coincidem cronologicamente com os eventos que supostamente ocorreram em 4 de agosto.

Entre as declarações mais perturbadoras encontradas nos arquivos tornados públicos estão as de McGeorge Bundy, conselheiro de Segurança Nacional do presidente Johnson, que, em uma reunião com o presidente em 5 de agosto de 1964, disse: "No primeiro ataque, as evidências são muito boas, mas no segundo a quantidade de provas que temos hoje são menores do que as que tínhamos ontem. [...] Isso se deveu sobretudo à correlação de partes e peças de informação e à eliminação da dupla contabilidade e dos sinais errôneos que pareciam muito mais seguros. Houve um ataque em que estiveram envolvidos muitos navios. Do contrário, como seriam disparados tantos torpedos? Tudo isso ainda é algo bem incerto, e essa questão pode ser de importância vital, já que Hanói está negando ter realizado o segundo ataque."[16] O que Bundy não disse foi que essa "eliminação da dupla contabilidade" implicava a eliminação a todo o custo de qualquer evidência que mostrasse que o ataque do dia 4 nunca foi realizado. Anos mais tarde, Douglass Cater, um membro do gabinete do vice-presidente Hubert Humphrey, que assistira

---

[15] U.S. Governement, *21st Century Secret Documents — Vietnam and the Gulf of Tonkin Incident, Newly Declassified National Security Agency (NSA) Documents, Signals Intelligence, Histories and Reports*, Progressive Management, 2006.

[16] Gordon M. Goldstein, *Lessons in Disaster: McGeorge Bundy and the Path to War in Vietnam*, Henry Holt, Nova York, 2009.

à reunião na Casa Branca, relatou:[17] "Bundy, brincando, falou que talvez o assunto [o ataque de 4 de agosto] não devesse ser muito explorado e recebeu os recentes eventos como justificativa para uma resolução [a resolução do Golfo de Tonkin] que o governo Johnson vinha buscando há muito tempo."

A Agência de Segurança Nacional continuou a alegar que o segundo ataque ocorreu, mas ela apenas apresentou evidências que os historiadores chamam de "os fantasmas de Tonkin" (imagens falsas de radar) e nenhuma evidência real da presença de torpedeiros norte-vietnamitas na área do incidente.[18] No documentário intitulado *Sob a Névoa da Guerra*, o ex-secretário de Defesa, Robert McNamara, reconheceu que "em 2 de agosto, o *USS Maddox* atacou sem qualquer ordem do Departamento de Defesa, mas o ataque de 4 de agosto no Golfo de Tonkin nunca aconteceu".

O resultado dos dois incidentes, um real e outro falso, foi a concessão de plenos poderes ao presidente Lyndon B. Johnson para "ajudar" qualquer país do Sudeste Asiático que estivesse "em perigo de uma agressão comunista". Em 1995, o ex-secretário pôde se reunir com o ex-ministro da Defesa e ex-general do exército do Vietnã do Norte, o famoso Võ Nguyên Giáp, e lhe perguntou se ele sabia o que realmente havia acontecido no dia 4 de agosto de 1964, ao que Giáp respondeu: "Absolutamente nada. Foi tudo uma invenção. Vocês inventaram tudo isso para nos declarar guerra."

Quase no fim da vida, Robert McNamara disse:

> Nós, membros dos governos Kennedy e Johnson, partícipes diretos nas decisões sobre o Vietnã [...] estávamos equivocados, terrivelmente equivocados. Eu nunca havia visitado a Indochina e não entendia nada de sua história, sua língua, sua cultura, seus valores. Eu era totalmente insensível a tudo isso. [...] Em relação ao Vietnã, estávamos em condições de decidir uma política para uma terra que todos nós desconhecíamos.[19]

---

[17] Douglass Cater, *Power in Washington: A Critical Look at Today's Struggle to Govern in the Nation's Capital*, Random House, Nova York, 1975.

[18] Si Dunn, *Dark Signals: A Navy Radio Operator in the Tonkin Gulf and South China Sea, 1964-1965*, Sagecreek Productions LLC, Austin, 2012.

[19] Robert McNamara, *In Retrospect: The Tragedy and Lessons of Vietnam*, Vintage Books, Nova York, 1996.

INCIDENTE EM TONKIN

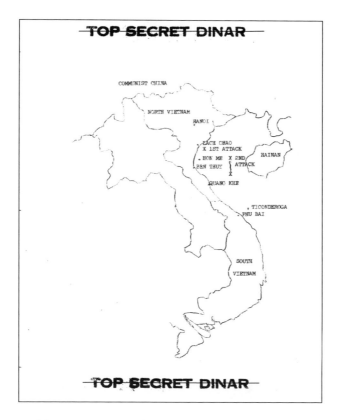

Mapa secreto no qual aparecem marcados os ataques

O incidente de Tonkin forneceu uma justificativa coerente para os Estados Unidos entrarem na guerra "legalmente". Esse episódio de falsa bandeira abriu caminho para a Casa Branca e o Pentágono em um confronto militar que finalmente atingiu seu clímax em março de 1969, quando o presidente Johnson autorizou o envio de 548 mil soldados ao Vietnã do Sul, além das forças de apoio adicionais que estavam estacionadas na Tailândia. No final do conflito, em 27 de janeiro de 1973, depois da assinatura dos acordos de paz de Paris, 58.315 jovens soldados norte-americanos e cerca de 2 milhões de vietnamitas haviam perdido a vida.[20]

---

[20] Ezra Y. Siff, *Why the Senate Slept: The Gulf of Tonkin Resolution and the Beginning of America's Vietnam War*, Praeger Publishers, Nova York, 1999.

AÇÃO MASSADA
(1972)

Em 4 de outubro de 1972, em Paris, uma bomba explodiu na livraria Palestina, pertencente à Organização para a Libertação da Palestina (OLP). O ataque foi reivindicado pelo chamado Movimento de Ação e Defesa Massada, um suposto grupo terrorista de origem sionista que se definia como antimuçulmano e antipalestino.

Alexandre de Marenches, recém-nomeado chefe do Serviço de Documentação Estrangeira e Contraespionagem (SDECE), foi então chamado ao Palácio do Eliseu pelo presidente Georges Pompidou. O líder francês precisava saber se seus homólogos do Mossad haviam decidido investir contra a OLP em Paris. Pompidou, furioso com os israelenses, ordenou que seu ministro das Relações Exteriores, Maurice Schumann, convocasse com urgência o embaixador de Israel na França, Asher Ben-Natan. O diplomata israelense, que já havia ocupado o cargo na Alemanha Ocidental, era uma figura conhecida pelos serviços de inteligência europeus, que sabiam de sua participação na captura do criminoso de guerra Adolf Eichmann na Argentina uma década antes.

Alexandre de Marenches, chefe da SDECE durante a Ação Massada

AÇÃO MASSADA

Asher Ben-Natan, embaixador de Israel na França

Zvi Zamir, diretor do Mossad durante a Ação Massada

Ben-Natan explicou a Schumann que nenhuma ação contra a OLP ou seus interesses havia sido ordenada ou executada em solo francês. Mas o chefe da SDECE precisava de uma explicação direta de seu homólogo nos serviços de inteligência israelenses; então, decidiu convocar Zvi Zamir, o poderoso *memuneh* (diretor) do Mossad. A resposta de Zamir foi a mesma de Ben-Natan: "Nenhuma ação direta contra a OLP ou os interesses palestinos na França foi ordenada pela primeira-ministra Golda Meir ou seus serviços de inteligência, que eu lidero".[1] Mas Marenches não ficou satisfeito com a explicação. Os chefes das divisões do Oriente Médio na SDECE relataram que os israelenses estavam muito incomodados com a OLP pelo ataque de 4 de setembro de 1968, quando três bombas explodiram em Tel Aviv, matando uma pessoa e ferindo 71. O Shin Beth, o serviço de segurança israelense, acusou a Organização para a Libertação da Palestina de estar por trás do ataque e, talvez, a ação contra a livraria Palestina fosse uma vingança.

---

[1] Christine Ockrent e Alexandre de Marenches, *Secretos de Estado. Importantes revelaciones del que fue jefe de los servicios secretos de Francia*, Planeta, Barcelona, 1987.

Finalmente, a França decidiu enviar um protesto formal ao governo de Israel pela bomba contra a livraria Palestina, e "*monsieur* Maurice" (nome falso), chefe do escritório do Mossad em Paris, foi formalmente convidado a deixar o solo francês. Para os serviços secretos ocidentais, como o MI6 britânico e a CIA, a expulsão de Maurice significava cortar as comunicações com uma das melhores fontes sobre os movimentos palestinos na Europa.

O chefe do escritório do Mossad na França falava francês, mas com um leve sotaque do Leste Europeu e, durante seus quatro anos em Paris, conseguiu evitar qualquer indagação sobre sua pessoa, mantendo-se discreto. Agora estava fora do jogo, e, embora Israel afirmasse não ter nada a ver com o ataque à livraria Palestina, os franceses deram isso como certo e pararam de investigar.[2]

Pelos 18 anos seguintes, o Movimento de Ação e Defesa Massada não agiu, até que em 1988 voltou a atacar (por meio de bombas) dois hotéis da rede Sonacotra, em Cannes e Nice, onde residiam vários imigrantes do Norte da África. Um cidadão argelino perdeu a vida no hotel em Nice e outras 16 pessoas sofreram ferimentos de vários tipos. Os serviços secretos franceses (a Direção-Geral de Segurança Estrangeira, DGSE), sob o comando do general François Mermet, e a contraespionagem (a Direção de Segurança Territorial, DST), sob o comando de Bernard Gérard, ainda não estavam acreditando em seus homólogos israelenses, apesar das explicações oficiais. Ovadia Soffer, embaixadora de Israel na França, foi convocada pelo ministro francês das Relações Exteriores, Jean-Bernard Raimond. Isaac Shamir, primeiro-ministro israelense, comunicou-se pessoalmente com o presidente François Mitterrand e com seu primeiro-ministro, Jacques Chirac, e assegurou-lhes que nem Israel nem seus serviços de inteligência haviam tido algo a ver com os ataques perpetrados contra alvos muçulmanos na França.[3]

Em 19 de dezembro de 1988, duas bombas incendiárias de alto poder destrutivo explodiram em dois hostels na cidadezinha de Cagnes-sur-Mer, no departamento dos Alpes Marítimos, a cerca de dez quilômetros de Nice. Os alvos desta vez foram duas pequenas lojas frequentadas por trabalhadores

---

[2] Robert B. Durham, *False Flags, Covert Operations, & Propaganda*, Lulu.com, internet, 2014.

[3] Cathie Lloyd, *Racist Violence and Antiracist Reactions: A View of France*, Palgrave Macmillan, Nova York, 1993.

AÇÃO MASSADA

tunisianos. A primeira explosão feriu 12 imigrantes e, na segunda, o cidadão romeno George Iordachescu perdeu a vida. A polícia francesa encontrou vários folhetos nos quais o grupo sionista Movimento de Ação e Defesa Massada assumia a responsabilidade pelos ataques. Os panfletos foram analisados pelos serviços secretos franceses e exibiam uma grande estrela de Davi colocada sobre a palavra "Massada", contendo uma frase: "Para destruir Israel, o Islã escolheu a espada. Por essa escolha, o Islã perecerá."[4]

No entanto, várias fontes afirmavam que por trás dos ataques não havia nenhum grupo judeu. Até Joseph Haïm Sitruk, grande rabino da França, sugeriu que os ataques não foram perpetrados por judeus, mas por alguém ao mesmo tempo antijudaico e antiárabe que só queria aumentar a tensão entre as duas comunidades. Durante os últimos anos da década de 1980, a hostilidade para com os imigrantes árabes aumentou na França, especialmente no Sul, onde a presença de norte-africanos é maior. Em junho de 1989, o proprietário de um albergue para imigrantes desativou uma bomba colocada na parte inferior de seu veículo e, em outubro do mesmo ano, uma bomba incendiária foi lançada no consulado da Argélia em Nice.

O primeiro-ministro israelense continuava assegurando que Israel não estava por trás dos ataques aos imigrantes do Magreb. Em carta enviada ao jornal *Nice-Matin*, o grupo Massada se autoproclamava o "braço secular armado" do Conselho Nacional dos Judeus Franceses. Eles se chamavam Massada em homenagem à fortaleza de mesmo nome no Mar Morto, onde a primeira guerra judaico-romana ocorreu no ano 66. Um grupo de judeus extremistas chamados "zelotes" se revoltou contra os romanos nessa fortaleza, onde 967 combatentes, liderados por Eleazar Ben-Yair, conseguiram resistir por meses ao ataque de 9 mil soldados romanos sob o comando do general Lúcio Flávio Silva. Quando os romanos conseguiram reconquistar a fortaleza, só encontraram cadáveres. Os zelotes, que se recusaram a se tornar escravos de Roma, suicidaram-se depois de tirar a vida de suas esposas e filhos.[5] Desde então, o nome Massada é para Israel e o povo judeu um sinônimo de resistência.

---

[4] "Immigrant hostel bombed in France", *The New York Times*, 19 de dezembro de 1988.

[5] Yigael Yadim, *Masada. La fortaleza de Herodes y el último bastión de los Zelotes*, Ediciones Destino, Barcelona, 1977.

Serge Lecanu e Claude
Cornilleau na audiência
perante o juiz

Pouco depois dos atentados de Cagnes-sur-Mer, Harlem Désir, presidente da organização SOS Racismo na França, disse que considerava os ataques como "atos de guerra", acrescentando que Massada era uma "máscara que os agressores estão usando. Os perpetradores são provavelmente racistas, antissemitas e antiárabes".

Finalmente, em setembro de 1989, Bernard Gérard, diretor da DST, e o ministro do Interior, Pierre Joxe, anunciaram a prisão de 18 membros do Partido Nacionalista Europeu e Francês (PNFE), um grupo neonazista fundado em 1987 e liderado por Claude Cornilleau. Entre os detidos estava Serge Lecanu, um ex-agente que havia presidido a Federação Profissional Independente da Polícia (FPIP), um sindicato de extrema-direita.

O PNFE foi formado em 1987, quando um grande número de neonazistas foi expulso da Frente Nacional de Jean-Marie Le Pen. O próprio dirigente da organização declarou que os detidos faziam parte de uma "célula ilegal e sem controle" do PNFE e que os dirigentes de sua organização nada tinham a ver com os ataques perpetrados "contra aqueles árabes". Durante o interrogatório, conduzido por agentes da polícia e do serviço secreto, Cornilleau disse que nada sabia sobre o Movimento de Ação e Defesa Massada, nem por que fora criado, nem com que intenção. Ele também negou qualquer envolvimento nos ataques que, por vários meses, em 1988 e 1989, mantiveram os serviços de inteligência da França e de Israel em alerta. Agora se descobria

AÇÃO MASSADA

Maxime Brunerie, ex-membro do PNFE, é preso após atirar no presidente Chirac

que por trás das ações terroristas estava um grupo neonazista que fingia acreditar que os sionistas mais extremistas haviam decidido atacar alvos árabes.[6]

O PNFE voltou às primeiras páginas dos jornais em 10 de maio de 1990, quando vários de seus membros profanaram o cemitério judeu de Carpentras, enchendo túmulos com pichações neonazistas. Três membros do PNFE foram presos alguns meses depois, o que fez com que o grupo se dissolvesse até quase desaparecer. Em 14 de julho de 2002, Maxime Brunerie, um membro proeminente do PNFE e do Movimento Republicano Nacional, tentou matar o presidente Jacques Chirac durante o desfile nos Champs-Elysées em homenagem à Queda da Bastilha. Armado com um rifle calibre .22, Brunerie conseguiu disparar contra a comitiva presidencial antes de ser detido pelos transeuntes. O julgamento contra Brunerie começou em dezembro de 2004,

---

[6] Joseph A. Ruffini, *When Terror Comes to Main Street: A Citizens' Guide to Terror Awareness, Preparedness, and Prevention*, Special Operations Association, Kissimmee, 2008.

e no dia 10 de dezembro de 2004 ele foi condenado a dez anos de prisão pela tentativa de assassinato do presidente da República. Em 3 de agosto de 2009, sete anos depois, foi posto em liberdade.[7]

Devido ao envolvimento de várias figuras relacionadas com as forças políticas, financeiras e de segurança da França, os documentos que fazem referência à chamada "Ação Massada" permanecem secretos e estão sujeitos à Lei de Segurança Nacional da França.

---

[7] "Chirac escapes lone gunman's bullet", *Associated Press*, 15 de julho de 2002.

UMA MISSÃO PARA O GT.3.3.2
(1977)

No dia 24 de março de 1976, na Argentina, tinha início o Plano de Organização Nacional, após o golpe de Estado liderado pelos militares contra o poder civil representado pela presidente María Estela Martínez de Perón. Em seguida, uma Junta Militar formada por um triunvirato (os comandantes-chefes do Exército, da Marinha e da Força Aérea) tomou o poder, dando início a uma das ditaduras mais sanguinárias da América Latina. Em 25 de março, o jornal *La Nación* publicava o anúncio oficial da implementação da pena de

Massera, Videla e Agosti, a primeira Junta Militar

LA NACION — Jueves 25, marzo 1976   **Pág. 3**

Pena de muerte

(Continuación de la página 1; columna 6)

y Subzona de Defensa o sus equivalentes de la Armada y de la Fuerza Aérea determinarán el Consejo de Guerra que deba intervenir.

"Art. 10° — La presente ley será aplicable a toda persona mayor de dieciséis años de edad.

"Art. 11° — La pena de muerte se aplicará de conformidad con las disposiciones del Código de Justicia Militar y de su Reglamentación.

"Art. 12° — La presente ley regirá en todo el territorio del país a partir de las trece horas del día 24 de marzo del corriente año.

"Art. 13° — Difúndase la presente ley por los medios orales, escritos y televisivos, comuníquese, dése a la Dirección Nacional del Registro Oficial y archívese."

Firmado: Videla, Massera, Agosti.

A pena de morte está estabelecida. *La Nación*, 25 de março de 1976

morte. O período compreendido entre o golpe e 10 de dezembro de 1983, data em que o poder civil voltou ao poder, ficou conhecido na Argentina como "o Processo".

Torturas, desaparecimentos, estupros e sequestros de recém-nascidos foram a tendência geral daqueles sete anos de regime militar. Um dos militares mais proeminentes da Junta foi o capitão de fragata Alfredo Astiz, conhecido como "O anjo loiro" ou "O anjo da morte".

Nascido em 1951, no seio de uma família rica, Astiz alistou-se na Marinha, seguindo uma tradição familiar, já que seu pai era vice-almirante. Após o golpe, foi colocado na Escola de Mecânica da Marinha (ESMA), um dos principais

UMA MISSÃO PARA O GT.3.3.2

Alfredo Astiz, chefe do Grupo de Trabalho 3.3.2

Almirante Emilio Massera, principal responsável pelos estupros de detentas

centros clandestinos de detenção e tortura, sob as ordens diretas do capitão Jorge Eduardo Acosta, que na época estava criando o chamado "Grupo de Trabalho 3.3.2" (GT.3.3.2), composto de oficiais e sargentos do Serviço de Inteligência Naval (SIN).[1]

A principal missão do grupo era a realização de sequestros, detenções ilegais e pilhagem das propriedades dos sequestrados, que eram transferidos para a ESMA para serem interrogados, torturados e, por fim, "desaparecidos". O jovem oficial da Marinha começou a subir rapidamente na hierarquia do grupo e assumiu a direção, junto com seu chefe, Jorge Acosta, do programa de "violência sexual" contra as detentas. Astiz e outros oficiais realizavam os *castings* entre as presas, e as de melhor aparência eram separadas e encaminhadas para a "Seção do Ministaff", uma espécie de serviço de escravas sexuais que podiam ser utilizadas pelos membros da ESMA a qualquer momento. Anos depois, Alfredo Astiz explicou que as violações faziam parte da política de "anulação" das detentas e que ele "só recebia ordens. O almirante Emilio Massera [membro do triunvirato da Junta Militar] ordenou a todos os seus oficiais que cometessem estupros de presas como parte da política de redução de detentas, física e mentalmente".[2]

---

[1] Uki Goñi, *El infiltrado: La verdadera historia de Alfredo Astiz*, Editorial Sudamericana, Buenos Aires, 1996.
[2] Miriam Lewin e Olga Wornat, *Putas y guerrilleras, crímenes sexuales en los centros clandestinos de detención*, Planeta, Buenos Aires, 2014.

Embaixador Hidalgo Solá, sequestrado e "desaparecido" pelo GT.3.3.2

O GT.3.3.2 tornou-se tristemente famoso pela eficácia em suas operações clandestinas. Em apenas sete anos, "sequestrou quase 5 mil pessoas, das quais apenas 250 sobreviveram. As demais foram drogadas com pentotal, colocadas em aviões militares especiais e lançadas com vida no Oceano Atlântico. "Primeiro vamos matar os revolucionários, depois seus parentes e, por fim, os indiferentes", disse o general Ramón Camps, chefe da polícia na Grande Buenos Aires durante o regime militar.[3] No início, os sequestros eram de líderes sindicais e estudantis de esquerda, ativistas de direitos humanos e membros de partidos políticos de esquerda, mas depois passaram a sequestrar familiares e amigos desses e, finalmente, qualquer pessoa suspeita de ter feito algum comentário negativo sobre a Junta ou suas forças de segurança.[4]

O primeiro erro cometido pelo GT.3.3.2 foi o sequestro e posterior assassinato do diplomata e embaixador da Argentina na Venezuela, Héctor Hidalgo Solá. Pertencente à União Cívica Radical, Solá havia sido nomeado embaixador em Caracas pelo então ministro das Relações Exteriores da Junta Militar, Carlos Washington Pastor. Em 18 de julho de 1977, depois de uma reunião na própria sede do Ministério das Relações Exteriores, ele deixou o prédio para se dirigir ao estacionamento onde estava seu veículo. Então apareceu um Ford Falcon verde, do qual saíram três agentes do Grupo de Tarefas 3.3.2. Depois de encapuzá-lo em plena rua, foi empurrado para dentro do carro e transferido

---

[3] No final de 1983, a revista *Tiempo* entrevistou Camps, e o general defendeu a tortura como o caminho mais curto para obter dados, confessou ter simpatia por Hitler, admitiu ter sequestrado "crianças desaparecidas", eliminado "jornalistas irritantes" e ter feito desaparecer quase 5 mil "subversivos" e, de todas essas coisas, "estou orgulhoso", disse ele.

[4] Daniel Pierrejean, *Chronique d'une Dictature*, Editions Editeur-Independant, Paris, 2007.

UMA MISSÃO PARA O GT.3.3.2

para os porões da ESMA.[5] A notícia do sequestro chegou ao gabinete do ministro Washington Pastor, que decidiu fazer as perguntas cabíveis e exigir a libertação do embaixador. A resposta dada foi de que Solá havia tido contato com a guerrilha durante sua estada na Venezuela e que provavelmente tinha sido sequestrado pelo grupo guerrilheiro Montoneros. Isso, claro, não era verdade.

O segundo sequestro de um diplomata foi o de Elena Holmberg. Filha de uma família conservadora de direita, de diplomatas e militares, Holmberg era uma fervorosa antiperonista e se opunha a qualquer manifestação de esquerda.

Elena Holmberg

Destinada à embaixada argentina em Paris como segunda no comando, em várias ocasiões teve sérios atritos com os membros do Centro Piloto de Informação (CPI), a cargo dos oficiais do Serviço de Inteligência Naval a quem Holmberg criticava por agir contra exilados argentinos na capital francesa. "Ando tendo problemas com os marinheiros do Ministério", disse Elena Holmberg ao irmão poucos dias antes de viajar a Buenos Aires, onde deveria dar explicações ao ministro das Relações Exteriores. Assim que pisou em solo argentino, dois veículos Ford Falcon com integrantes do GT.3.3.2 pararam o táxi em que ela estava, encapuzaram-na e ela foi transferida para as instalações da ESMA. Em um dos carros estava o próprio Alfredo Astiz. Anos depois, soube-se, graças ao depoimento do irmão de Elena Holmberg, que a diplomata havia planejado se encontrar secretamente com um grupo de correspondentes franceses em Buenos Aires para denunciar as operações clandestinas do CPI e dar-lhes uma fotografia do almirante Massera com o líder montonero Mario Firmenich, o que demonstraria as estreitas relações

---

[5] Miguel Briante, *El embajador de la nada. Desde este mundo*, Sudamericana, Buenos Aires, 2005.

entre a Junta Militar e o grupo guerrilheiro.[6] Holmberg foi torturada na ESMA e submetida a choques elétricos durante três meses até finalmente desaparecer. Seu pai, um coronel aposentado, usou sua influência para descobrir o paradeiro da filha, mas a resposta era sempre a mesma: "Não sabemos nada sobre Elena Holmberg. Não está em nosso poder. A Polícia Federal tem indícios de que sua filha poderia ter sido sequestrada por um comando guerrilheiro dos Montoneros".[7]

A organização guerrilheira argentina havia sido fundada por setores de esquerda do peronismo durante a década de 1970 para desestabilizar o próprio governo peronista. Em 6 de setembro de 1975, seus dirigentes máximos decidiram passar à clandestinidade e, dois dias depois, a organização foi declarada "ilegal" pelo governo de María Estela de Perón. Após o golpe de Estado e a implantação do chamado "Plano Nacional de Reorganização", o grupo passou a ser considerado uma "organização terrorista", e todos os integrantes, simpatizantes e familiares entraram na mira dos aparelhos de segurança, incluindo o GT.3.3.2.[8] A organização foi utilizada pelas forças de segurança para operações de falsa bandeira, a fim de desviar a atenção de detenções ilegais que poderiam causar uma imagem ruim dos militares na Argentina e no exterior.

Mas, em dezembro de 1977, o GT.3.3.2 causaria um verdadeiro conflito diplomático entre Buenos Aires e Paris. Entre a quinta-feira, 8 de dezembro, e o sábado, dia 10, o Grupo de Trabalho decidiu realizar uma operação secreta no bairro de San Cristóbal, na capital argentina. Na noite da sexta-feira, 9 de dezembro, membros do GT.3.3.2 invadiram a igreja de Santa Cruz e detiveram um grupo de 11 pessoas, dentre as quais estava a religiosa Alice Domon.[9] Em 9 de março de 1978, o escritório da CIA em Buenos Aires soube dos nomes completos das 13 pessoas que haviam sido presas, incluindo as duas freiras francesas, e os transmitiu para seu quartel-general em Langley. O funcionário norte-americano, em vez de datar o sequestro em 1977, datou-o em 1978.

---

[6] Carlos Manfroni, *Montoneros, soldados de Massera*, Sudamericana, Buenos Aires, 2012.

[7] Andrea Basconi, *Elena Holmberg, la mujer que sabía demasiado*, Sudamericana, Buenos Aires, 2012.

[8] Carlos Manfroni, op. cit.

[9] Eric Frattini, *El libro negro del Vaticano. Las oscuras relaciones entre la CIA y la Santa Sede*, Espasa Libros, Madri, 2016.

UMA MISSÃO PARA O GT.3.3.2

LISTA DO GRUPO DE DESAPARECIDOS ENTRE 8 E 10 DE DEZEMBRO DE 1978

María Ponce de Bianco

Esther Cariaga

Duardo Gabriel Orane

Horacio Aníbal Elbert

Patricia Cristina Oviedo

Raquel Bulit

Ángela Aguada

José Julio Fondabila

Gustavo Niño

Remo Herardo

Azucena de Vincenti

Alice Domon (irmã Alicia)

Renée Duquet (irmã Léonie)

As testemunhas Horacio Domingo Maggio e Lisandro Raúl Cubas, ambos sobreviventes da repressão, declararam anos depois sobre o caso:

O mesmo aconteceu com as religiosas francesas Alice Domon e Léonie Duquet. Tive a oportunidade de falar pessoalmente com a irmã Alice, pois foi levada junto com a irmã Renée para o terceiro andar do Cassino dos Oficiais da ESMA, onde eu era mantido em cativeiro. Isso ocorre por volta de 11 ou 12 de dezembro. É quando ela me conta que foi sequestrada em uma igreja, junto com familiares de desaparecidos. Logo eu soube que havia 13 pessoas; as freiras foram brutalmente espancadas e estavam muito debilitadas, já que para levar a irmã Alice ao banheiro dois guardas tinham de ampará-la. Perguntei se a haviam torturado, e ela respondeu afirmativamente: amarraram-na a uma cama completamente nua e aplicaram a picana elétrica no corpo todo; ela também disse que depois a forçaram a escrever uma carta para a superiora de sua congregação; ela a escreveu em francês, sob tortura constante, e depois eles fotografaram ambas, sentadas ao lado de uma mesa. As fotos foram tiradas no mesmo local onde elas foram torturadas: o porão do Cassino. As irmãs estiveram na ESMA por cerca de dez dias, sendo torturadas e interrogadas. Foram então "transferidas" junto com as 11 restantes. Boatos internos baseados na pressa com que essas pessoas foram retiradas de lá indicavam assassinato.[10]

---

[10] CONADEP, *Informe de la Comisión Nacional sobre la Desaparición de Personas Nunca Más*, Eudeba, Buenos Aires, 2006. Arquivo nº 4.450 (declarações de Horacio Domingo Maggio).

A irmã Léonie Duquet, de nacionalidade francesa, não estava na igreja de Santa Cruz. Mas Astiz queria prendê-la. De maneira que no sábado, 10 de dezembro, sob o comando do GT.3.3.2, o oficial foi à capela de São Paulo, no bairro Ramos Mejías, onde sabiam que poderiam encontrá-la. Astiz a enganou, garantindo-lhe que a irmã Domon havia sofrido um acidente e que estava em estado grave em um hospital militar. Então ele se ofereceu para levá-la até ela. Duquet também foi transferida para a ESMA.

> Cerca de dez ou doze parentes caíram, entre eles a irmã francesa Alice Domon. Posteriormente, a irmã Renée Duquet, da mesma congregação religiosa da irmã Alice, também foi levada para a ESMA. A irmã Renée foi alojada na sala de tortura "Capuchita". As irmãs Alice e Renée foram torturadas de forma selvagem, especialmente a primeira. O comportamento delas foi admirável. Mesmo nos piores momentos de dor, a irmã Alice, que estava na outra sala, a "Capucha", perguntava pelo destino de seus companheiros e, no auge da ironia, em particular pelo "menino loiro", que era ninguém menos que o tenente de fragata Astiz [que se infiltrou no grupo se passando por familiar de uma pessoa desaparecida]. Com uma pistola, obrigou a irmã Alice a escrever uma carta de próprio punho [...]. Para coroar essa paródia, (as irmãs) foram fotografadas no próprio laboratório fotográfico da ESMA, e nas fotos apareciam sentadas em frente a uma mesa com um cartaz do Partido Montonero atrás. As irmãs Alice e Renée foram "transferidas" e, junto com elas, os familiares sequestrados nas mesmas circunstâncias.[11]

Alice Domon nascera em 1937, na cidade francesa de Charquemont. Depois de uma longa estada no Sul da Argentina, decidiu voltar à capital para lecionar no Colégio do Sagrado Coração de Jesus, em um bairro a oeste de Buenos Aires. Renée Duquet trabalhava nas favelas, ensinando crianças a ler e escrever, e em 1971 colaborou com a organização Ligas Agrárias, ajudando pequenos produtores de algodão. Após o golpe de Estado, Duquet resolveu se mudar para a casa de Alice Domon, que havia decidido participar da busca por "desaparecidos" das Ligas Agrárias. Isso a tornou um alvo para o GT.3.3.2 de Astiz.

A nacionalidade francesa de ambas as freiras provocou um alarme internacional, especialmente na França. O presidente Valéry Giscard d'Estaing, o primeiro-ministro Raymond Barre e o chefe dos serviços secretos franceses (SDECE), Alexandre de Marenches, exigiram de seus homólogos argentinos

---

[11] Ibid., processo nº 6.974 (declarações de Lisandro Raúl Cubas).

UMA MISSÃO PARA O GT.3.3.2

Falsa imagem das freiras
capturadas pelos Montoneros

a libertação imediata das duas cidadãs francesas. Mas o estado de saúde das freiras já era gravíssimo; então uma operação de falsa bandeira teve de ser organizada rapidamente para desviar a atenção dos franceses.

O então membro da Junta Militar, o almirante Emilio Massera, informou ao embaixador da França em Buenos Aires, François de la Gorce, que as duas freiras haviam sido sequestradas por integrantes da organização guerrilheira Montoneros. Para dar mais credibilidade à história, a irmã Domon foi forçada sob tortura a escrever uma carta em francês para a superiora de sua congregação, na qual afirmava que ela e a irmã Duquet estavam em poder de um grupo esquerdista de oposição ao governo militar. A carta vinha acompanhada de uma foto das duas freiras sentadas em frente a uma bandeira montonera e com um exemplar do jornal *La Nación*. A fotografia foi tirada nos porões da ESMA.

Na madrugada de sábado, 17, para domingo, 18 de dezembro de 1977, as freiras foram encapuzadas e transferidas para o Aeroparque de Buenos Aires. Lá elas foram colocadas em um avião da Marinha, receberam uma injeção com sedativos e foram lançadas vivas ao mar. Em 20 de dezembro de 1977, oito corpos foram encontrados em uma praia de Buenos Aires, mas acabaram enterrados em uma vala comum com a identificação "NN", no cemitério da cidade de General Lavalle. Então, em 2003, 26 anos após o desaparecimento das freiras, membros da Equipe Argentina de Antropologia Forense (EAAF) estudaram os restos mortais dos oito corpos: cinco eram mulheres, dois eram homens e o oitavo (GL-17) era "provavelmente masculino". Em 29 de agosto de 2005, foi elaborado um relatório informando que os corpos encontrados pertenciam a oito dos presos na sexta-feira, 9 de dezembro de 1977, na igreja de Santa Cruz, e que os restos mortais do "GL-17" eram da irmã Léonie Duquet. Os restos mortais da irmã Alice Domon nunca foram encontrados.

Em 30 de março de 1978, a embaixada dos Estados Unidos na Argentina garantiu ter conhecimento em primeira mão do ocorrido com as duas freiras, destacando a informação sobre o aparecimento, em 20 de dezembro de 1977, daqueles oito cadáveres. O informe, intitulado "Relatórios sobre a morte das freiras" e classificado como "ultrassecreto", foi encaminhado ao secretário de Estado Cyrus Vance.[12]

> 1. A.F.P. de 28 de março, uma história apresentada de Paris, aponta que os corpos das duas freiras francesas (Alicia Domon e Renée Duguet), que foram sequestradas em meados de dezembro com outros 11 ativistas de direitos humanos, foram identificados entre os cadáveres perto de Bahía Blanca.
>
> 2. Buenos Aires encheu-se de tais rumores há mais de um mês, com base em relatos da descoberta de vários cadáveres impelidos por fortes ventos insulares ao longo dos pontos do mar Atlântico mais próximos da foz do rio da Prata, cerca de 500 km ao norte de Bahía Blanca. (Ver Buenos Aires 1919 para um relato detalhado.)
>
> 3. [...] quem tratou de localizar a fonte desses boatos tem informação confidencial de que as freiras foram sequestradas por agentes de segurança argentinos e em algum momento foram transferidas para um presídio localizado na cidade de Junín, que fica a cerca de 250 km a oeste de Buenos Aires.
>
> 4. A embaixada também possui informação confidencial, obtida por meio de uma fonte do governo argentino (protegida), de que sete corpos foram descobertos há algumas semanas na praia atlântica perto de Mar del Plata. Segundo tal fonte, os corpos eram os das duas freiras e de cinco mães desaparecidas entre 8 e 10 de dezembro de 1977. Nossa fonte confirmou que essas pessoas foram originalmente sequestradas por membros das forças de segurança que atuam sob ampla ordem contra terroristas e subversivos. A fonte afirmou ainda que poucas pessoas no governo argentino tinham conhecimento dessa informação.

---

[12] Eric Frattini, op. cit.

UMA MISSÃO PARA O GT.3.3.2

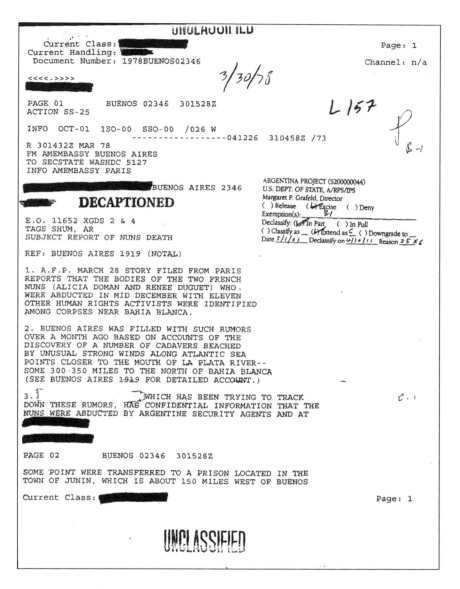

A CIA argentina sabe que os corpos das duas freiras foram descobertos.
Página 1 de 2 (30 de março de 1978)

5. Essa fonte reportou de forma confiável no passado e temos razões para crer que está bem informada sobre os assuntos relativos ao desaparecimento. A embaixada solicita a proteção de sua denúncia para não pôr em risco uma fonte que se mostrou útil na apresentação de informações sobre pessoas desaparecidas.

Em 7 de abril de 1978, a CIA soube com certeza que as duas religiosas haviam sido assassinadas pelo governo militar presidido pelo general Jorge Rafael Videla. O relatório foi redigido pelo Departamento de Estado em Washington e dirigido a Raúl Héctor Castro, embaixador dos Estados Unidos em Buenos Aires, a John A. Bushnell, funcionário do Departamento de Estado, a Ronald Schneider e a Frank McNeil, analistas especialistas em assuntos latino-americanos do Departamento de Estado, e a R.W. Zimmermann, especialista em direitos humanos do Departamento de Estado.[13]

1. O Departamento recebeu com a mais profunda preocupação os relatórios do assassinato de duas freiras e outras cinco mulheres sequestradas em dezembro.

2. O Departamento acredita que devemos agir com rigor agora para tornar o governo argentino ciente de nossa indignação com tais atos. Os argentinos devem entender que, enquanto esses desaparecimentos ocorrerem, nossas relações continuarão sob grande tensão, apesar de continuarmos a respeitar as intenções pessoais expressas por Videla.

3. Consequentemente, o embaixador deve marcar um encontro com o presidente Videla para expressar o choque dos Estados Unidos pela morte das sete mulheres. O embaixador deve explicar ao presidente que tal desdobramento ocorreu em um momento particularmente infeliz. Houvera algumas medidas modestas, mas positivas, por parte do governo da Argentina, e os Estados Unidos haviam respondido a isso com ações positivas. Havíamos passado de nenhum voto sobre os empréstimos IFI às abstenções aos dois últimos empréstimos e aprovamos a venda de alguns equipamentos militares. Nossas ações positivas serão difíceis de manter, no entanto, à luz das mortes das sete mulheres. Para compensar a impressão muito negativa causada pelas sete mortes e pelas supostas mortes das outras "mães", a Argentina teria de avançar de maneira substancialmente visível na área dos direitos humanos.

4. O embaixador deveria continuar apresentando sugestões para que o governo argentino considere as ações a serem tomadas contra as pessoas que cometeram esse crime. Elas devem ser levadas a julgamento e, se alguma autoridade fechou os olhos para esse crime, os envolvidos devem ser punidos. Haverá grande pressão sobre os Estados Unidos por mudanças em nossa política em relação à Argentina se nenhuma medida positiva significativa for tomada. Percebemos o quão difícil será para o governo da Argentina, mas temos de ser capazes de mostrar um progresso convincente ou nossas relações serão prejudicadas, sem dúvida. Nosso governo acredita que o presidente Videla comprometeu o governo da Argentina para libertar, ou tentar libertar, todos os presos políticos, para retornar ao Estado de direito e pôr fim aos desaparecimentos. No entanto, todas essas áreas de interesse continuam. As mortes dessas mulheres ressaltam nossa preocupação.

---

[13] William Michael Schmidli, *The Fate of Freedom Elsewhere: Human Rights and U.S. Cold War Policy toward Argentina*, Cornell University Press, Ithaca, 2013.

UMA MISSÃO PARA O GT.3.3.2

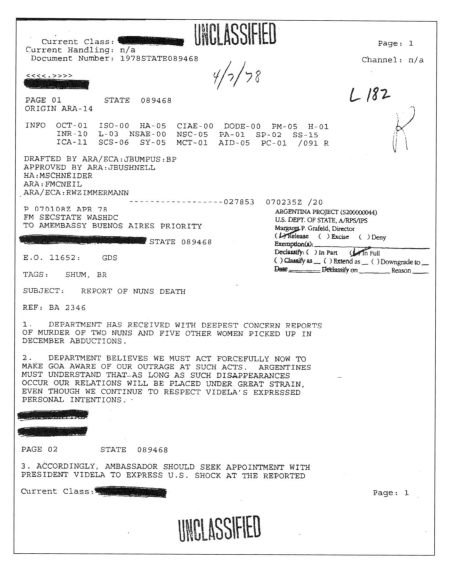

Relatórios sobre o assassinato de duas freiras francesas.
Página 1 de 3 (7 de abril de 1978)

5. FYI [Para sua informação]. O Departamento está ciente de que nossas informações sobre a morte das freiras e outras pessoas baseiam-se em fontes confidenciais e que a embaixada está corretamente preocupada com a proteção dessas fontes. Sua apresentação deverá levar isso em consideração. Não podemos, entretanto, evitar o confronto com os argentinos por esse crime.

Eric Frattini ∾ *MANIPULANDO A HISTÓRIA*

6. O Departamento também está mais ciente dos relatórios sobre a iminente ratificação do Tratado de Tlatelolco, a possível libertação de Jacobo Timerman e a publicação das últimas listas de presos; entendemos que nossa proposta diplomática poderia levar a cabo esses passos positivos do governo argentino, mas acreditamos, no entanto, que devemos falar.

7. Você deve saber que Frank McNeil levantou essa questão com Aja Espil, em 30 de março, com base em elementos-chave. Aja Espil expressou horror diante da possibilidade de tomar medidas contra aqueles que sancionaram esse ultraje. Posteriormente, Aja Espil sugeriu a John Bushnell, provavelmente como resultado das conversas com BA, que o relatório poderia ser falso.

Após o fim da ditadura militar (1983) e a chegada de Raúl Alfonsín à Presidência da República, começaram os julgamentos contra os repressores, incluindo os comandantes da ESMA e os agentes do Grupo de Trabalho 3.3.2. O governo de Alfonsín, fortemente pressionado pela ala militar, promulgou, em 1986 e 1987, as chamadas leis de "ponto final" e "devida obediência", encerrando, assim, os julgamentos por "crimes contra a humanidade".

Na França, o capitão Alfredo Astiz foi condenado "à revelia" à prisão perpétua pelo Tribunal de Apelação de Paris (1990), como responsável pelo sequestro, tortura, morte e desaparecimento das cidadãs francesas Duquet e Alice Domon.[14] Em 2003, após várias iniciativas do presidente Néstor Kirchner, as leis de "ponto final" e "devida obediência" foram revogadas pelo Congresso e os julgamentos contra os torturadores foram reabertos. A Justiça começou a declarar inconstitucionais os indultos por crimes contra a humanidade cometidos durante a ditadura. Em 2006, 959 casos criminais foram reabertos, nos quais 211 réus foram levados ao banco do tribunal.

Em todo o país, operaram até seis Grupos de Trabalho: o GT.1, subordinado ao Exército e baseado no batalhão de Inteligência 601; o GT.2, também subordinado ao Exército; o GT.3, subordinado ao Serviço de Inteligência Naval (SIN) da Marinha; o GT.3.3.2, subordinado ao Serviço de Inteligência Naval e, depois, ao comandante-chefe da Marinha, o almirante Massera; o GT.4, subordinado ao Serviço de Inteligência Aérea (SIA) da Força Aérea; e o GT.5, subordinado ao SIDE, o Serviço de Inteligência do Estado. O *modus operandi* foi revelado por um policial de Buenos Aires perante a Comissão

---

[14] Patrice McSherry, *Incomplete Transition: Military Power and Democracy in Argentina*, Palgrave Macmillan, Nova York, 1997.

UMA MISSÃO PARA O GT.3.3.2

Nacional sobre o Desaparecimento de Pessoas (Conadep), popularmente conhecida como "Comissão Nunca Mais".[15]

> Quando um "objetivo" ou "alvo" [elemento subversivo] ou suspeito de tal era preso, ele era levado a um local de interrogatório e recebia uma "máquina" [tortura por choque elétrico], extraindo-se dele informações de outros suspeitos, que eram então detidos, até se ter todo um mosaico ou uma cadeia de pessoas. Em alguns casos, essa corrente era cortada quando algum detido "permanecia" [morria] sob tortura. Só então, com um grupo de pessoas investigadas ou uma determinada quantidade de informação, levava-se à Superioridade, tanto ao quartel-general da polícia como ao quartel-general da área militar. Tais informações eram criptografadas e iniciadas no próprio Grupo de Trabalho. Nas delegacias, fazia-se um "boletim reservado", onde se apurava a veracidade do procedimento, e uma Ata 20840, onde se dispunham os dados que serviam para a cobertura da "legalidade", como, por exemplo, nos casos de presos aos quais se "cortava" [matava], fazendo parecer que haviam morrido em um confronto.[16]

Em maio de 2006, Alfredo Astiz foi processado na Argentina, com prisão preventiva, pelo desaparecimento do grupo da igreja de Santa Cruz (incluindo as duas freiras francesas) e outros seis casos de sequestro e tortura. No dia 26 de outubro de 2011, no primeiro julgamento pelos crimes cometidos na ESMA, o Tribunal Oral Federal nº 5 julgou 18 militares processados, entre os quais Alfredo Astiz, que foi condenado à prisão perpétua e à inabilitação absoluta e perpétua.

Antes de ser preso, Alfredo Astiz, sequestrador e assassino das duas freiras francesas, deu uma entrevista à jornalista Gabriela Cerruti, da Argentina. "Digo que a Marinha me ensinou a destruir. Não me ensinaram a construir, me ensinaram a destruir. Sei plantar minas e bombas, me infiltrar, desarmar uma organização, matar. Tudo isso eu sei fazer bem. Sempre digo: eu sou violento, mas tive um único ato de lucidez na minha vida, que foi me alistar na Marinha", declarou. E continua: "Em 1982, eu disse a um amigo que me perguntou se havia desaparecidos. É claro, respondi, existem uns 6.500.

---

[15] A comissão foi criada pelo presidente Raúl Alfonsín, em 15 de dezembro de 1983. O objetivo era esclarecer os acontecimentos ocorridos no país durante a ditadura militar, de 24 de março de 1976 a 10 de dezembro de 1983. (N.A.)

[16] CONADEP, op. cit. Arquivo nº 7.316 (declarações de um funcionário da Polícia da Província de Buenos Aires).

Jorge Eduardo Acosta, chefe de Astiz

Não mais de 10 mil, com certeza absoluta. Assim como eu digo que são loucos aqueles que falam que eram 30 mil, e que também estão delirando aqueles que dizem que estão morando no México. Eles limparam [mataram] todos; não havia outro remédio."[17] Hoje (2022), aos 71 anos e ainda detido em uma prisão argentina, ele luta contra um câncer de pâncreas.

O chefe direto de Astiz na ESMA e no GT.3.3.2, Jorge Eduardo Acosta, codinome *El Tigre*, foi condenado em 26 de outubro de 2011 à prisão perpétua por crimes contra a humanidade e, em 5 de julho de 2012, a mais 30 anos de prisão pelo roubo sistemático de recém-nascidos de presas políticas.

O corpo do diplomata Héctor Solá nunca foi encontrado. O cadáver da diplomata Elena Holmberg foi achado decomposto no rio Luján, em 11 de janeiro de 1979, em Tigre, na província de Buenos Aires. Acredita-se que foi o próprio almirante Emilio Massera, integrante da Junta Militar, que ordenou o sequestro e o posterior assassinato da diplomata.

---

[17] Gabriela Cerruti, "Un asesino entre nosotros", *Revista Trespuntos*, 14 de janeiro de 1998.

ALVO: ALDO MORO
(1978)

Em 16 de março de 1978, às nove horas da manhã, um comando das Brigadas Vermelhas sequestrava, no cruzamento das ruas Mario Fani e Stresa, o líder da Democracia Cristã, Aldo Moro, quando se dirigia à Câmara dos Deputados, em Roma, para votar a moção de confiança de um novo governo. No local dos acontecimentos foram encontrados os corpos dos cinco integrantes de sua escolta, Raffaele Iozzino, Oreste Leonardi, Domenico Ricci, Giulio Rivera e Francesco Zizzi. O corpo de Aldo Moro apareceu 55 dias depois, na manhã de 9 de maio, no Centro da capital italiana, no porta-malas de um Renault 4, enrolado num cobertor marrom e vestido com um terno azul e um sobretudo cinza. Havia vestígios de areia da praia nas roupas, e o cadáver apresentava tiros no peito cobertos pela camisa e vários lenços ensanguentados. O veículo foi abandonado na rua Michelangelo Caetani, na altura do número 9, a 150 metros da sede do Partido Comunista e a 200 metros da sede da Democracia Cristã, na Piazza del Gesù.

A notícia imediatamente foi parar nos meios de comunicação. O local foi isolado em um raio de 100 metros pela polícia, que não permitiu a aproximação da mídia. A notícia oficial da morte do político foi ao ar às 13h30 daquele fatídico 9 de maio.[1]

O novo presidente dos Estados Unidos, Jimmy Carter, condenou veementemente o assassinato e declarou que a morte de Moro "só serve à causa de uma anarquia sem sentido". Além disto, ele descreveu o assassinato como

---

[1] Leonardo Sciascia, *The Moro Affair*, New York Review Books Classics, Nova York, 2004.

Foto célebre tirada por Gianni Giansanti do corpo de Aldo Moro
na rua Michelangelo Caetani

um "ato execrável e covarde" e expressou as condolências do presidente dos Estados Unidos e seu povo à família do político e ao povo italiano.

Quase quatro décadas se passaram desde então, mas as incógnitas que cercaram o caso Moro desde o início permanecem sem solução, apesar do trabalho da Justiça e da proliferação de livros sobre o assunto. O sequestro e assassinato de Aldo Moro foi, para os italianos, o mesmo que a morte de John F. Kennedy para os americanos, sobretudo pelas lacunas na versão oficial e pelo enorme impacto político e social que o evento teve na opinião pública. No momento de sua morte, Moro era o principal defensor do "compromisso histórico", ou seja, do estabelecimento de uma colaboração entre as duas principais forças políticas do país, a Democracia Cristã (DC) e o Partido Comunista Italiano (PCI), o que o tornava um político bastante incômodo para muita gente, sobretudo para a ala direitista de seu próprio partido, bem como para a CIA e a Casa Branca de Gerald Ford.[2]

---

[2] Andrea Ambrogetti, *Aldo Moro e gli americani*, Edizioni Studium, Roma, 2016.

ALVO: ALDO MORO

Seis semanas após o sequestro, exatamente no dia 27 de abril de 1978, o escritório da CIA em Roma, chefiado por Hugh Montgomery, havia redigido um relatório urgente de quatro páginas divididas em 18 pontos:[3]

> [...]
> 2. Seis semanas após o sequestro, um ar de incerteza e desconfiança domina a vida política italiana. Isso se deve em parte à ausência de Moro e ao fato de ninguém estar preparado para desempenhar seu papel estabilizador na política interna da Democracia Cristã e nas relações do partido com os comunistas. Também reflete a frustração generalizada com a incapacidade do governo de encontrar Moro.
> 3. Moro foi sequestrado assim que os democratas-cristãos e os comunistas completaram dois meses de delicadas negociações sobre uma nova fórmula de governo. Embora as negociações tenham produzido um acordo garantindo o apoio comunista ao governo democrata-cristão de Andreotti, baseado em uma minoria parlamentar, muitos detalhes controversos sobre as relações entre os dois partidos ainda não haviam sido esclarecidos.
> 4. A preocupação com o crime impediu que todos abordassem essas questões pendentes de forma sistemática. Quando os políticos se ocupam com tais questões, eles têm de lidar com duas tendências emergentes, tendências que, em oposição uma à outra, contribuem para uma atmosfera política confusa. Por um lado, a urgência da situação pressiona os democratas-cristãos e os comunistas a uma cooperação mais estreita. Por outro lado, aumenta a desconfiança e as tensões entre os dois partidos.

Mas quatro décadas não são suficientes para sepultar a história e, na Itália, menos ainda. Por mais que o "caso Moro" seja uma questão judicialmente encerrada, muitos italianos ainda se perguntam por que, durante os 55 dias que durou o sequestro, a Democracia Cristã não foi capaz de levar a sério a ameaça que pesava sobre a vida de Moro. Alguns, como, por exemplo, o escritor e ex-senador comunista Sergio Flamigni, têm sua própria teoria. Para Flamigni, o "caso Moro" não pode ser entendido sem a concorrência de estratégias ocultas, serviços de espionagem e lojas maçônicas: "Muitos queriam que Moro desaparecesse da linha de frente política, e nada como organizar um sequestro em nome das Brigadas Vermelhas", declarou o ex-senador. Ele estava se referindo a uma operação de falsa bandeira?

---

[3] Eric Frattini, *Italia, sorvegliata speciale: I servizi segreti americani e l'Italia (1943-2013): una relazione difficile raccontata attraverso centocinquanta documenti inediti*, Ponte alle Grazie, Roma, 2013.

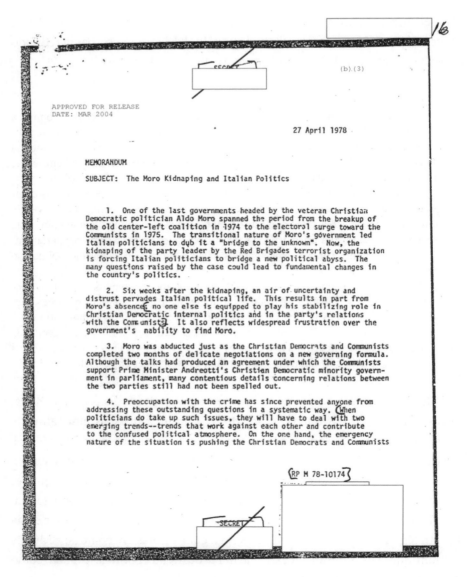

Sequestro de Aldo Moro e de políticos italianos. Página 1 de 4

No livro *Convergenze parallele*, Flamigni escreveu o seguinte: "Tenho certeza de que os mistérios do caso podem ser decifrados mais nos palácios do que nas Brigadas Vermelhas", e afirmou ter identificado, com nome e sobrenome, um agente dos serviços de espionagem que figurou nas fileiras das

ALVO: ALDO MORO

Brigadas Vermelhas entre os anos 1974 e 1976. Todos esses dados, somados aos obtidos pelo ex-senador sobre a falsa comunicação com que as Brigadas Vermelhas anunciaram o assassinato de Moro, permitem que Flamigni avance em sua hipótese do complô.[4]

Existem outros dois livros, escritos por dois ex-brigadistas, que, claro, não compartilham a tese do ex-senador comunista, embora apoiem a versão que atribui o fim trágico de Moro ao desinteresse da Democracia Cristã. Anna Laura Braghetti, condenada à prisão perpétua em 1980 por participação no sequestro de Moro, contou em *Il Prigionero* os detalhes do "encarceramento" do político. A ex-brigadista, que está em liberdade condicional desde 2002, ofereceu alguns detalhes até então desconhecidos do sequestro, como, por exemplo, o que o político carregava na pasta no dia do sequestro.[5] Sua companheira de militância, Barbara Balzerani, condenada a três penas de prisão perpétua em 1985 — mesmo tendo recebido a liberdade em 2011 —, narra em *Compañera luna* sua angústia pelo desfecho inevitável e trágico do sequestro por causa da falta de resposta da Democracia Cristã.[6]

Mas quem realmente era Aldo Moro? Ele não era um homem particularmente simpático, tampouco tinha excessiva determinação na hora de agir. Costumava se vestir de preto e caminhava ligeiramente encurvado. Era um devoto fervoroso, porém um estadista laico. Sua oratória era monótona, e ele usava uma linguagem hermética. Mesmo assim, tinha um indubitável atrativo para as massas e, apesar de ter sido anticomunista durante toda a vida, foi o inspirador da abertura para a esquerda. Muitos o definem como "um homem prudente de Estado, capaz de grandes audácias". Um de seus biógrafos, Aniello Coppola, disse dele que era como "um cardeal da Renascença", que, por pura fruição intelectual, lia os clássicos em latim e que, para se fazer entender pelo povo, também sabia se comunicar na gíria de rua. E acrescentou: "A classe dominante italiana não seria a mais estúpida da Europa se tivesse sabido reconhecer um de seus melhores filhos nesse conservador esclarecido."[7]

---

[4] Sergio Flamigni, *Convergenze parallele: le Brigate rosse, i Servizi segreti e il delitto Moro*, Kaos Edizioni, Milão, 1998.

[5] Anna Laura Braghetti, *Il Prigioniero*, Feltrinelli Traveller, Milão, 2003.

[6] Barbara Balzerani, *Compañera luna*, Txalaparta, Navarra, 1990.

[7] Aniello Coppola, *Moro*, Feltrinelli, Milão, 1976.

Eric Frattini ∽ *MANIPULANDO A HISTÓRIA*

O documento da CIA de abril de 1978 mostra o político sequestrado como um homem do diálogo, moderado e estabilizador.

5. Andreotti consultou estreitamente os comunistas a respeito da investigação. O chefe comunista Berlinguer e outros líderes do partido, incluindo o membro responsável pelos assuntos de segurança, estão em contato com os dirigentes da Democracia Cristã a respeito do sequestro. Além disso, alguns membros do Gabinete, embora provavelmente não Pandolfi, planejam consultar diretamente seus colegas no Partido Comunista antes de tomar iniciativas mais importantes.

6. Ao mesmo tempo, as relações entre as duas partes são marcadas por tensões crescentes. Os comunistas, por exemplo, criticaram publicamente a falta de progresso nas investigações por parte do governo e [...] pediram sem rodeios ao ministro do Interior, Cossiga, que agisse com mais vigor contra o terrorismo.

7. Ao mesmo tempo, os democratas-cristãos planejam acusar o Partido Comunista durante as próximas eleições locais por seu antagonismo à polícia em anos anteriores como um antecedente direto da atual violência política. Isso pode tocar num ponto sensível do Partido Comunista, que admite publicamente uma anterior simpatia pela violência da esquerda, embora afirme que o terrorismo tem suas raízes no fato de o governo ter ignorado durante muito tempo os problemas fundamentais da vida social e econômica do país.

8. A tensão reflete a ausência de Moro como estabilizador em seu partido e nas relações com os comunistas. A sensibilidade de Moro nas relações entre democratas e comunistas foi uma de suas maiores contribuições para a política italiana.

Moro nasceu em 23 de setembro de 1916, em Maglie, província de Taranto, no salto da bota italiana. Seu pai era um inspetor didático do Ministério da Instrução Pública, e sua mãe, professora. O futuro líder democrata-cristão se formou na cidade de Bari e chegou a ser presidente da Federação dos Estudantes Universitários Católicos (cujo conselheiro naquela época era o monsenhor Giovanni Montini, o futuro papa Paulo VI) e diretor da revista *Studium*, que atuou como porta-voz das principais correntes culturais italianas.

A carreira política foi bem precoce: aos 29 anos já era deputado federal; aos 30, subsecretário das Relações Exteriores; aos 32, presidente do grupo democrata-cristão na Câmara dos Deputados; aos 39, ministro da Justiça e secretário-geral do Partido Democrata Cristão; e aos 47, presidente do Conselho de Ministérios. Tinha 62 anos quando foi assassinado.

Mas, na realidade, Aldo Moro adquiriu relevância política quase por acaso. Em 1959, Amintore Fanfani foi destituído da chefia do governo e do

Aldo Moro em poder das Brigadas Vermelhas

partido em nome dos jovens quadros da Democracia Cristã, que não queriam um sucessor brilhante, e sim um homem mediano. Por isso escolheram Aldo Moro. Mas eles estavam errados. Como dissera Palmiro Togliatti, o dirigente comunista, alguns anos antes: "Moro será muito importante na vida dos italianos nos próximos anos. Ele é um dos professores que eu queria ter no meu partido."[8]

É assim que o documento da CIA de 1978 continua:

> 9. Cada vez mais, porém, os políticos italianos dizem que as cartas humilhantes que Moro escreveu do cárcere o destruíram politicamente, quer sobreviva fisicamente ou não. Essa conclusão parece prematura, apesar de estimular rivalidades e manobras crescentes entre os democratas-cristãos ansiosos por suceder Moro na liderança do partido e assumir seu papel como candidato na eleição de presidente

---

[8] Robert Katz, *Days of Wrath: The Ordeal of Aldo Moro, the Kidnapping, the Execution, the Aftermath*, Doubleday, Nova York, 1980.

da República em dezembro. Parece então estimular da mesma forma as atividades do núcleo da Democracia Cristã, o qual quer que o partido siga uma política de confronto com os comunistas e que fora marginalizado por Moro nos últimos dias da crise governamental.

10. Desde o dia do sequestro, os democratas-cristãos não falaram oficialmente sobre as relações com os comunistas, exceto sua recusa em ir além do nível de cooperação demonstrado pelos acordos que estão na base do governo de Andreotti. Contudo, os democratas-cristãos estão considerando uma série de opções a esse respeito, dependendo do eventual desenrolar do caso Moro. Se a situação piorar e se houver um aumento da violência, medidas de segurança rígidas serão tomadas, e os democratas-cristãos precisarão do apoio comunista para colocá-las em prática.

11. Além disso, os democratas-cristãos não têm uma alternativa realista, a não ser a colaboração com os comunistas, um fato destacado pelo recente Congresso do Partido Socialista. Os socialistas, o único partido que poderia dar aos democratas-cristãos uma maioria não comunista, deixaram claro que um retorno a uma aliança desse tipo em curto prazo é improvável.

A verdade é que, assim como aconteceu com o assassinato do presidente John F. Kennedy, após a morte de Aldo Moro começaram a aparecer teorias da conspiração dos mais diversos tipos, e muitos ousaram especular sobre quem estava por trás do sequestro e assassinato do líder democrata-cristão.

O brigadista Mario Moretti, chefe da coluna romana das Brigadas Vermelhas, acusou os democratas-cristãos de serem os responsáveis pela morte de Moro, por não estarem de fato determinados a negociar sua libertação. Ele também acusou o próprio papa Paulo VI de não querer aceitar qualquer tipo de mediação com o grupo terrorista, como fez mais tarde com o magistrado Giovanni D'Urso, sequestrado em 12 de dezembro de 1980 e libertado 34 dias depois. O terrorista Moretti também culpou o Partido Comunista italiano pelo impasse e o desinteresse que contribuíram para que a Democracia Cristã não aceitasse qualquer tipo de negociação para salvar a vida de Aldo Moro.[9]

O próprio Giulio Andreotti, então presidente do Conselho de Ministros na época, também foi acusado de ter ficado de braços cruzados. Durante uma entrevista, o político justificou sua decisão de não negociar com as Brigadas Vermelhas com as seguintes palavras: "Não podíamos dar a impressão de que, para salvar um dos nossos, nos desinteressávamos pelas dezenas de homicídios de juízes, policiais e jornalistas. Hoje somos confrontados com engodos

---

[9] Marco Clementi, *La "Pazzia" di Aldo Moro*, BUR Edizioni, Milão, 2013.

ALVO: ALDO MORO

históricos." Andreotti afirmou ainda que "ninguém falava mal de seus assassinos, como se fossem uns bons rapazes que tinham cometido um equívoco, enquanto os bandidos éramos nós, já que não havíamos dado a seus assassinos a oportunidade de libertá-lo".

Em fevereiro de 1979, o semanário *L'Espresso* apontou dois membros do Parlamento italiano, uma pessoa ligada ao Vaticano e os Carabinieri como responsáveis pela organização do sequestro e assassinato de Aldo Moro. Isso desencadeou uma tempestade política, especialmente depois que o juiz responsável pelo "caso Moro" afirmou aos meios de comunicação que "pelo menos uma parte do que a revista escreveu corresponde à verdade". Operação de falsa bandeira?, questionava o semanário.[10]

De acordo com a reportagem, havia altas e importantes figuras políticas e do governo italiano por trás das Brigadas Vermelhas. Assim, os sequestradores de Aldo Moro não eram brigadistas, e sim membros da polícia italiana que chegaram a matar os seguranças do líder democrata-cristão para evitar serem reconhecidos por seus companheiros.[11]

Outra revelação que causou um verdadeiro terremoto político foi a que chegou de Moscou, quando a agência de notícias soviética TASS acusou diretamente os Estados Unidos e a CIA de serem responsáveis pelo assassinato de Moro. O jornal *L'Unità* enfatizou que "até agora, as fontes oficiais soviéticas nunca haviam lançado uma acusação tão precisa e séria contra Washington". A própria Democracia Cristã ficou muito irritada ao saber que o jornal soviético *Sovietskaya Rossya* havia citado, para apoiar sua versão, nada menos que a revista *La Discussione*, o semanário ideológico democrata-cristão. Segundo o jornal soviético, na primavera de 1978 a revista italiana havia afirmado que "não seria difícil que se escondessem, atrás das Brigadas Vermelhas, os meios, a capacidade e os objetivos dos serviços secretos de algum país estrangeiro". Obviamente, a revista democrata-cristã não pensava nos Estados Unidos nem na CIA quando escreveu essas palavras.[12]

A reação do secretário democrata-cristão, Flaminio Piccoli, foi contundente: "A acusação da agência TASS é claramente inspirada por uma resposta

---

[10] Eric Frattini, op. cit.

[11] Ferdinando Imposimato e Sandro Provvisionato, *Doveva morire: Chi ha ucciso Aldo Moro. Il giudice dell'inchiesta racconta*, Chiarelettere, Milão, 2008.

[12] Gennaro Chiappinelli, *Sogno rosso*, Bibliotheka Edizioni, Roma, 2014.

cínica e, portanto, é desqualificada por seu caráter infundado. É hora de passar do terreno das suposições e intuições para os fatos comprovados." Seja como for, a sombra de dúvida que paira sobre o envolvimento da CIA (então chefiada por Stansfield Turner), do Conselho de Segurança Nacional (chefiado por Zbigniew Brzezinski) e do próprio escritório da agência em Roma (chefiado por Hugh Montgomery) já fora semeada.[13]

Hugh Montgomery, um veterano do OSS (Escritório de Serviços Estratégicos) formado em Harvard e nascido em Springfield (Massachusetts) em 29 de novembro de 1923, era então chefe da CIA em Roma, cargo que ocupara entre 1969 e 1971. Em 1981, foi nomeado pelo presidente Reagan como diretor do Escritório de Inteligência e Investigação do Departamento de Estado, e, em dezembro de 1991, o diretor da Agência, Robert Gates, o nomeou assistente especial para as relações com as agências de inteligência externas.

Mas, voltando aos meses do sequestro e assassinato de Moro, a embaixada dos Estados Unidos em Roma teve de refutar as informações com uma linguagem incisiva, diante das versões da participação norte-americana nos eventos. O adido de imprensa da delegação afirmou que se tratava de "insinuações tão falsas quanto desprezíveis". Mas o esclarecimento da embaixada foi relegado às páginas internas dos jornais, enquanto as grandes manchetes foram reservadas para novas evidências que apoiavam essa teoria. As insinuações falavam que, nos círculos dirigentes da Democracia Cristã, tomava corpo a ideia de que Moro fora vítima de um complô organizado com a intervenção de influentes círculos econômicos e militares dos Estados Unidos.[14]

As supostas provas já estavam se acumulando na imprensa italiana. Um organismo de esquerda recorda que, duas semanas antes do sequestro, o embaixador dos Estados Unidos em Roma, Richard Gardner, ministrou uma conferência em seu país, na Universidade de Colúmbia, onde assegurou: "Aldo Moro é a figura mais perigosa e ambígua na cena política italiana". Na mesma palestra, o diplomata ofereceu um quadro negativo da política de abertura para os comunistas que Moro defendeu. Recorde-se também que um

---

[13] Jacopo Pezzan e Giacomo Brunoro, *Il Caso Moro*, LA CASE Books, Los Angeles, 2015.

[14] Eric Frattini, op. cit.

ALVO: ALDO MORO

enviado especial da Itália ao Departamento de Estado recebeu uma recusa enfática quanto à possibilidade de convidar Moro aos Estados Unidos.

O documento da CIA de 27 de abril de 1978 destaca a figura de Aldo Moro como a principal chave para uma negociação e cooperação entre a Democracia Cristã e o Partido Comunista em nível governamental.

[...]

14. Se os comunistas sofrerem uma ampla derrota, a hierarquia democrata-cristã verá confirmada sua crença de que uma crescente participação comunista nas decisões do governo tem o efeito colateral benéfico de prejudicar os comunistas nas eleições. Mas um resultado desse tipo levará até mesmo os democratas-cristãos a enfrentar um dilema, pois os comunistas precisam se perguntar se são capazes de continuar sua cooperação com Andreotti, que precisará do apoio comunista nos próximos meses.

15. Por outro lado, o sucesso dos comunistas, combinado com uma derrota dos democratas-cristãos, ou uma nova fuga de votos para os dois grandes partidos à custa dos menores, aliviaria o líder comunista Berlinguer de alguns dos problemas do partido e obrigaria os democratas a rever suas estratégias.

16. De todas as questões colocadas na política italiana desde o sequestro de Moro, o ponto mais importante de seus efeitos é provavelmente manter a coesão interna do Partido Democrata e sua capacidade de continuar sendo a força mais importante da política italiana.

17. Até agora, o sequestro parece ter acelerado duas tendências que já ameaçavam imobilizar a Democracia Cristã. Por um lado, fortaleceu o grupo dentro do partido, que Moro havia trabalhado duro para manter ativo. Por outro lado, tornou mais difícil para os democratas-cristãos usarem de forma confiável o anticomunismo como força de coesão. Muitos democratas começaram a colaborar abertamente com os comunistas, mesmo antes da emergência atual, e, quanto mais durar, mais difícil será para aqueles que se opõem a essa colaboração conseguir que suas razões sejam ouvidas.

18. Tudo isso parece enfraquecer ainda mais a capacidade dos democratas-cristãos como partido de governo. E a persistência dessa tendência ao longo do tempo pode criar um vácuo político que levará os comunistas a assumir cada vez mais responsabilidades no governo, embora no momento eles não estejam pressionando muito nessa direção.

Um ex-funcionário, um italiano especialista em segurança e inteligência, é considerado o primeiro a sugerir que houve intervenção estrangeira no assassinato de Moro. Foi o ex-subsecretário do Interior, Giuseppe Zamberletti, que denunciou interferências internacionais no terrorismo. Afirmou então que uma Europa autônoma entrava em choque com "interesses importantes de grupos econômicos multinacionais e com países que não querem perturbar o equilíbrio político estratégico". Antes, esse mesmo funcionário havia ligado a CIA a ações terroristas. O sucessor de Moro na presidência da Democracia Cristã, Flaminio Piccoli, perguntava-se em um artigo de jornal: "Quem é que não quer que os italianos façam política por si mesmos e procurem caminhos próprios e autônomos para resolver seus conflitos e dificuldades?"[15] E assim, em um *crescendo* de dúvidas e de insinuações sobre operações de falsa bandeira, chegou-se à possibilidade de criar uma Comissão Parlamentar de Inquérito para apurar se "por trás do rótulo das Brigadas Vermelhas também se escondiam várias células de terrorismo político eventualmente dirigidas ou aliadas a serviços secretos de potências estrangeiras".

Eleonora Chiavarelli, viúva de Aldo Moro, disse aos terroristas das Brigadas Vermelhas durante o julgamento que, após um encontro em 1977 com o secretário de Estado do governo Ford, Henry Kissinger, o marido dela teve de ser tratado pelo médico devido a uma grave taquicardia. O próprio

Ford e Kissinger sabiam que Moro não deveria permitir o acesso dos comunistas ao governo (16 de agosto de 1974)

---

[15] Paola Prizzon, *Uno sguardo americano su Aldo Moro: Gli anni Settanta nell'Archivio Robert Katz*, Edizioni Polistampa, Florença, 2008.

ALVO: ALDO MORO

Moro revelou mais tarde à esposa que Kissinger lhe disse que "os Estados Unidos não concordavam com sua disposição de governar com os comunistas, e que o próprio Kissinger o advertiu seriamente: Ou você para de cortejar os comunistas ou vai pagar caro".[16]

Em 2 de fevereiro de 1979, nove meses após o assassinato de Aldo Moro, o Centro Nacional de Avaliação de Política Externa da CIA preparou um relatório intitulado "The Italian Government Crisis: A tentative prognosis". No parágrafo final da página 7 e na página 8, diz-se que os novos líderes da Democracia Cristã estão dificultando o diálogo de Enrico Berlinguer com os comunistas para apoiar um governo controlado pelos democratas-cristãos. Berlinguer faz referência ao "pacto entre cavalheiros" com o líder assassinado Aldo Moro.

Enrico Berlinguer e Aldo Moro

---

[16] R.B. Chamberlain, *In the Shadows: Conspiracy*, Independently Published, Charleston, 2014.

Berlinguer não vê essa ideia como uma resposta adequada às suas demandas por maior participação na governabilidade. Mesmo assim, ele teria de pensar duas vezes antes de aceitar tal oferta, embora quase certamente precise de algo mais antes de aceitar. Em particular, ele provavelmente insistirá que os democratas-cristãos concordem antecipadamente e por escrito com os procedimentos institucionalizados, de modo que as visões comunistas sejam levadas em consideração na maioria dos aspectos da formulação de políticas públicas e, no mínimo, em algumas fases de sua execução. Os comunistas aparentemente pensavam que tinham esse tipo de entendimento, uma espécie de "acordo de cavalheiros", com o falecido líder da Democracia Cristã Aldo Moro, quando concordaram em março passado em apoiar o governo.

A essência de sua reclamação agora é que a Democracia Cristã não cumpriu esse acordo depois do assassinato de Aldo Moro pelos terroristas das Brigadas Vermelhas em maio passado. No entanto, alcançar tal solução seria extremamente difícil por muitas razões; a última, a ausência de Moro. Quando as Brigadas Vermelhas o mataram, eliminaram o democrata-cristão que poderia estar disposto a aceitar uma participação parcial em um governo sem beligerâncias para com Berlinguer. Desde a morte de Moro, nenhum democrata-cristão foi capaz de combinar a autoridade moral e a influência política necessárias para unificar o partido por meio de políticas mais sutis e distantes de seu anticomunismo tradicional. Consequentemente, é improvável que os comunistas confiem em qualquer democrata-cristão, como fizeram com Moro, para cumprir um acordo não escrito.

Enquanto isso, o fracasso das forças de segurança, até o momento, em resolver o caso Moro é um lembrete de que o terrorismo continua a ser uma das principais causas de incerteza sobre a situação italiana. [...] Indicam que não foram seriamente prejudicados por alguns êxitos recentes da polícia [...]. Por outro lado, essas conquistas contrastam com a desordem geral dos serviços de segurança italianos, uma das principais razões para acreditar que as Brigadas Vermelhas poderiam organizar outra ação espetacular, como o caso Moro. Sua propensão para um planejamento paciente a longo prazo provavelmente significa que não podem fazer isso com a frequência ou como desejam. Mas, considerando seu desejo de humilhar e paralisar o Estado italiano, as Brigadas provavelmente serão tentadas a executar outra grande operação durante a crise governamental, especialmente se o governo parecer estar caminhando para um acordo que reforce o compromisso histórico, a quintessência da traição da esquerda, de vender o ponto de vista das Brigadas Vermelhas.[17]

"O que me horroriza é que, ao lado do cadáver de Aldo Moro, está o cadáver da Primeira República, que não soube defender o líder democrata-cristão", disse o ex-presidente da República, Giuseppe Saragat, chorando diante dos microfones de rádio depois de saber da notícia. E talvez ele estivesse certo.

---

[17] Eric Frattini, op. cit.

ALVO: ALDO MORO

O teólogo espanhol José María González Ruiz, depois de assistir ao funeral de Moro, conduzido pelo papa Paulo VI, declarou: "Acredito que a morte de Aldo Moro de alguma forma afeta a todos nós. Se me permitem, diria que todos somos um tanto culpados pela morte de Aldo Moro. Alguns serão por ação, outros por omissão. A morte de Aldo Moro deve servir a todos nós para lutar com lucidez contra a violência em qualquer de suas formas: a violência subversiva e a violência do Estado, buscando formas de convivência mais justas que possibilitem a paz autêntica." Maria Fida, filha do político assassinado, disse: "Meu pai morreu porque era um pacificador. Jamais saberemos a verdade, escrita com V maiúsculo, mas é claro que houve uma série de desejos, e não apenas na Itália, de tirar essa pessoa do cenário político. É muito confortável dizer que foram as Brigadas Vermelhas. Mas não foram só elas." A verdade é que a última palavra sobre o caso Moro ainda não foi dita.

O assassinato de Aldo Moro, perpetrado pelas Brigadas Vermelhas em 1978, foi relacionado com a oposição da Rede Gladio à sua política de "compromisso histórico" e à necessidade de incluir em seu governo membros do Partido Comunista Italiano (PCI). A investigação do assassinato tornou-se uma estratégia de ocultação de provas pelos órgãos de segurança e inteligência do Estado, levando o juiz Felice Casson a declarar que descobrira a existência da Rede Gladio ao ler as cartas que Aldo Moro enviara de seu local de detenção. Um relatório parlamentar do ano 2000, elaborado pela coalizão partidária L'Ulivo, concluiu que a *strategia della tensione* tinha o objetivo de evitar a todo o custo que tanto o PCI quanto o PSI tivessem acesso ao poder Executivo nas mãos de Moro. Muitos italianos, ainda hoje, pensam que por trás do assassinato do primeiro-ministro democrata-cristão houve a mão poderosa da Gladio.[18]

O sequestro e a execução de Aldo Moro ainda são cercados de mistérios. A questão principal é se a CIA, os serviços secretos italianos ou a Rede Gladio tiveram algo a ver com isso. Segundo o jornalista italiano Carmine Pecorelli, por trás da morte de Moro não estavam as Brigadas Vermelhas, mas a CIA e a estrutura da Gladio. Pecorelli foi assassinado em 20 de março de 1979, e entre os suspeitos estava o então primeiro-ministro Giulio Andreotti, que foi declarado inocente junto com os demais acusados em 1999.

---

[18] Ver o Capítulo 9, "A Rede Gladio".

A Comissão do Senado que investigou a Rede Gladio na primeira metade da década de 1990 suspeitava que tanto a CIA como os serviços secretos italianos e a estrutura da Gladio estavam por trás do assassinato de Moro. Contudo, quando decidiram investigar, descobriram que a maioria dos documentos relacionados ao sequestro e assassinato do líder democrata-cristão havia desaparecido.[19]

---

[19] Pio Marconi, "The kidnapping of Moro, a coherent strategy", revista *Gnosis* (AISI), março de 2005.

(1)(6)

OPERAÇÃO FOGO MÁGICO
(1978)

Em 20 de julho de 1978, em Colônia, convocou-se uma reunião secreta na sede do serviço de segurança da República Federal da Alemanha, o Escritório para a Proteção da Constituição (*Bundesamt für Verfassungsschutz*, ou BfV). A reunião contou com a presença do diretor do BfV, Richard Meier; do chefe do Departamento 2, responsável pelo combate a grupos de extrema esquerda e extrema direita; do chefe do Departamento 4, dedicado à contraespionagem e contrassabotagem; de Gerhart Rudolf Baum, ministro do Interior do governo do chanceler Helmut Schmidt; e de Ulrich Wegener, fundador e chefe do grupo especial de contraterrorismo da Polícia Federal, o GSG 9. Naquela reunião, esses cinco homens decidiram lançar a operação de falsa bandeira "Fogo Mágico" contra a facção do Exército Vermelho (*Rote Armee Fraktion*, ou RAF), mais conhecida como gangue Baader-Meinhof, o grupo extremista de esquerda mais ativo na Alemanha daqueles anos.[1]

Durante os primeiros anos, o grupo conseguira alguma aceitação entre a opinião pública e os partidos radicais, devido aos seus arriscados ataques "anti-imperialistas" e "antiamericanos". Entre suas ações estava o roubo de bancos para arrecadar dinheiro que lhes permitisse realizar atentados a bomba contra instalações militares dos Estados Unidos, delegacias da polícia alemã e edifícios do grupo midiático Axel Springer. O jornalista Stefan Aust diz o seguinte em seu excelente ensaio intitulado *Der Baader-Meinhof Komplex*:

---

[1] Christa Ellersiek, *Wolfgang Becker: Das Celler Loch. Die Hintergründe der Aktion Feuerzauber*, Verlag am Galgenberg, Hamburgo, 1987.

Escudo do BfV   Escudo da RAF

A gangue ganhou grande apoio de esquerdistas radicais nos Estados Unidos, como o Weather Underground, algo de que nunca haviam desfrutado. À época, uma pesquisa mostrou que um quarto dos alemães ocidentais com menos de 40 anos simpatizava com a gangue, e um décimo declarou que até esconderia da polícia um de seus membros. Intelectuais proeminentes falaram da "justiça" da gangue em uma Alemanha com um claro sentimento de culpa. Quando começaram a roubar bancos, o noticiário da televisão comparou seus membros a Bonnie e Clyde. [Andreas] Baader, um líder carismático e psicopata, entrou no imaginário popular, dizendo às pessoas que seus filmes favoritos eram *Bonnie & Clyde*,[2] que havia sido lançado recentemente, e *A Batalha de Argel*.[3] O pôster pop de Che Guevara estava pendurado em sua parede, [...] ele pagou um famoso designer para criar o logotipo da facção do Exército Vermelho, o desenho de uma metralhadora em uma estrela vermelha.

A RAF havia sido fundada em maio de 1970, por Andreas Baader, Gudrun Ensslin, Horst Mahler e Ulrike Meinhof. Rapidamente suas ações terroristas começaram a construir sua sanguinária fama: atentados a bomba, sequestros, assassinatos, assaltos a banco, tiroteios na rua contra as forças de segurança...

---

[2] *Bonnie & Clyde* (1967), dirigido por Arthur Penn e estrelado por Warren Beatty e Faye Dunaway. (N.A.)

[3] *A Batalha de Argel* (1966), dirigido por Gillo Pontecorvo e estrelado por Saadi Yacef e Jean Martin. (N.A.)

OPERAÇÃO FOGO MÁGICO

Andreas Baader

Ulrike Meinhof

Seu emblema era muito marcante: uma metralhadora Heckler & Koch MP-5 sobre uma estrela vermelha e coroada pelas iniciais do grupo. Em pouco tempo, aquela gangue que gerou tanta simpatia no início foi se transformando até se tornar uma organização terrorista criminosa.

A etapa mais cruel da gangue aconteceu em 1977, período conhecido como "o outono alemão". Em 7 de abril daquele ano, um comandante da RAF matou a tiros Siegfried Buback, procurador-geral da República Federal da Alemanha, bem como seu motorista e seu guarda-costas. Em 30 de julho, foi a vez de Jürgen Ponto, presidente do poderoso Dresdner Bank. Em 5 de setembro, a organização sequestrou e assassinou Hanns Martin Schleyer, industrial e presidente da Associação de Empresários Alemães. Em 13 de outubro, vários membros da RAF e um quarto terrorista da Frente Popular para a Libertação da Palestina (FPLP) sequestraram o voo 181 da Lufthansa, desviando-o para o aeroporto somali de Mogadíscio. Em 18 de outubro, um comando do grupo contraterrorista GSG 9 invadiu o avião, libertando os 86 reféns e matando três dos quatro sequestradores.[4] Nesse caso, a decisão do chanceler Schmidt de

---

[4] Stefan Aust e Anthea Bell, *Baader-Meinhof: The Inside Story of the RAF*, Oxford University Press, Oxford, 2009.

Eric Frattini ∞ *MANIPULANDO A HISTÓRIA*

Local do atentado contra Siegfried Buback, procurador-geral da RFA

ordenar a ação causou indignação entre os políticos do país. A própria criação do GSG 9, em 17 de abril de 1973, após o fiasco ocorrido nas Olimpíadas de Munique, em 1972, gerou polêmica. Lembremos que um comando palestino do grupo Setembro Negro matou 11 atletas israelenses, provocando forte reação na opinião pública mundial. Partidos radicais de esquerda acusaram

Hanns Martin Schleyer nas mãos da RAF

Membros do GSG 9 que libertaram o voo 181 chegam a Bonn vindos de Mogadíscio

OPERAÇÃO FOGO MÁGICO

O governo de Helmut Schmidt autorizou a "Fogo Mágico"

o governo do chanceler Helmut Schmidt de organizar secretamente uma unidade "semelhante" às infames *Schutzstaffel* (SS) — ou "Esquadrões de Proteção".

Após o duríssimo "outono alemão" de 1977, o governo do chanceler Schmidt decidiu reduzir as perdas e dar sinal verde à operação de falsa bandeira conhecida como "Fogo Mágico", com o objetivo de desacreditar perante a opinião pública a gangue terrorista. A ideia da operação partiu do próprio Meier, chefe do BfV. A "Fogo Mágico" consistia na colocação de um poderoso explosivo em uma das paredes externas da prisão de Celle. Para isso, foi usado um Mercedes-Benz roubado e dirigido por dois criminosos, chamados Klaus-Dieter Loudil e Manfred Berger. Na verdade, ambos eram informantes dos serviços de segurança do Estado, mas se passavam por terroristas da RAF e, para tal ação, adotaram nomes falsos (o do terrorista da RAF Sigurd Debus). Além disso, conseguiram um bom número de ferramentas para escapar da prisão e levaram também várias armas de diferentes calibres.[5]

Os explosivos seriam plantados por um oficial especialista do GSG 9 e detonados por Jürgen Wiehe, um funcionário do Ministério do Interior da Baixa Saxônia. Em 25 de julho de 1978, às 2h54, a bomba foi detonada na parede externa do presídio, causando pequenos danos. Os agentes do BfV providenciaram para que os prisioneiros que estavam nas imediações da explosão fossem transferidos. O Mercedes usado pelos dois informantes foi

---

[5] J. Smith e André Moncourt, *The Red Army Faction, A Documentary History: Volume 2: Dancing with Imperialism*, PM Press, Nova York, 2013.

Sigur Debus, terrorista da RAF e alvo da operação "Fogo Mágico"

localizado a cerca de 80 quilômetros da prisão, em um posto de controle da polícia nos arredores de Salzgitter. Misteriosamente, o motorista conseguiu escapar, mas a polícia encontrou no veículo os passaportes falsos, em nome do terrorista da RAF Sigurd Debus, e munições de vários calibres.[6]

Após a alegada tentativa de "fuga" da prisão de Celle, as condições na prisão para o próprio Debus e outros membros da RAF encarcerados foram endurecidas "por razões de segurança". O serviço secreto escondeu várias ferramentas na cela de Debus, que foram encontradas na busca realizada após a tentativa de fuga. Dessa forma, o BfV construiu a história da participação do membro da RAF na tentativa de fuga, e essa história foi contada para a mídia. Debus morreu em 16 de abril de 1981, pouco antes da data de sua libertação da prisão de Celle.[7]

Ulrike Meinhof foi encontrada sem vida em 9 de maio de 1976 em sua cela em Stammheim, um presídio conhecido pelos membros do Baader-Meinhof como "Moby Dick". Supostamente, a terrorista se enforcou nas grades da janela usando algumas toalhas, mas a polêmica surgiu quando a socióloga e política radical Jutta Ditfurth garantiu que se encontrara com Meinhof na prisão poucos dias antes de seu suposto suicídio e que ela lhe disse o seguinte: "Posso levantar-me e lutar, mas só enquanto estiver viva. [...] Se eles disserem que eu cometi suicídio, tenha certeza de que se trata de um homicídio."[8]

---

[6] Stefan Aust e Anthea Bell, op. cit.
[7] Christa Ellersiek, op. cit.
[8] Jilian Becker, *Hitler's Children: The Story of the Baader-Meinhof Terrorist Gang*, AuthorHouse, Bloomington, 2014.

OPERAÇÃO FOGO MÁGICO

Andreas Baader e Gudrun Ensslin morreram em 18 de outubro de 1977. De acordo com a versão oficial, eles e dois outros terroristas da RAF, Irmgard Möller e Jan-Carl Raspe, concordaram com um pacto suicida no presídio de Stammheim, onde estavam sendo mantidos. Baader e Raspe foram encontrados mortos em suas celas devido a ferimentos à bala. Gudrun Ensslin apareceu pendurada em uma corda feita com fios de alto-falante. Irmgard Möller foi encontrada, também em sua cela, com quatro ferimentos à bala no peito, mas sobreviveu. As investigações oficiais realizadas pela Comissão Internacional de Investigação concluíram que Baader e seus cúmplices cometeram "suicídio coletivo". No entanto, Stefan Aust afirmou em seu livro que "eles foram forçados a tirar suas próprias vidas". De vários setores sociais — principalmente a mídia e partidos radicais —, o governo do chanceler Schmidt foi acusado de ter ordenado "execuções extrajudiciais" dos dirigentes máximos da gangue Baader-Meinhof.[9]

A verdade é que existem muitos aspectos discutíveis sobre as mortes dos terroristas. Andreas Baader supostamente atirou na base do crânio, então a bala saiu pela testa. Vários testes indicaram que era praticamente impossível para uma pessoa segurar e disparar uma arma dessa forma. Para piorar a situação, três buracos de tiro foram encontrados em sua cela; um na parede, um no colchão e o projétil fatal que saiu de seu crânio e ficou cravado no chão. Um último detalhe: Baader tinha queimaduras de pólvora na mão direita, mas era canhoto.

A teoria de que as armas haviam sido contrabandeadas para a prisão de Stammheim foi a base dos testemunhos de Hans Joachim Dellwo e Volker Speitel. Ambos foram presos em 2 de outubro de 1977, acusados de pertencer a uma gangue armada. Os dois criminosos testemunharam perante a Comissão Internacional de Investigação, afirmando que os advogados da RAF estavam cientes, e até mesmo eram cúmplices, do contrabando de vários artigos pelos detentos da Baader-Meinhof. Em consideração a tais testemunhos, as autoridades reduziram suas penas, e ambos receberam novas identidades. Em 1979, dois advogados que defendiam os membros do Baader-Meinhof foram julgados e condenados por contrabando de armas. A investigação do caso da morte

---

[9] Paige Whaley Eager, *From Freedom Fighters to Terrorists: Women and Political Violence*, Ashgate Publishing, Londres, 2008.

Ulrich Wegener, chefe do GSG 9, liderou a operação "Fogo Mágico"

dos quatro terroristas (Ulrike Meinhof, Andreas Baader, Gudrun Ensslin e Jan-Carl Raspe) e os ferimentos graves à quinta (Irmgard Möller), no presídio de segurança máxima de Stammheim, foi encerrada.[10]

No entanto, Möller sempre afirmou que "não tentei me matar" e "não havia pacto suicida entre os presos do grupo". A ex-terrorista afirmou também que seus companheiros "foram assassinados em resposta às demandas dos militantes que realizavam sequestros de personalidades importantes da República Federal da Alemanha, em troca da libertação de prisioneiros do Baader-Meinhof". Möller foi libertada em abril de 1995. Hoje (2022), aos 75 anos, continua residindo em algum lugar da Alemanha no mais completo anonimato.[11]

---

[10] J. Smith e André Moncourt, op. cit.
[11] Jeremy Varon, *Bringing the War Home: The Weather Underground, the Red Army Faction, and Revolutionary Violence in the Sixties and Seventies*, University of California Press, Berkeley, 2004.

OPERAÇÃO FOGO MÁGICO

A Facção do Exército Vermelho (Rote Armee Fraktion, ou RAF) foi responsável por pelo menos 34 mortes e 296 atentados a bomba entre 1977 e 1995, incluindo a tentativa de assassinato, em 25 de junho de 1979, na cidade belga de Mons, do general Alexander Haig, comandante supremo aliado da Otan. Finalmente, em 20 de abril de 1998, uma carta de oito páginas datilografada e assinada pela gangue Baader-Meinhof foi enviada por fax para a agência de notícias Reuters. Dizia o seguinte: "Há quase 28 anos, no dia 14 de maio de 1970, a RAF surgiu dentro de uma campanha de libertação. Hoje terminamos esse projeto de guerrilha urbana desta forma. A RAF agora é história."

Os documentos secretos sobre a operação "Fogo Mágico" foram revelados em 1986, durante o governo do chanceler Helmut Kohl, para vergonha da própria chancelaria e dos seus serviços secretos, que tiveram de reconhecer que o BfV havia realizado uma operação de falsa bandeira contra a RAF, orquestrada pelo governo de Helmut Schmidt e por seus serviços de inteligência e segurança.[12]

---

[12] Jefferson Adams, *Historical Dictionary of German Intelligence*, Scarecrow Press, Nova York, 2009.

①⑦

OPERAÇÃO EL DORADO CANYON
(1986)

Na noite de 5 de abril de 1986, o ambiente era descontraído dentro da boate La Belle, em Berlim Ocidental. O lugar estava abarrotado de jovens alemães e estrangeiros. Muitos eram soldados norte-americanos de folga de suas funções, que costumavam ir à La Belle para encontrar garotas alemãs e pagar-lhes uma bebida. Porém, à 1h45, uma sacola perto da cabine do DJ explodiu, matando no ato uma jovem turca e o sargento norte-americano, Kenneth T. Ford. O também sargento James E. Goins morreu dois meses depois, devido a ferimentos sofridos na explosão. No total, a bomba deixou três mortos e 230 feridos.

A polícia, os serviços de segurança e inteligência da Alemanha Ocidental (BND e BfV), o FBI e a CIA tinham certeza de que os militares eram o alvo da bomba na discoteca. Vários grupos radicais de esquerda assumiram a responsabilidade pelo atentado, mas a CIA recebeu uma informação que mostrava que a Líbia estava por trás do ataque. Supostamente, a fonte da CIA havia assegurado que naquela mesma noite um telex de Trípoli fora recebido na embaixada da República da Líbia, no qual "se parabenizava pelo trabalho bem executado".[1]

Além disso, o escritório da CIA em Berlim informou à sede em Langley que outro serviço de inteligência aliado — o Mossad — estava lhes passando informações secretas sobre várias mensagens enviadas entre o Ministério

---

[1] Ronald Rychlak e Ion Mihai Pacepa, *Disinformation: Former Spy Chief Reveals Secret Strategies for Undermining Freedom, Attacking Religion, and Promoting Terrorism*, WND Books, Nova York, 2013.

OPERAÇÃO EL DORADO CANYON

O dia seguinte ao atentado à boate La Belle em Berlim

da Segurança da Líbia e sua embaixada em Berlim. Todas as comunicações tinham o mesmo propósito: parabenizá-los pelo sucesso do ataque.

Enquanto isso, em Washington, uma reunião de alto escalão ocorria na Sala de Crise da Casa Branca. Estavam presentes o presidente, Ronald Reagan; o vice-presidente, George H.W. Bush; o secretário de Estado, George Shultz; o secretário de Defesa, Caspar Weinberger; o presidente do Estado--Maior Conjunto, almirante William Crowe; e o diretor da CIA, William Casey. Até então, quem mais defendia a possibilidade de bombardear a Líbia era o ex-secretário de Estado e fiel amigo de Ronald Reagan, Alexander Haig, que em várias ocasiões recomendou ao presidente que tomasse medidas "proativas" e diligentes contra Muammar Kadafi, já que este havia usado ex-agentes da Agência Central de Inteligência para montar acampamentos terroristas e abastecer-se de armamentos. Os dois agentes a quem Haig se referia eram Edwin P. Wilson e Frank E. Terpil. O primeiro havia sido condenado em 1983 por venda ilegal de armas para a Líbia, e o segundo, após deixar a CIA, ofereceu seus serviços ao próprio Kadafi, ao líder Idi Amin Dada, de Uganda, e ao da OLP, Yasser Arafat. Na verdade, o FBI sabia que o ex-agente da CIA havia intermediado a venda ilegal de armas para Kadafi e Idi Amin.[2]

No dia seguinte ao ataque à discoteca de Berlim, o contato do Mossad na embaixada israelense em Washington entregou a William Casey uma mensagem criptografada enviada diretamente por Nahum Admoni, o todo-poderoso chefe do Mossad, que informava ao seu homólogo na CIA que seus agentes haviam detectado várias comunicações entre Trípoli e os "Gabinetes do Povo" (embaixadas da Líbia) em Berlim Oriental, Roma, Madri e outras capitais europeias dias antes do atentado. Nelas se pedia que se preparassem para um possível ataque contra "instalações militares dos Estados Unidos ou alvos civis frequentados por norte-americanos". Em 4 de abril, o "Gabinete do Povo" em Berlim Oriental enviou uma comunicação a Trípoli e falou de um "evento jubiloso" iminente. No momento em que a bomba explodiu na La Belle, o Mossad detectou uma segunda mensagem em que a embaixada da Líbia em Berlim Oriental informava ao Ministério da Segurança em Trípoli que "a operação havia sido realizada com sucesso, sem deixar pistas".[3]

Nahum Admoni, chefe do Mossad
(1982-1990)

---

[2] Walter Reich, *Origins of Terrorism: Psychologies, Ideologies, Theologies, States of Mind*, Woodrow Wilson Center Press, Washington, D.C., 1998.

[3] Christopher Andrew, *For the President's Eyes Only. Secret Intelligence and the American Presidency from Washington to Bush*, HaperCollins, Londres, 1995.

OPERAÇÃO EL DORADO CANYON

Ao tomar conhecimento de tudo isso, Casey pediu uma reunião com o presidente Reagan no Salão Oval para informá-lo sobre o que acontecera. Admoni e Casey acreditavam que o atentado havia sido a resposta da Líbia ao posicionamento das forças navais dos Estados Unidos no golfo de Sirte apenas um mês antes. O país do Norte da África reivindicava todo o golfo como parte de suas águas territoriais, enquanto os Estados Unidos reclamavam seu direito de conduzir operações aeronavais em águas que considerava "internacionais". Em 23 de março de 1986, os Estados Unidos tinham posicionado uma poderosa frota no golfo de Sirte, composta de três porta-aviões — o *USS America*, o *USS Coral Sea* e o *USS Ticonderoga* —, escoltados por cinco cruzadores, seis fragatas, 12 contratorpedeiros e 250 aeronaves de vigilância e combate.

Já em 1973, Kadafi havia estabelecido uma espécie de "linha da morte" no golfo de Sirte, avisando que todo navio — independentemente da nacionalidade — seria atacado sem aviso prévio se cruzasse essa linha. Em 24 de março de 1986, às 6h, o *USS Ticonderoga* a cruzou. Uma base em solo líbio lançou dois mísseis soviéticos contra o porta-aviões, mas foram destruídos no ar por uma aeronave EA-6B Prowler. Um novo ataque líbio não demorou muito: dois caças MiG-23 decolaram para atacar o *USS Ticonderoga*, mas poucos minutos depois foram interceptados por dois caças F-14 Tomcats que entraram em combate com os caças líbios. Do *USS John Kennedy*, os F-14 norte-americanos receberam permissão para abater os MiGs e, em poucos minutos, o combate foi resolvido.[4] Depois disto, a CIA sabia que o líder líbio, agora com o orgulho ferido, não cessaria até que se vingasse do "incidente" de Sirte. E a vingança foi o atentado à boate.

Ronald Reagan não pensou duas vezes; estava disposto a punir a Líbia pelo ataque em Berlim e por seu apoio a organizações terroristas europeias e palestinas, como o Exército Republicano Irlandês (IRA), as Brigadas Vermelhas, a Facção do Exército Vermelho (RAF), a Frente Popular para a Libertação da Palestina (FPLP) ou a Organização Abu Nidal. Depois de se reunir com seu gabinete de crise, Reagan decidiu chamar à Casa Branca os dois líderes da maioria no Congresso e no Senado para informá-los do início da chamada

---

[4] Frank A. Boyle, *Destroying Libya and World Order: The Three-Decade U.S. Campaign to Terminate the Qaddafi Revolution*, Clarity Press, Nova York, 2013.

Eric Frattini ∞ MANIPULANDO A HISTÓRIA

Reagan anuncia à nação o ataque à Líbia

"Operação El Dorado Canyon", que consistiria em um ataque aéreo seletivo em diferentes alvos em solo líbio.[5]

As ações bélicas começaram em 15 de abril de 1986, exatamente dez dias após o ataque à boate La Belle. Às 2h e durante 12 minutos, 18 bombardeiros F-111 lançaram cerca de 60 toneladas de bombas contra alvos estrategicamente selecionados: os quartéis de Bab al-Azizia (Trípoli) e de Jamahiriyah (Benghazi), o campo de treinamento de terroristas Murat Sidi Bilal, a base aérea de Trípoli e Benina, e também a rede de defesas aéreas em Trípoli e Benghazi. Ao todo, 45 aviões de combate norte-americanos participaram da operação.

Apesar de relatos acusando a Líbia de estar por trás do atentado em Berlim, ninguém foi oficialmente acusado. Durante os oito anos seguintes, o governo norte-americano continuaria a crer que Kadafi era o responsável pela tragédia, até que, em 1994, um *katsa*[6] do Mossad admitiu que, em 1984, um "combatente" do serviço de inteligência israelense instalara um transmissor de rádio no complexo de Kadafi em Trípoli e emitira "falsas transmissões terroristas" após o atentado à boate. Essas falsas transmissões foram registradas pelo Mossad e comunicadas aos seus homólogos norte-americanos, a fim de "mostrar que o líder líbio era um defensor fiel do uso de ataques terroristas".

A informação equivocada transmitida pelo serviço de inteligência israelense serviu para que o presidente Reagan desse sinal verde à "Operação El Dorado Canyon", ou seja, havia sido uma ação de falsa bandeira organizada por Israel. No entanto, a vingança da Líbia não tardou: em 21 de dezembro de

---

[5] David C. Wills, *The First War on Terrorism: Counter-terrorism Policy during the Reagan Administration*, Rowman & Littlefield Publishers, Lanham, 2003.

[6] *Katsas*, ou oficiais de inteligência israelenses, enviados a países árabes para atuar sob identidade falsa. (N.A.)

OPERAÇÃO EL DORADO CANYON

Um F-111 se prepara para iniciar o ataque à Líbia

1988, o voo 103 da Pan American World Airways, que viajava de Frankfurt a Detroit, explodiu no ar sobre a cidade escocesa de Lockerbie. Viajavam no avião 270 passageiros de 21 nacionalidades. Os autores do atentado foram dois agentes da inteligência líbia: Abdelbaset al-Megrahi, chefe de segurança da Lybian Arab Airlines (LAA), e Al Amin Khalifa Fhimah, diretor da LAA no aeroporto de Luqa, em Malta.[7]

Dois anos mais tarde, logo após a reunificação da Alemanha em 1990 e a subsequente abertura dos arquivos da Stasi, Detlev Mehlis, promotor do gabinete do procurador-geral de Berlim, indiciou formalmente Musbah Abdulghasem Eter, um agente "residente" do serviço de inteligência líbia destacado na embaixada da Líbia em Berlim Oriental. Eter e quatro outros suspeitos foram presos em 1996 no Líbano, na Itália, na Grécia e em Berlim, e levados a julgamento um ano depois. Eter e dois palestinos, Yasser Mohammed

---

[7] Steven Emerson, *The Fall of Pan Am 103, Inside the Lockerbie Investigation*, Penguin Group, Nova York, 1990.

Chreidi e Ali Chanaa, foram condenados por cumplicidade no atentado da boate de Berlim. Embora tenha sido mostrado, sem sombra de dúvida, que os três homens haviam montado a bomba no apartamento de Ali Chanaa, Mehlis estava convencido de que o explosivo havia sido transportado para Berlim Ocidental em uma mala diplomática da Líbia. No entanto, isso nunca pôde ser provado.[8] Hoje, décadas depois daquele ataque, duas perguntas permanecem sem resposta: a bomba da discoteca La Belle foi uma operação de falsa bandeira organizada por Israel para acusar a Líbia e forçar Reagan a atacar o país do Norte da África? Ou, ao contrário, foi um ataque da Líbia contra os militares dos Estados Unidos? Nem o governo de Israel nem o Mossad jamais forneceram uma resposta a essas perguntas.

---

[8] John O. Koehler, *Stasi: The Untold Story of the East German Secret Police*, Westview Press, Nova York, 2000.

OPERAÇÃO KRYSHA
(1999)

Entre 31 de agosto e 22 de setembro de 1999, várias bombas de grande potência explodiram em diferentes partes da Federação Russa. Os principais alvos foram centros comerciais e prédios de apartamentos. Durante os meses seguintes, inúmeras investigações realizadas por comissões independentes, investigadores e jornalistas, tanto russos como estrangeiros, apontaram sérios indícios que demonstravam o possível envolvimento do Serviço Federal de Segurança, o poderoso FSB, na organização e/ou na autoria dos atentados. Os ataques, e o desejo de vingança da opinião pública, ajudaram Putin a tomar o poder absoluto na Federação Russa ao ser eleito presidente e desencadear a chamada "Segunda Guerra na Chechênia". A operação de falsa bandeira elaborada pelo FSB foi chamada de *Krysha* ("Cobertura").

A primeira bomba, contendo 300 quilos de explosivos, foi detonada no dia 31 de agosto, às 20h, no shopping Okhotny Ryad, localizado na praça central de Manezhnaya, em Moscou. A explosão deixou um morto e 40 feridos. Dois dias depois, a autoproclamada Brigada Islâmica Internacional (BII) reivindicou o ataque, enquanto pedia a retirada total das tropas russas de seu território.

No início de agosto, a BII, liderada pelos "senhores da guerra" Shamil Bashayev e Thamir Saleh Abdullah, decidiu entrar com quase 2 mil guerrilheiros fortemente armados no Daguestão com a intenção de aplicar a xaria (lei islâmica) em todo o território. Após pequenas vitórias, a BII anunciou, em 10 de agosto, o estabelecimento do "Estado Islâmico Independente do Daguestão" e, como primeira medida, os dois líderes exigiram a retirada total das tropas russas do território. Mas a Rússia não estava disposta a se deixar

Eric Frattini ∽ *MANIPULANDO A HISTÓRIA*

ameaçar pelos guerrilheiros islâmicos; então, sua resposta foi imediata e implacável: a força aérea da Federação Russa começou a bombardear indiscriminadamente alvos tanto guerrilheiros como civis (pela primeira vez eles usaram as chamadas bombas termobáricas — ou "de ar combustível" —, que se tornaram tristemente famosas no conflito da Síria).[1]

Em 4 de setembro de 1999, quando as forças russas haviam expulsado quase todos os guerrilheiros do solo do Daguestão, outro potente explosivo fez voar pelos ares um segundo prédio, desta vez de residências militares, na cidade daguestanesa de Buynaksk. No atentado, 64 pessoas morreram, principalmente militares, e 133 ficaram feridas. Assim começaria a chamada "primeira onda de bombardeios de apartamentos russos".

Misteriosamente, o Serviço Federal de Segurança (FSB), liderado pelo ainda desconhecido Vladimir Putin, anunciou pouco depois, por meio de seu porta-voz, Alexander Zdanovich, que um segundo carro-bomba havia sido encontrado perto de um hospital militar na cidade de Buynaksk. O carro estava carregado com 2.706 quilos de explosivos e 500 quilos de parafusos e rolamentos. O artefato foi desativado 45 minutos antes de explodir e, de acordo com o porta-voz do FSB, o veículo havia sido descoberto pelos moradores em uma área muito próxima a um estacionamento perto de um hospital do Exército.

Mais tarde, a mídia britânica revelou que o segundo carro-bomba não existia de fato e que Putin ordenou a German Ugryumov, chefe de contraterrorismo do FSB, a Mikhail Belousov, chefe do Diretório para Controle de Extremistas Políticos e Terrorismo, e a Valery Pechyonkin, chefe do Diretório de Contrainteligência, que colocassem um chamariz (o segundo veículo) para fazer a opinião pública acreditar que o Serviço Federal de Segurança zelava pelo bem-estar dos seus cidadãos.[2] Tanto Ugryumov como Belousov e Pechyonkin faziam parte do círculo próximo de Putin, mais conhecido como "A Corporação", cujos membros tinham um poder absoluto para decidir o destino de centenas de agentes e, logicamente, de milhares de cidadãos.[3]

---

[1] Joby Warrick, *Black Flags: The Rise of ISIS*, Doubleday, Nova York, 2015.

[2] David Satter, *The Less You Know, The Better You Sleep: Russia's Road to Terror and Dictatorship under Yeltsin and Putin*, Yale University Press, New Haven, 2016.

[3] Yuri Felshtinsky e Vladimir Pribylovsky, *The Corporation: Russia and the KGB in the Age of President Putin*, Encounter Books, Nova York, 2009.

OPERAÇÃO KRYSHA

German Ugryumov em seu escritório do FSB

Mas Ugryumov era o componente mais importante da "Corporação". Nascido em 10 de outubro de 1948, na região russa de Astracan, alistou-se na Marinha soviética muito jovem. Rapidamente subiu na hierarquia da inteligência naval, até que, em 1975, quando tinha apenas 27 anos, ingressou na KGB. Em setembro de 1976, era um verdadeiro especialista em contraespionagem, depois de passar pela academia secreta de Novosibirsk, local onde se treinava a elite do Comitê de Segurança do Estado. Quando Putin assumiu a direção do FSB, decidiu promover German Ugryumov ao posto de vice-chefe do Diretório de Contraespionagem Militar do Serviço Federal de Segurança da Marinha e, um ano depois, foi promovido a chefe do poderoso Gabinete de Proteção do Sistema Constitucional e Luta contra o Terrorismo. Ugryumov, que pesava quase 150 quilos, começou, assim, a acumular um imenso poder.[4] Em 1999, já dirigia o Centro para Fins Especiais, unidade ultrassecreta responsável pelos assassinatos e sequestros do FSB. O controle do Centro incluía o comando operacional das famosas unidades *Spetsnaz*.

---

[4] Andrei Soldatov e Irina Borogan, *The New Nobility: The Restoration of Russia's Security State and the Enduring Legacy of the KGB*, Public Affairs, Nova York, 2011.

Como contramedida ao ataque de Buynaksk, o presidente Boris Yeltsin ordenou que sua Força Aérea bombardeasse as posições da guerrilha no Daguestão e até autorizou, por meio de ordem presidencial, o bombardeio de alvos "especiais" em solo checheno, alegando que o governo de Grozny dava abrigo a terroristas.[5]

Em 9 de setembro de 1999, uma nova bomba, composta de mais de meia tonelada de explosivos RDX, de uso estritamente militar, explodiu no térreo de um prédio residencial na rua Guryanova, em Moscou. O quarteirão ficou totalmente destruído; 94 civis perderam a vida, e outros 249 ficaram feridos. Alguns sobreviventes relataram ter visto, minutos antes da explosão, "quatro homens vestidos de preto que saíram correndo do número 19 [o local onde a bomba explodiu], entraram em um Chevrolet Suburban preto [como os usados pelas unidades especiais do FSB] e saíram a toda a velocidade.

Ataque na rua Guryanova, nº 19, Moscou

---

[5] Mark Galeotti, *Russia's Wars in Chechnya 1994-2009*, Osprey Publishing, Oxford, 2014.

OPERAÇÃO KRYSHA

O presidente Boris Yeltsin então ordenou a busca em mais de 30 mil edifícios na área de Moscou, enquanto seu recém-nomeado primeiro-ministro, Vladimir Putin, declarou em 13 de setembro: "O sangue das vítimas dos três atentados a bomba será vingado. [...] Destruiremos o chão em que os terroristas pisam." Para muitos analistas políticos e militares na Rússia, não havia dúvida de que Putin estava se referindo à Chechênia.[6]

Atentado em Volgodonsk

No dia 13 de setembro de 1999, às 5h, outra potente bomba explodiu no porão de um bloco de apartamentos em Kashirskoye, ao sul da capital russa. No ato, 119 pessoas morreram e outras 200 ficaram feridas. Quando os serviços de emergência chegaram, encontraram na calçada o que antes havia sido o telhado do edifício.[7]

Três dias depois, um caminhão-bomba, estacionado na porta de um conjunto habitacional na cidade de Volgodonsk, no Sul do país, explodiu, matando 17 pessoas e ferindo 69. O ataque fez com que o primeiro-ministro, Vladimir Putin, assinasse um decreto convocando a polícia e as agências de segurança para desenvolver planos, a fim de proteger a indústria estratégica, o transporte, as comunicações, os centros de processamento de alimentos e os complexos nucleares. De acordo com o referido decreto, qualquer cidadão podia ser detido e interrogado, sem necessidade de mandado de captura assinado por um juiz, e detido por três dias sem julgamento prévio.[8]

---

[6] David Satter, op. cit.
[7] Alexander Litvinenko e Yuri Felshtinsky, *Blowing Up Russia: The Secret Plot to Bring Back KGB Terror*, Encounter Books, Nova York, 2007.
[8] Andrei Soldatov e Irina Borogan, op. cit.

Contudo, em 22 de setembro de 1999, a chamada "Operação Krysha" explodiria na cara do Kremlin. Por volta das 20h30, na delegacia de Ryazan, no Oeste da Rússia, chega um aviso sobre vários homens que, de modo suspeito devido à hora, estavam descarregando sacos de cimento e os colocando em um apartamento localizado no térreo de um edifício. Alguns minutos depois, a polícia descobriu no imóvel 30 sacos de 50 quilos cheios de explosivos RDX, de uso militar, ligados a um detonador e a um cronômetro. Poucos minutos antes de explodirem, a polícia conseguiu desativá-los. Imediatamente depois, houve uma ordem de controle nas estradas de Ryazan, e numa delas um veículo suspeito foi detido. Durante a busca no veículo, foram encontrados armas, detonadores e restos de um "pó cinza", posteriormente identificado como RDX, e por isso a polícia deteve os dois homens que estavam no veículo. Pouco depois, German Ugryumov, chefe do Diretório de Proteção do Sistema Constitucional e Luta contra o Terrorismo, ordenou ao chefe da polícia de Ryazan que transferisse os dois detidos para a sede do FSB na área, e logo depois os dois "agentes" foram libertados.[9]

A imprensa começou a fazer perguntas sobre o que foi chamado de "incidente de Ryazan". Em 24 de setembro, de surpresa, o poderoso diretor do FSB, Nikolai Patrushev, declarou que "o exercício [em Ryazan] foi realizado em resposta às explosões anteriores". Pouco tempo depois, o FSB em Ryazan emitiu uma declaração oficial para se eximir de sua responsabilidade: "Este anúncio [o de Patrushev] foi uma surpresa para todos nós e apareceu no momento em que o FSB identificou os locais de residência dos envolvidos na colocação do artefato explosivo em Ryazan e já estávamos nos preparando para sua prisão." O FSB apresentou um pedido público de desculpa pelo incidente, embora vários jornalistas não estivessem satisfeitos com a versão oficial e exigissem uma explicação convincente. Mas Nikolai Patrushev, talvez por ordem de Putin, continuou em silêncio, aludindo à necessidade de "salvaguardar a segurança nacional da Federação Russa". Evgeniy Savostoyanov, ex-diretor do FSB em Moscou, negou durante uma entrevista que "tal exercício pudesse ser realizado em prédios residenciais com habitantes civis no interior e sem notificar as autoridades locais que o exercício seria realizado

---

[9] Masha Gessen, *The Man Without a Face: The Unlikely Rise of Vladimir Putin*, Riverhead Books, Nova York, 2013.

OPERAÇÃO KRYSHA

por funcionários do Serviço Federal de Segurança. [...] Totalmente impossível".[10] A polêmica estava armada.

A jornalista Anna Politkovskaya escreveu um livro polêmico chamado *Putin's Russia: Life in a Failing Democracy* [A Rússia de Putin: a vida em uma democracia fracassada], no qual fez duras críticas a Vladimir Putin e ao diretor do FSB, Nikolai Patrushev:

> A sociedade mostrou uma apatia ilimitada. [...] Quando os membros da Cheka assumiram o poder, nós os deixamos ver nosso medo e, desde então, sua vontade de nos ameaçar só se intensificou. A KGB respeita apenas os fortes e devora os fracos. Nós, acima de todos, deveríamos saber disso.[11]

Em 9 de setembro de 2004, em entrevista ao jornal britânico *The Guardian*, a jornalista afirmou:

> Estamos mergulhando no abismo soviético, em um vazio de informação que afasta de nossa ignorância a morte. Só nos resta a internet, onde as informações ainda estão disponíveis gratuitamente. De resto, se quiserem trabalhar como jornalistas, devem fazê-lo em total servilismo a Putin. Caso contrário, pode significar morte por bala, veneno ou julgamento, ou o que seja que nossos serviços especiais, os cães de guarda de Putin, considerem adequado.

Palavras proféticas.

Deputados da Duma, como Sergei Kovalev ou Yuri Shchekochikhin; oligarcas como Boris Berezovsky; jornalistas e escritores, como Yury Felshtinsky, Anna Politkovskaya, Vladimir Pribylovsky ou David Satter; sociólogos, como Boris Kagarlitsky; ex-agentes do FSB, como Alexander Litvinenko; ou ex-militares e políticos, como Alexander Lebed, concordaram que os ataques com bomba contra edifícios eram uma operação de falsa bandeira dirigida pelo Kremlin e pela praça Lubyanka (sede do FSB).

A lista dos envolvidos era longa: o presidente da Federação Russa, Vladimir Putin; o diretor do FSB, Nikolai Patrushev; o chefe do Diretório de Proteção do Sistema Constitucional e Luta contra o Terrorismo, German Ugryumov;

---

[10] Alexander Litvinenko e Yuri Felshtinsky, op. cit.

[11] Anna Politkovskaya, *Putin's Russia: Life in a Failing Democracy*, Henry Holt Paperbacks, Nova York, 2007.

o diretor do GRU, a inteligência militar, general Valentin Korabelnikov; Maxim Lazovsky, oficial de operações do FSB; Yury Krymshamkhalov e Adam Dekushev, membros do FSB no Diretório de Provisão Ativa; Vladimir Romanovich e Ramazan Dyshenkov, oficiais de operações do FSB suspeitos de terem transportado o explosivo para montar as bombas de Moscou; Achemez Gochiyayev, um informante do FSB de origem chechena, que supostamente alugou o térreo de dois dos edifícios bombardeados; três agentes do escritório do FSB em Ryazan acusados de efetuar o "misterioso" exercício no prédio; e 12 agentes da inteligência militar russa, o GRU, acusados de montar e plantar a bomba no prédio militar de Buynaksk.

O jornalista e magnata da imprensa Artyom Borovik, autor de um dos livros mais famosos sobre a intervenção soviética no Afeganistão, *The Hidden War: A Russian Journalist's Account of the Soviet War in Afghanistan* [A guerra oculta: o relato de um jornalista russo sobre a guerra soviética no Afeganistão], foi um dos primeiros a colocar em dúvida a versão das explosões em prédios de apartamentos. Durante semanas, Borovik perguntou a suas fontes e revisou centenas de documentos sobre as explosões. Seus colegas asseguraram que ele tinha planejado escrever uma grande reportagem em que revelaria os nomes de todos os funcionários do FSB "envolvidos nos atentados". Mas ele nunca conseguiu escrever aquela reportagem,[12] porque morreu em um estranho acidente em 9 de março de 2000, quando o Yak-40 em que viajava, num voo fretado da Companhia Petrolífera da Chechênia, caiu assim que decolou do aeroporto Sheremetyevo, indo para Kiev. Um dia antes do acidente, a equipe técnica do aeroporto de Moscou foi dispensada pelo pessoal do FSB, dizendo que inspecionariam o avião, atrás de uma possível sabotagem. Provavelmente, e de acordo com o ex-oficial de espionagem russo Alexander Litvinenko, os inspetores pertenciam ao Departamento 12 de Operações Especiais do FSB.[13]

Em 2002, três anos após os atentados, Sergei Kovalyov, membro da Duma, decidiu criar uma "Comissão Independente de Investigação dos Atentados a Bomba em Apartamentos", mais conhecida como "Comissão Kovalyov".

---

[12] "Mystery Death of Kremlin Critic", *The Guardian*, 10 de março de 2000.

[13] Yuri Felshtinsky e Vladimir Pribylovsky, op. cit.

OPERAÇÃO KRYSHA

Durante as primeiras semanas, mais de 20 oficiais do FSB e do Kremlin foram convocados para prestar depoimento, mas o trabalho de investigação foi interrompido quando Sergei Yushenko, um político liberal e membro da Comissão, foi baleado e morto no dia 17 de abril de 2003, ao sair de casa. Em 3 de julho, outro membro da Comissão, Yury Shchekochikhin, morreu envenenado com tálio.[14]

Em outubro de 2003, o assessor jurídico da Comissão, Mikhail Trepashkin, foi preso por agentes do FSB sob a acusação de "revelar segredos de Estado". Acabou condenado por um tribunal militar secreto a quatro anos de prisão. Segundo ele próprio declarou, seus supervisores e altos funcionários do FSB prometeram "suspender" sua condenação se abandonasse a Comissão Kovalyov, oferecendo-lhe, além disso, um posto no Departamento Legal do FSB. O presidente da Comissão Kovalyov resumiu suas conclusões da seguinte forma: "O que posso dizer? Só podemos provar uma coisa: não havia nenhum exercício de treinamento na cidade de Ryazan, e as autoridades não querem responder a nenhuma pergunta."

A testemunha Vladimir Romanovich, o agente do FSB suspeito de ter transportado o explosivo para Moscou, morreu logo depois em um acidente seguido de perseguição e fuga no Norte do Chipre.[15] E, em 10 de setembro de 2005, o jornalista Otto Latsis, também membro da Comissão, durante uma viagem de carro em uma rodovia perto de Moscou, foi abalroado por um SUV preto com dois ocupantes. A colisão frontal contra um muro de proteção foi violentíssima e, depois de várias semanas em coma, Latsis finalmente morreu em 3 de novembro de 2005.[16]

Mas ainda havia uma importante ponta a ser atada: o coronel Alexander Litvinenko. Certa manhã, cinco veículos oficiais estavam passando pelo Centro de Moscou em direção ao quartel-general do Serviço Federal de Segurança. Nikolai Patrushev convocara seu alto-comando para decidir sobre uma operação secreta a ser realizada na Grã-Bretanha. Às sete horas da manhã, os cinco veículos passaram por controles de segurança em direção ao

---

[14] Marcel H. Van Herpen, *Putin's Wars: The Rise of Russia's New Imperialism*, Rowman & Littlefield Publishers, Nova York, 2015.

[15] Garry Kasparov, *Winter Is Coming: Why Vladimir Putin and the Enemies of the Free World Must Be Stopped*, Public Affairs, Nova York, 2015.

[16] Masha Gessen, op. cit.

prédio principal, conhecido como "Lubyanka" ou "o Centro", que não havia mudado muito desde a época em que a KGB governava a vida de milhões de soviéticos. Os convocados para a reunião eram Viktor Pronichev, Sergei Smirnov e Vyachesvlav Ushakov, que compunham o Estado-Maior do FSB; Oleg Syromolotov, chefe do Departamento 1 e encarregado da contrainteligência, e Viktor Klimenko, chefe do Diretório de Operações e Objetivos Estratégicos de Contrainteligência, também conhecido como Departamento UKROSO. Nessa reunião secreta, seria decidida a eliminação de Alexander Litvinenko.[17]

Nascido em 1962, na cidade de Voronezh, a cerca de 300 quilômetros ao sul de Moscou, Litvinenko ingressou no Exército em 1980. Em menos de 20 anos foi promovido de soldado raso a coronel de um dos diretórios mais prestigiosos do FSB, o Departamento 7, responsável pela luta contra o terrorismo e o crime organizado. Ali, começou a se destacar no mundo da espionagem russa ao dirigir operações secretas conjuntas entre o FSB e a unidade contra o crime organizado da polícia de Moscou. Durante aqueles anos, documentos classificados como de "Importância Especial" passaram por suas mãos: a guerra na Chechênia, os atentados terroristas em Moscou, o assassinato sistemático de oponentes do regime pelo FSB, as prisões de cientistas acusados sem provas de espionagem para países estrangeiros e uma série de outros assuntos extremamente delicados eram do conhecimento do coronel Alexander Litvinenko.[18]

Em fevereiro de 1998, o então chefe do Departamento 7, Viktor Kolmogorod, encarregou Litvinenko de matar o magnata Boris Berezovski, um dos novos oligarcas surgidos na esteira de Yeltsin, proprietário de vários meios de comunicação na nova Rússia, ex-secretário adjunto do Conselho de Segurança da Federação e responsável pela coordenação das políticas de segurança e defesa do país. A ideia era envenenar o magnata com alguma substância radioativa ou, simplesmente, fazê-lo voar por meio de uma bomba estrategicamente posicionada entre sua residência e a sede de seu grupo empresarial. A Litvinenko se permitiu que fizesse um acordo com mafiosos

---

[17] Eric Frattini, *El Polonio y otras maneras de matar. Así asesinan los servicios de inteligencia*, Espasa, Madri, 2011.

[18] Andrei Soldatov e Irina Borogan, op. cit.

OPERAÇÃO KRYSHA

O poderoso Nikolai Patrushev e Vladimir Putin unidos por grandes segredos

encarcerados, cujas sentenças seriam reduzidas se conseguissem acabar com o poderoso Berezovski.[19]

Pouco depois, Litvinenko foi exonerado de todos os seus cargos e confinado na prisão de Lefortovo, acusado de violar o "Decreto Presidencial 1.203", também chamado de "Lista de Informação Considerada Segredo de Estado". Em 1º de novembro de 2000, logo após ser posto em liberdade condicional e com a ajuda de seu amigo Alexander Goldfarb, o já ex-espião conseguiu evitar a estreita vigilância de seus antigos companheiros e fugir no fundo falso de um caminhão de mudanças com a esposa, Marina, e o filho de 6 anos, Anatoli, em direção a Istambul. Uma vez lá, pegou um avião para Londres. Ao chegar ao terminal de Heathrow, Litvinenko pediu à polícia um encontro com agentes do M15, o serviço de segurança britânico. Litvinenko solicitou formalmente asilo político, que lhe foi concedido em 2001.[20]

Da Grã-Bretanha, o ex-espião iniciou uma campanha contra o Kremlin. Em 2001, publicou-se um livro escrito pelo próprio Litvinenko, intitulado *A explosão da Rússia*, no qual ele acusava seus ex-chefes de terem organizado, em 1999, os atentados contra os conjuntos habitacionais de Moscou, Buynaksk e Volgodonsk, que causaram a morte de mais de 300 pessoas. Litvinenko afirmou ter em seu poder o relatório do FSB classificado como

---

[19] Paul Klebnikov, *Godfather of the Kremlin: The Life and Times of Boris Berezovsky*, Houghton Mifflin Harcourt, Londres, 2000.

[20] Alex Goldfarb e Marina Litvinenko, *Death of a Dissident: The Poisoning of Alexander Litvinenko and the Return of the KGB*, Free Press, Washington, D.C., 2014.

de "Importância Especial" sobre os atentados e, segundo ele, esses atentados faziam parte de um plano orquestrado pelos serviços secretos russos para ajudar Putin a atingir o poder máximo do país. Depois de ser nomeado primeiro-ministro pelo presidente Yeltsin em agosto de 1999, Putin se apoiou no FSB como pilar básico de sua ascensão ao topo.[21]

Mas voltemos àquela tal reunião no "Centro" com a presença dos seis chefes do FSB. A decisão foi unânime: Alexander Litvinenko, ex-coronel da inteligência russa, havia se tornado alguém que incomodava a imagem da Federação e do presidente Putin e, portanto, era melhor que desaparecesse. O departamento de Viktor Klimenko, o UKROSO, seria o responsável pela operação.

Em Londres, a vida de Litvinenko e sua família transcorria mais ou menos de forma normal. O pequeno Anatoli aprendera a língua facilmente e frequentava uma escola em Muswell Hill, o bairro onde Berezovski tinha presenteado Litvinenko com uma casa. Sua esposa, Marina, ocasionalmente frequentava uma igreja ortodoxa próxima e logo voltava para casa, onde esperava o marido e o filho. O ex-coronel, sempre vigiado por agentes do MI5, não tinha ocupação fixa, mas havia estabelecido uma espécie de rotina. Sabe-se que, nas semanas seguintes, Litvinenko se encontrou com novos exilados que haviam chegado da Rússia fugindo dos homens do Serviço Federal de Segurança. Um desses encontros foi com um misterioso exilado chamado "Yevgeny", que lhe deu várias pistas sobre a identidade dos supostos assassinos da jornalista Anna Politkovskaya, morta a tiros no elevador de seu prédio em Moscou, em 7 de outubro de 2006, após denunciar em sua coluna da *Novaya Gazeta* o dedo sujo do FSB e culpar por tudo isso seu poderoso chefe, Nikolai Platonovich Patrushev. Da mesma forma, a jornalista havia denunciado a corrupção de poder nas mãos do presidente Vladimir Putin e o fato de o FSB estar por trás dos atentados a bomba em Moscou.

Em seu encontro com o misterioso Yevgeny, ele disse a Litvinenko que ligaria para ele na terça-feira, 31 de outubro de 2006, à noite, para informá-lo do local e da hora do encontro com dois homens que supostamente teriam participado do assassinato da jornalista por ordem do FSB.[22]

---

[21] Alexander Litvinenko e Yuri Felshtinsky, op. cit.

[22] Ibid.

OPERAÇÃO KRYSHA

Naquele dia, o ex-coronel de 43 anos saiu para correr, como fazia toda manhã. Ao voltar para casa, depois de um banho frio, vestiu-se, despediu-se da esposa e partiu para a estação de metrô mais próxima. Ia se encontrar com um cidadão italiano chamado Mario Scaramella, um acadêmico nascido em Nápoles e criado na Rússia. Segundo fontes russas, Scaramella era um visitante assíduo da sede do FSB e um "colaborador" próximo de Viktor Komogorov, chefe do Diretório 5, responsável pela Análise e Planos Estratégicos do Serviço Federal de Segurança. O ponto de encontro era o restaurante japonês Itsu, a poucos metros do hotel Ritz.[23]

Litvinenko chegou cedo e sentou-se a uma mesinha nos fundos, de onde podia ver a porta. Uma garçonete se aproximou e perguntou o que ele queria beber. "Só um copo d'água. Estou aguardando outra pessoa", respondeu o ex-oficial de espionagem. Minutos depois, Scaramella entrou no restaurante e se dirigiu a Litvinenko. A garçonete se aproximou novamente da mesa, e os dois homens pediram um combinado. Depois de experimentar alguns sushis, Litvinenko se levantou da mesa e foi ao banheiro, que ficava nos fundos. Naquele momento, aproveitando a oportunidade, Mario Scaramella pegou um pulverizador de material radioativo em seu bolso e borrifou a comida de Litvinenko com Polônio-210 (Po-210), um veneno ultrapotente (com apenas 1 grama é possível matar 10 milhões de pessoas).

No entanto, o MI5 sugere outra possibilidade para explicar a morte de Alexander Litvinenko. Há quem pense que ele poderia ter sido envenenado no hotel Millenium, para onde se dirigiu depois de deixar o Itsu e se despedir de Scaramella na rua. Litvinenko desceu a New Bond Street até a Maddox, e uma câmera de segurança filmou o ex-espião logo após ele virar à direita, na direção da praça Grosvenor Square. Já no Pine Bar do Millenium, ele se encontrou com o seu velho amigo Andrei Lugovoi, antigo guarda-costas da KGB, e Dimitri Kovtun, um misterioso empresário a quem Lugovoi o apresentara duas semanas antes.[24] Os três homens, ao que tudo indica, conversaram de forma efusiva sobre o "mentor" do assassinato da jornalista Anna Politkovskaya, que, segundo o ex-coronel, era ninguém menos que

---

[23] Eric Frattini, op. cit.

[24] Nigel West, *Historical Dictionary of International Intelligence*, Rowman & Littlefield Publishers, Lanham, 2015.

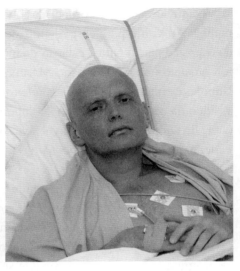

Alexander Litvinenko antes de ser envenenado com Polônio-210

Alexander Litvinenko pouco antes de morrer

Vladimir Putin, assim como do executor, Nikolai Patrushev. A certa altura, Litvinenko se dirigiu à recepção do hotel, até as cabines telefônicas, para dar um telefonema. Nesse momento, Andrei Lugovoi ou Dimitri Kovtun puderam ter pego o pulverizador e misturado o Polônio-210 com o chá.

Em poucas horas, o estado de saúde de Alexander Litvinenko se tornou preocupante: sofria de suores intensos, dores de estômago e forte enxaqueca. Era como se ele tivesse sido exposto à radiação após a explosão de uma bomba nuclear. O polônio que invadia seu corpo poderia permanecer letal até quatro meses e meio depois de ter sido ativado.[25]

Na quinta-feira, 2 de novembro, o ex-coronel mal conseguia se levantar. O cabelo havia caído e as dores gastrointestinais estavam se tornando mais agudas, o que o impedia até de se alimentar. Na quarta-feira, 15 de novembro, duas semanas após o envenenamento, o fígado e os rins começaram a falir. Na sexta-feira, dia 17, ele recebe resultados de exames médicos que mostram

---

[25] Luke Harding, *A Very Expensive Poison: The Definitive Story of the Murder of Litvinenko and Russia's War with the West*, Guardian Faber Publishing, Londres, 2008.

OPERAÇÃO KRYSHA

que o ex-espião russo pode ter sido envenenado com tálio, substância usada na fabricação de veneno de rato. O Kremlin, por meio de seu porta-voz, negou qualquer envolvimento do governo da Federação Russa no possível envenenamento de Litvinenko, mas a mídia já havia começado a ecoar as teorias da conspiração lançadas pelo próprio ex-espião de sua cama de hospital. Na terça-feira, 21 de novembro, o toxicologista John Henry anunciou que Litvinenko havia sido envenenado com uma substância radioativa chamada Polônio-210. Na quinta-feira, 23 de novembro de 2006, por volta das oito horas da noite, foi noticiado que o Polônio-210 havia paralisado o metabolismo e a medula óssea do paciente, e uma hora e 21 minutos depois o ex-coronel morreu, por falência múltipla dos órgãos.

Os assassinatos seletivos perpetrados pelo Serviço Federal de Segurança (FSB) da Federação Russa continuam até hoje. O longo braço de Litvinenko segue espreitando os inimigos do Kremlin onde quer que eles se escondam. Do "Centro", continua-se a vigiar e agir, como testemunhado pelo assassinato da jornalista Nadezhda Chaikova, correspondente do semanário *Obshchaya Gazeta*, que denunciou as atrocidades cometidas pelas forças russas na Chechênia e as torturas realizadas por agentes do FSB contra prisioneiros de guerra. Em 20 de março de 1996, Chaikova foi sequestrada com a mãe, e as duas foram brutalmente espancadas e executadas com um tiro na nuca. Seus corpos foram encontrados em uma vala comum em 11 de abril, nos arredores da cidade chechena de Gehki.[26]

A jornalista Nina Yefimova, correspondente do jornal *Vozrozhdeniye*, na Chechênia, foi baleada na nuca em 9 de maio de 1996, após denunciar as operações secretas do FSB na cidade de Grozny. A investigadora Galina Starovoitova foi assassinada a tiros em casa, em São Petersburgo, em 20 de novembro de 1998. Yuri Kolchin e Vitali Akishin, seus assassinos, tinham trabalhado como sicários pagos pela inteligência russa. Malika Umazheva, ex-chefe da administração russa na aldeia chechena de Alkhan-Kala, foi assassinada em 29 de novembro de 2002, após denunciar incursões ilegais de unidades especiais do FSB na região. Umazheva trabalhava havia alguns anos na Sociedade de Amizade Russo-Chechena, um grupo fortemente perseguido pelo Serviço Federal de Segurança.

---

[26] J.J. Hornblass e Tom Vogel, *Ink Stained*, Ink Stains Press LLC, internet, 2013.

O jornalista americano de ascendência russa Paul Klebnikov foi morto a tiros quando saía de um restaurante de Moscou, em 9 de julho de 2004. Seus dois assassinos, Kazbek Dukuzov e Valid Agayev, de origem chechena, estavam confinados há anos em uma prisão do FSB e foram misteriosamente postos em liberdade uma semana antes do assassinato de Klebnikov.

Outros cidadãos russos que tentaram denunciar os abusos do presidente Putin e do FSB tiveram melhor sorte do que os anteriores. Referimo-nos ao investigador Igor Sutyagin, aos físicos Valentin Danilov e Yuri Ryzhov, ao químico Oleg Korobeinichev, ao acadêmico Oskar Kaibyshev, aos escritores e jornalistas Vladimir Rakhmankov, Andrei Sinyavsky e Yuli Daniel, e aos ambientalistas Alexander Nikitin, Grigory Pasko, Vladimir Petrenko e Nikolay Shchur. Todos foram condenados sem provas a penas de prisão sob a acusação de "espionagem, revelação de material sensível e ultrassecreto e exportação ilegal de tecnologia".

Outros casos foram os dos ex-espiões do FSB, Viktor Orekhov, antigo oficial da KGB, detido por manter reuniões clandestinas com dissidentes do regime de Putin, e Vladimir Kazantsev, um oficial do FSB que revelou as escutas telefônicas ilegais realizadas pelo Serviço Federal de Segurança em empresas estrangeiras e representações diplomáticas com sede na Rússia. Ou de Vil Mirzayanov, oficial do FSB, que revelou que a espionagem russa estava trabalhando no desenvolvimento de um gás nervoso e de certo tipo de droga para serem usados em interrogatórios. Ou ainda de Viktor Kandrechev, ex-oficial do FSB que denunciou na imprensa as "tarefas especiais" realizadas por agentes do Serviço Federal de Segurança, que incluíam o assassinato de pessoas no Tadjiquistão, Uzbequistão, Turcomenistão e Azerbaijão, ou as ações realizadas pelos "esquadrões da morte" do FSB na Chechênia.[27]

A "segunda guerra" da Chechênia, desencadeada após os atentados a bomba em conjuntos habitacionais, começou em 26 de agosto de 1999 e terminou em maio de 2000. As operações de contrainsurgência começaram em junho de 2000 e terminaram em 15 de abril de 2009. No final do conflito, quase 7.500 soldados russos tinham perdido a vida, e também mais de 16 mil guerrilheiros chechenos. Estima-se que morreram entre 150 mil e 250 mil civis.[28]

---

[27] Yuri Felshtinsky e Vladimir Pribylovsky, op. cit.

[28] George Chanturia, *The Second Chechen War and Human Rights Abuses: History, War, Politics*, Lambert Academic Publishing, Saarbrücken, 2016.

OPERAÇÃO KRYSHA

Em 31 de maio de 2001, German Ugryumov, o mentor que elaborou para Vladimir Putin a estratégia da guerra na Chechênia e provavelmente a campanha de bombas nos prédios, morreu em circunstâncias estranhas, ainda não esclarecidas. Segundo a versão oficial do FSB e do Kremlin, Ugryumov, que na época de sua morte pesava quase 150 quilos, "morreu de um infarto fulminante". Grigory Pasko, antigo oficial da Marinha, jornalista e editor da revista *Citizen*, garantiu que Ugryumov foi assassinado a mando do presidente Vladimir Putin devido à grande quantidade de informações secretas que possuía, apesar de ter sido ele quem levou Putin ao poder absoluto. O famoso ex-general da KGB Alexander Korzhakov, confidente do então presidente Boris Yeltsin e ex-chefe do Serviço de Segurança Presidencial, afirmou que "German Ugryumov atirou em si mesmo ou 'alguém' o forçou a dar um tiro na cabeça".[29] Todos os olhos se voltaram para o Kremlin.

---

[29] Em 9 de dezembro de 2002, a prestigiosa publicação *Novaya Gazeta* publicou uma carta aberta de Yusuf Krymshamkhalov e Timur Batchaev, suspeitos de serem os responsáveis pelos ataques a bomba em Moscou e Volgodonsk, dirigida à Comissão de Investigação desses ataques. No texto, ambos os suspeitos afirmavam que German Ugryumov "supervisionou pessoalmente todos os ataques a bomba realizados entre agosto e setembro de 1999 de dentro de seu escritório no FSB". (N.A.)

O "CASO AMERITHRAX"
(2001)

Foi o primeiro ataque de terrorismo biológico do século XXI. Para isso foi utilizada uma arma biológica de última geração. Ela chegou pelo correio, semanas depois dos ataques terroristas de 11 de setembro às Torres Gêmeas e ao Pentágono. Tratava-se de um novo ataque terrorista; primeiro na Flórida e depois em Nova York e Washington. O antrax espalhou o medo por todo o país.

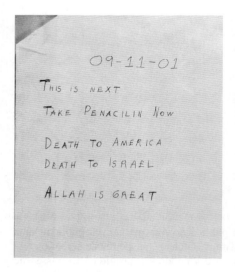

Carta com antrax para Tom Brokaw
(NBC News)

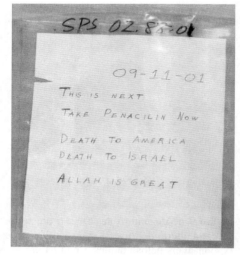

Carta com antrax para o jornal
The New York Post

O "CASO AMERITHRAX"

Em 18 de setembro de 2001, cinco cartas foram recebidas na sede de diversos veículos de comunicação (ABC News, CBS News, NBC News, *The New York Post* e na *National Enquirer*, em Boca Raton, Flórida), e outra chegou à Microsoft. As cartas tinham como remetente um endereço em Trento, no estado de Nova Jersey. A primeira vítima foi Robert Stevens, um fotógrafo de 63 anos do jornal *The Sun*, que morreu em 5 de outubro de 2001. Duas outras pessoas foram infectadas. Imediatamente, o presidente George W. Bush fez uma declaração pública no Salão Oval da Casa Branca, afirmando que o FBI não descartava que Osama bin Laden estivesse por trás do ataque. Pela primeira vez na história dos Estados Unidos, o Congresso foi fechado em Washington.

Ao todo, cinco pessoas morreram e outras 22 foram infectadas. O país inteiro caiu no caos e durante semanas a população não recolheu a correspondência entregue pelo serviço postal. O medo foi suficiente para se declarar guerra ao Iraque. O secretário de Estado Colin Powell afirmou o seguinte na ONU: "Menos de uma colher de antrax em pó enfiado em um envelope causou o fechamento do Senado. [...] O Iraque declara possuir 8.500 litros de antrax, e Saddam Hussein ainda não prestou contas dessa quantidade de pó letal." Dessa forma, o governo Bush começava a espalhar as sementes da guerra entre as opiniões públicas norte-americana e internacional.[1]

O antrax, ou carbúnculo, é uma infecção causada por uma bactéria chamada *bacillus anthracis*. Essa bactéria produz esporos, que podem viver por anos e são a causa da enfermidade quando entram em contato com o organismo. Embora seja uma doença comum em animais de fazenda, há muito pouca chance de uma pessoa contraí-la, apenas se for exposta e entrar em contato com os esporos de uma das seguintes maneiras: inalação, até que os esporos atinjam os pulmões, ingestão de alimentos que contenham esporos ou introdução de esporos no corpo por meio de um corte ou ferida aberta.[2]

A investigação realizada pelo FBI se chamou "Amerithrax" e se estendeu por seis continentes. O caso logo caiu no colo de Steven Hatfill, cientista

---

[1] Graeme MacQueen, *The 2001 Anthrax Deception: The Case for a Domestic Conspiracy*, Clarity Press, Atlanta, 2014.

[2] Leonard A. Cole, *The Anthrax Letters: A Bioterrorism Expert Investigates the Attack That Shocked America*, Skyhorse Publishing, Nova York, 2009.

Eric Frattini ∞ *MANIPULANDO A HISTÓRIA*

O FBI teve de proteger o Congresso depois de receber envelopes com antrax

especializado em armas de biodefesa, que foi imediatamente demitido de seu emprego na Science Applications International Corporation (SAIC), com sede na Virgínia. Hatfill havia estudado na Universidade do Zimbábue, na década de 1980, onde a minoria branca usara o antrax como arma de defesa contra a maioria negra, causando a epidemia mais importante dessa doença até hoje.[3] Após sua demissão da SAIC, a reputação de Hatfill foi destruída, apesar de ele insistir que não tinha nada a ver com as cartas contendo antrax. Em 2003, Hatfill processou o FBI e o Departamento de Justiça pela violação de seus direitos civis, e cinco anos depois o governo foi condenado a pagar-lhe cerca de 5 milhões de dólares para isentá-lo publicamente de qualquer responsabilidade nos ataques com o antrax.[4] A investigação "Amerithrax" continuou, até que, em 1º de agosto de 2008, o diretor do FBI, Robert Mueller, anunciou que eles tinham o verdadeiro culpado: novamente, um cientista

---

[3] René Pita, *Armas Químicas. La ciencia en manos del mal*, Plaza y Valdés Editores, Madri, 2008.
[4] Sarah Muller Beebe e Randolph H. Pherson, *Cases in Intelligence Analysis: Structured Analytic Techniques in Action*, CQ Press, Virgínia, 2014.

O "CASO AMERITHRAX"

militar chamado Bruce Edwards Ivins. Nascido em 22 de abril de 1946, Ivins era microbiólogo e especialista em biodefesa no Instituto de Pesquisa de Doenças Infecciosas do Exército dos Estados Unidos (USAMRIID), em Fort Detrick, Maryland. Depois de se especializar em cólera e legionella, ele preferiu se concentrar no antrax e no desenvolvimento de cepas após o vazamento desse bacilo de uma instalação militar soviética ("Instalação 19"), em Ecaterimburgo, que causou 105 mortes e infectou quase 500 pessoas, com variadas gravidades.[5]

O programa de armas químicas e biológicas começou nos Estados Unidos durante a Segunda Guerra Mundial, em resposta ao medo dos programas

Bruce Ivins, suspeito de ser o remetente das cartas

de armas biológicas dos inimigos. Os japoneses usaram essas armas contra os chineses na Manchúria. Após a guerra, Fort Detrick se tornou um laboratório de antrax e de outros organismos letais. Os esporos do antrax se processavam em pó para serem disseminados como aerossol, facilitando sua inalação por parte das vítimas, que morriam em menos de três dias.

Durante a Guerra Fria, os Estados Unidos dispunham de armas biológicas suficientes para exterminar toda a raça humana. Porém, em 1969, Washington decidiu renunciar ao seu uso.[6] O então presidente, Richard Nixon, declarou que os Estados Unidos não usariam "nenhuma arma biológica que pudesse matar ou incapacitar os inimigos". Isso levou à destruição de todos os estoques de armas químicas e biológicas do mundo.

---

[5] David Willman, *The Mirage Man: Bruce Ivins, the Anthrax Attacks, and America's Rush to War*, Bantam, Nova York, 2011.
[6] Marylin W. Thompson, *The Killer Strain: Anthrax and a Government Exposed*, HarperCollins, Nova York, 2003.

Em uma convenção sobre armas biológicas e tóxicas, realizada em 10 de abril de 1972, o uso de armas bacteriológicas foi proibido. A partir daquele momento, os programas de defesa com organismos letais só seriam permitidos se tivessem como objetivo o desenvolvimento de vacinas. Em um desses programas trabalhava o dr. Bruce Ivins.

Os especialistas concordavam: o antrax usado nas cartas de 2001 era o mais sofisticado que já havia sido visto, algo que não podia ser feito pelo trabalho de uma só pessoa.[7]

Em 2002, a investigação do FBI descobriu um vazamento de antrax em Fort Detrick. Milhares de esporos haviam escapado de vários depósitos lacrados e foram encontrados em partes desprotegidas do edifício. Um colega de Bruce Ivins afirmou que havia sido exposto a esporos de antrax ao manusear uma carta contaminada com o agente biológico. O próprio Ivins verificou sua área de trabalho (mesa, computador, teclado, monitor, telefone e gavetas) e se encarregou de descontaminar cada centímetro, mas não informou a seus superiores, nem ao serviço de segurança do USAMRIID.[8]

Na lista de laboratórios suspeitos havia alguns que não estavam nos Estados Unidos, já que a cepa de antrax usada nas cartas (cepa Ames), uma das mais letais desenvolvidas pelas Forças Armadas norte-americanas, havia sido compartilhada com laboratórios de outros países. Uma investigação do *New York Times* descobriria que essa cepa havia sido cedida a vários laboratórios estrangeiros, de modo que o "ataque" com cartas poderia ter se originado no exterior, incluindo a Grã-Bretanha e o Canadá, entre outros.

Stephen Dresch, ex-deputado federal republicano pelo Michigan — para o governo, um irritante investigador —, estava disposto a desmascarar o que chamou de "máfias da indústria das armas biológicas". Aos 16 anos, Dresch já havia se formado; aos 19, graduou-se em ciências econômicas, com especialização em países do Leste Europeu; e, aos 23, obteve o doutorado na Universidade de Yale. Suas investigações não passaram despercebidas. Dresch afirmou que a pessoa que mais poderia fornecer informações acerca

---

[7] "Ántrax, guerra biológica", Odyssey Channel, 2013.

[8] Governo dos Estados Unidos, *Amerithrax: The Investigation into the 2001 Anthrax Attacks, FBI Evidence Against Dr. Bruce Ivins for the Anthrax Bioterrorism Attacks, Anthrax Coverage*, Progressive Management, Washington, D.C., 2008.

O "CASO AMERITHRAX"

dos ataques postais com antrax era o britânico David Kelly, um cientista que trabalhava no laboratório militar secreto de Porton Down, onde a cepa Ames havia sido recebida diretamente de Fort Detrick na década de 1980.[9] Kelly foi o cientista, funcionário do Ministério da Defesa britânico e inspetor de armas das Nações Unidas no Iraque, que chamou a atenção em julho de 2003, quando, durante uma conversa com um jornalista da BBC, disse que o governo de Tony Blair "havia falsificado um relatório sobre 'armas de destruição em massa' no Iraque".

David Kelly

Kelly foi chamado para testemunhar em 15 de julho de 2003 perante o Comitê de Relações Exteriores do Parlamento e teve sua reputação questionada quando afirmou que o governo britânico havia exagerado nos relatos de que o Iraque possuía imensos arsenais de armas químicas, a fim de tornar a opinião pública mais favorável à possibilidade de uma guerra contra Saddam Hussein. Kelly foi encontrado morto dois dias depois de falar no Comitê, em 17 de julho de 2003, após retornar de uma caminhada perto de casa em Oxfordshire.[10] Ninguém acreditava que o dr. Kelly havia se suicidado cortando os pulsos com uma navalha e que sangrara até a morte, como indicava seu atestado de óbito. De fato, o caso foi declarado "secreto" e "sigiloso".[11]

---

[9] Peter Lance, *Cover Up: What the Government Is Still Hiding About the War on Terror*, William Morrow, Nova York, 2004.

[10] O governo do primeiro-ministro Tony Blair abriu o chamado "Inquérito Hutton", uma investigação pública sobre as circunstâncias que cercaram a morte de Kelly. A investigação concluiu que ele havia cometido suicídio, enquanto lorde Hutton, presidente da Comissão, decidiu que as evidências relacionadas à morte de David Kelly, incluindo o relatório *post mortem* e as fotografias do corpo, deveriam permanecer "sigilosas" pelos próximos 70 anos. Os documentos só serão conhecidos no ano de 2073. (N.A.)

[11] Bob Coen, *Dead Silence: Fear and Terror on the Anthrax Trail*, Counterpoint Press, Berkeley, 2009.

Eric Frattini ∽ *MANIPULANDO A HISTÓRIA*

BO 055025

CERTIFIED COPY **OF AN ENTRY**
Pursuant to the Births and Deaths Registration Act 1953

DEATH   Entry No. 190

Registration district Oxfordshire	**Administrative area** County of Oxfordshire
Sub-district Oxfordshire	

1. Date and place of death
Eighteenth July 2003
Found dead at Harrowdown Hill, Longworth, Oxon

2. Name and surname
David Christopher KELLY

3. Sex Male

4. Maiden surname of woman who has married _____

5. Date and place of birth
14th May 1944   Pontypridd, South Wales

6. Occupation and usual address
Civil Servant
Westfield, Faringdon Road, Southmoor, Oxon

7(a) Name and surname of informant
Certificate on inquest adjourned received from N G Gardiner
Fourteenth August 2003

(b) Qualification
Coroner for Oxfordshire. Inquest held

(c) Usual address _____

8. Cause of death
I (a) Haemorrhage
   (b) Incised Wounds to the Left Wrist

II   Co-proxamol ingestion and coronary artery atherosclerosis

9. I certify that the particulars given by me above are true to the best of my knowledge and belief _____

Signature of informant

10. Date of registration
Eighteenth August 2003

11. Signature of registrar
Val Farrant Registrar

Certified to be a true copy of an entry in a register in my custody.

CBowden { *Deputy* *Superintendent Registrar* *Registrar*   Date 28ᵗʰ April 2004

Strike out whichever does not apply

CAUTION: THERE ARE OFFENCES RELATING TO FALSIFYING OR ALTERING A CERTIFICATE AND USING OR POSSESSING A FALSE CERTIFICATE. ©CROWN COPYRIGHT

WARNING: A CERTIFICATE IS NOT EVIDENCE OF IDENTITY.

Atestado de óbito de David Kelly (18 de agosto de 2003)

O jornal *Baltimore Sun* relatou que os cientistas militares americanos, em suas instalações em Utah, estavam trabalhando em armas com antrax que mais tarde foram enviadas para Fort Detrick. Os esporos do antrax eram exatamente iguais aos encontrados nos envelopes enviados ao Congresso. Sete anos depois,

O "CASO AMERITHRAX"

em setembro de 2008, um dos alvos das cartas com antrax, o congressista Patrick Leahy, continuava questionando o FBI sobre a origem real dos esporos de antrax. Leahy perguntou diretamente a Mueller: "Você conhece alguma outra instalação nos Estados Unidos onde podem ser criadas armas como as que atacaram o Congresso e os cidadãos, além de Dugway Proving Ground, em Utah, e o laboratório de Battelle, em Jefferson, Ohio?" Depois de um silêncio constrangedor, Robert Mueller, diretor do FBI, respondeu: "Tenho certeza de que há mais, mas só conheço Dugway e Battelle. [...] Em relação aos dois laboratórios que acabo de citar e à possibilidade de existirem outros que possam exercer a mesma função armamentista, gostaria de pedir que deixássemos o assunto para uma sessão secreta; afinal, é provável que alguns detalhes relativos ao caso sejam confidenciais e sigilosos." Estava claro que o diretor do FBI não descartava a possibilidade de que havia outros laboratórios que trabalhavam com antrax.[12]

O jornalista James Gordon Meek, do *Daily News*, revelou que, logo após os ataques com antrax de 2001, funcionários da Casa Branca pressionaram várias vezes o diretor do FBI, Robert Mueller, a mostrar que os ataques com armas químicas "eram um segundo ataque da Al-Qaeda. Depois de 5 de outubro de 2001 e após a morte por exposição ao antrax do editor de fotografia do jornal *The Sun*, Robert Stevens, Mueller foi criticado nas reuniões matinais de inteligência com o presidente Bush por não apresentar evidências que demonstrassem que os ataques com os esporos assassinos eram obra da mente terrorista de Osama bin Laden".

Robert Mueller foi pressionado por Bush a "fabricar" provas contra a Al-Qaeda

---

[12] Lewis M. Weinstein, *Case Closed: Why the FBI Failed to Solve the Anthrax Case – A Fictionalized Account That Begins Where the Reported Facts End*, New Atlantean Press, Santa Fé, 2015.

Eric Frattini ∽ *MANIPULANDO A HISTÓRIA*

Em 15 de outubro de 2001, o presidente Bush declarou: "Pode haver alguma relação possível com Bin Laden. [...] Eu não o deixaria de lado." O vice-presidente, Dick Cheney, disse "que os capangas de Bin Laden foram treinados para implementar e usar esses tipos de substâncias; então, podemos começar a juntar as peças". Mas a essa altura o FBI já sabia que o antrax usado nas cartas dirigidas à mídia e ao Senado provinha da cepa militar projetada nos Estados Unidos. Mueller declarou: "Rapidamente Fort Detrick nos informou que isso não era algo que um sujeito em uma caverna poderia fazer. [...] Eles não tinham como ir de estiletes em uma semana a fabricantes de armas com antrax na seguinte."[13]

Na realidade, o governo Bush estivera financiando o desenvolvimento de armas bacteriológicas em centros de pesquisa privados. O jornalista Edward Epstein escreveu o seguinte sobre o assunto: "Dessa forma, desaparece a cadeia de responsabilidades, porque as empresas privadas, por sua vez, pertencem a outras empresas privadas, e não só isso, mas também se cria uma máscara que cobre as atividades governamentais, já que muitos governos fazem coisas que as empresas privadas depois escondem."[14]

Outra ferramenta concedida por Washington a empresas privadas seriam as vacinas para combater as próprias armas bacteriológicas que elas criaram. No caso do antrax, a única vacina existente é a fabricada pela Bioport Corporation,[15] e desde 1998 é obrigatória para o Exército dos Estados Unidos que está na linha de frente. A dra. Mary Nash, especialista no tratamento de veteranos de guerra, garantiu que "a vacina [contra o antrax] pode causar, nos soldados que a tomam, esclerose múltipla, lúpus, sintomas associados à síndrome da Guerra do Golfo, como perda de memória, dor muscular e articular,

---

[13] James Gordon Meek, "FBI was told to blame Anthrax scare on Al Qaeda by White House officials", *Daily News*, 2 de agosto de 2008.

[14] Edward J. Epstein, "The Anthrax Attacks Remain Unsolved", *The Wall Street Journal*, 24 de janeiro de 2010.

[15] Em 2004, a Bioport Corporation mudou seu nome para Emergent Bio-Solutions, fundada por Fuad el-Hibri, um filantropo germano-americano de origem libanesa, que alcançou nos últimos dez anos quase 1 bilhão de euros em contratos governamentais, principalmente com a Defesa. Um braço dessa empresa sediada em Maryland, a Emergent BioDefence Operations Lansing Inc., é a única que fabrica a vacina contra antrax autorizada pelo Food and Drug Administration (FDA), a BioThrax (Anthrax Vaccine Adsorbed). (N.A.)

O "CASO AMERITHRAX"

fadiga aguda, inúmeros distúrbios gastrointestinais etc. Na realidade, muitos são os dados que desaconselham a utilização dessa vacina". É curioso que a vacina contra o antrax aplicada nos militares dos Estados Unidos tenha sido desenvolvida por uma equipe especial em Fort Detrick. Segundo o FBI, nessa equipe estava o principal suspeito de ser o responsável pelo envio de cartas com esporos de antrax, o dr. Bruce Ivins.

Quando a Bioport Corporation foi questionada a respeito da controvérsia sobre os efeitos colaterais de sua vacina, a empresa emitiu uma declaração oficial que dizia: "Nossa vacina, a BioThrax, é a única aprovada pelo FDA para prevenir a infecção por antrax. [...] Seu processo foi estudado mais do que qualquer outra vacina nos Estados Unidos e é completamente segura e eficaz."[16] Em 2008, os Estados Unidos aprovaram uma lei declarando estado de emergência por antrax durante sete anos. Milhões de doses foram encomendadas à Emergent BioSolutions para equipes de emergência, e Fort Detrick foi forçado a ampliar suas instalações secretas.

Kenneth Alibek, que foi um dos homens fortes da União Soviética no desenvolvimento de armas químicas antes de fugir para o Ocidente, ajudou o FBI em sua investigação sobre as cartas com antrax. Alibek escreveu o seguinte:

> Os Estados Unidos estão gastando milhões de dólares no que chamam de "defesa biológica". Eles criam vírus, como o grande vírus da gripe espanhola. Com que objetivo? Para muitos países, é sem dúvida a desculpa para criar novas armas biológicas. [...] Só espero que eles não sejam tão loucos a ponto de começar algo que poderia varrer do mapa toda a humanidade.[17]

A investigação dos ataques de antrax em 2001 leva a um mundo sombrio no qual nada é o que parece. O mistério que cerca o envio de cartas e a morte de vários cientistas relacionados à produção de armas químicas pode nunca ser resolvido.

---

[16] David Willman, op. cit.
[17] Kenneth Alibek, *Biohazard: The Chilling True Story of the Largest Covert Biological Weapons Program in the World — Told from Inside by the Man Who Ran It*, Delta Publishing, Surrey, 2000.

Sem qualquer evidência, o presidente George W. Bush e o vice-presidente Dick Cheney fizeram declarações especulando sobre a possibilidade de uma ligação estreita entre os ataques com antrax e a Al-Qaeda. O jornal britânico *The Guardian* relatou, no início de outubro de 2001, que cientistas dos Estados Unidos identificaram o Iraque como a fonte do antrax. No dia seguinte, o *Wall Street Journal* publicou um editorial no qual enfaticamente assegurava que "a Al-Qaeda perpetrou os envios com antrax de origem iraquiana". Poucos dias depois, John McCain sugeriu no programa de David Letterman que "o antrax pode ter vindo do Iraque". Na semana seguinte, a ABC News divulgou uma série de relatórios indicando que três ou quatro "fontes" (do governo Bush) haviam identificado a bentonita como ingrediente na preparação do antrax, o que significa o "envolvimento total do Iraque no envio de cartas com antrax".[18]

Altos funcionários da Casa Branca explicaram que não havia bentonita no antrax que aparecia nas cartas, mas já era tarde. A mídia não parava de repetir a reportagem da ABC News para demonstrar que Saddam Hussein possuía "armas de destruição em massa" e estava preparado para "usá-las contra os Estados Unidos". As duas afirmações eram uma invenção do governo Bush para ir à guerra.

No domingo, 27 de julho de 2008, o dr. Bruce Ivins, o principal suspeito no "caso Amerithrax", foi encontrado semi-inconsciente em sua casa em Maryland, alguns dias antes de o FBI prendê-lo. Foi levado para o hospital, onde morreu na terça-feira, levando consigo muitos segredos. Bruce Ivins supostamente cometeu suicídio ao ingerir uma overdose de Tylenol misturado com codeína.

Em uma coletiva de imprensa realizada em 6 de agosto, no Departamento de Justiça, formalmente se anunciou que o governo havia concluído que Ivins era provavelmente o único "responsável pela morte de cinco pessoas e pelo adoecimento de outras 12, em consequência do envio de cartas anônimas a membros do Congresso e à mídia, entre setembro e outubro de 2001", e que as cartas "continham *bacillus anthracis*, comumente conhecido como antrax". Em 19 de fevereiro de 2010, o FBI publicou um relatório de 92 páginas com

---

[18] David Rose e Ed Vulliamy, "Iraq behind US anthrax outbreaks", *The Guardian*, 14 de outubro de 2001; "The Antrax Source", *The Wall Street Journal*, 15 de outubro de 2001; Brian Ross, Christopher Isham, Chris Vlasto e Gary Matsumoto, "Troubling Anthrax Additive Found", ABC News, 26 de outubro de 2001.

O "CASO AMERITHRAX"

Capa do relatório sobre o "Caso Amerithrax" do Departamento de Justiça (19 de fevereiro de 2010)

as provas contra o dr. Ivins e anunciou que havia concluído a investigação. As conclusões do FBI foram contestadas por diversos microbiologistas, pela viúva de uma das vítimas e por vários políticos americanos. O senador democrata Patrick Leahy, um dos alvos do ataque com antrax, os colegas democratas Rush Holt e Jerrold Nadler, e os republicanos Chuck Grassley e Arlen Specter garantiram que Ivins "não era o único responsável pelos ataques". Devido a pressões políticas, o FBI foi forçado a solicitar a criação de uma comissão independente, composta de membros da Academia Nacional de Ciências, para revisar a investigação científica do caso. Em 15 de maio de 2011, a comissão divulgou suas conclusões: "A conclusão é de que o FBI exagerou a força da genética na análise que ligava o antrax enviado pelo correio a um suprimento mantido por Bruce E. Ivins." O principal resultado da comissão foi que "não era possível chegar a uma conclusão definitiva sobre as origens do *bacillus anthracis* com base apenas em uma evidência científica".[19]

Richard Spertzel, ex-comandante adjunto em Fort Detrick, declarou o seguinte logo após a morte do dr. Bruce Ivins:

> Estou absolutamente convencido, como outros especialistas, de que o dr. Ivins não poderia ter feito tudo isso sozinho com o equipamento de que dispunha. [...] O material que apareceu nas cartas de Daschle e Leahy, segundo relatórios do FBI, continha partículas entre 1,5 e 3 micrômetros, algo muito sofisticado. Para obter um tamanho tão reduzido, são necessários meios específicos e especiais. [...] Com os dados que tenho em meu poder, em Fort Detrick não há material suficiente para produzir esse tipo de pó [de antrax]. Não seria possível reduzir uma quantidade tão pequena de pó com tanta precisão. [...] Claro que eles podem encerrar o caso. Ele [Ivins] está morto. Não pode mais se defender.

Edward J. Epstein, jornalista e investigador do "Caso Amerithrax" e contrário à teoria do FBI, assegurou: "Se lemos Sherlock Holmes ou alguma outra história de detetives, duas perguntas são sempre repetidas. Quem sai ganhando? Qual era o motivo? A teoria do 'lobo solitário' atendia às necessidades do FBI. Um louco que roubou uma pequena quantidade disso, misturou em sua casa de qualquer jeito e mandou algumas cartas, e... Agora está morto. Portanto, já não precisamos de motivo."

Em outubro e novembro de 2003, foram interceptadas duas novas cartas que, do lado de fora, diziam: "Cuidado, ricina tóxica dentro do recipiente fechado. Não abra sem proteção adequada." Os dois envelopes foram endereçados ao Departamento de Transporte de Washington e à Casa Branca, respectivamente. Seu conteúdo testou positivo para detectores de ricina. O remetente assinava como "Anjo Caído" e ameaçava com mais ataques de ricina se o governo dos Estados Unidos não aprovasse uma lei relacionada ao transporte rodoviário. Em fevereiro de 2004, a ricina foi novamente detectada no gabinete do líder da maioria no Senado em Washington, o republicano Bill Frist. Como resultado, três prédios do Senado permaneceram fechados por uma semana.[20]

---

[19] Lewis M. Weinstein, op. cit.

[20] René Pita, op. cit.

O "CASO AMERITHRAX"

Em Genebra, durante a reunião anual da Convenção de Armas Biológicas e Tóxicas, em dezembro de 2007, o especialista em segurança biológica, dr. Malcolm Dando, deu um toque de atenção aos países presentes:

> Quem está envolvido com a ciência e a vida deve se responsabilizar para que essas ferramentas sejam utilizadas para o bem da humanidade, e não para causar danos a pessoas e animais. [...] Estamos em meio a uma revolução científica e tecnológica sem precedentes na história da humanidade, e o que nos confronta é a possibilidade de que essa revolução se transforme em algo hostil ou em uma boa causa. Devemos nos perguntar: podemos evitar o primeiro? A resposta é que não sabemos.

Os ataques por meio do envio de cartas com antrax por um cientista norte--americano foram usados para uma operação de falsa bandeira pelo governo do presidente George W. Bush como parte da campanha para convencer o Congresso e a opinião pública dos Estados Unidos da necessidade de ir à guerra contra o Iraque. A invasão do Iraque, ocorrida entre 20 de março e 1º de maio de 2003, resultou na morte de 139 soldados norte-americanos. A Guerra do Iraque, que começou com a invasão e terminou em 2011, causou a morte de 4.497 militares norte-americanos. As perdas iraquianas, tanto militares quanto civis, durante esses oito anos de conflito, chegam a centenas de milhares. E o número continua crescendo até hoje.

②⓪

O "CASO NIGERGATE",
OU O FALSO ASSUNTO DO URÂNIO
(2002)

— — — — — — — — — — —

Em 20 de janeiro de 2001, George W. Bush tornou-se o 43º presidente dos Estados Unidos. Mas Bush Jr. nunca entendeu o que seu pai, George H.W. Bush, o 41º, queria durante os últimos dias da Segunda Guerra do Golfo (1990-91), quando ordenou que o general Norman Schwarzkopf detivesse o avanço para Bagdá, algo que não agradou aos militares.

Bush pai preferia um Iraque derrotado a um Iraque desmembrado em territórios e facções. Mas Bush Jr. o ignorou quando, após uma série de manipulações do serviço de inteligência, decidiu ir à guerra contra Saddam Hussein com o apoio de outras nações.

A guerra começou na quinta-feira, 20 de março de 2003, e terminou no domingo, 18 de dezembro de 2011, mas, para poder provocá-la, altos funcionários do governo Bush informaram aos seus serviços de inteligência e aos de seus principais aliados que aceitariam qualquer informação que ligasse a Al-Qaeda ao Iraque ou que mostrasse que o Iraque pretendia desenvolver e usar "armas de destruição em massa" (WMD). Deixaram claro que aceitariam qualquer informação, por mais questionável que fosse, que servisse para justificar a guerra.[1] Se a origem era duvidosa, isso seria atribuído a alguma fonte ou serviço de inteligência estrangeiro, a fim de colocar a responsabilidade nas costas dos outros.

---

[1] Peter Baker, *Days of Fire: Bush and Cheney in the White House*, Anchor Books, Nova York, 2014.

O "CASO NIGERGATE", OU O FALSO ASSUNTO DO URÂNIO

O caso mais famoso desse tipo de operação de falsa bandeira foi a atribuição da "história" do urânio do Níger à Grã-Bretanha e aos seus serviços de inteligência, de que falaremos a seguir, mas também deu muito o que falar aquele suposto encontro entre Mohamed Atta, o terrorista egípcio que jogou o American Airlines 11 contra a torre norte do World Trade Center, e um importante agente iraquiano na cidade de Praga. Essa reunião foi uma invenção do Serviço de Informação e Segurança (BIS), a contrainteligência tcheca.

Como já dissemos, os altos funcionários da Casa Branca pediram aos exilados iraquianos, favoráveis à invasão, qualquer informação que pudesse justificar uma ação militar contra o Iraque. Não se questionava a credibilidade da informação. Os principais conselheiros do presidente Bush aceitaram como válido qualquer relatório atribuído a um serviço de inteligência aliado. Posteriormente, esses relatórios foram analisados pela CIA e se descobriu que o que lá se dizia era falso. Quando as mentiras foram expostas, a Casa Branca acusou os serviços secretos franceses (DGSE) e até a CIA de terem fabricado provas falsas.

Em suma, o governo Bush criou uma equipe que operava a partir da Casa Branca com o único propósito de convencer a opinião pública norte-americana e a mundial de que a guerra contra o Iraque era necessária. Essa equipe era liderada pelo vice-presidente, Dick Cheney, e pelo secretário de Defesa, Donald Rumsfeld. Também no seleto grupo estavam Paul Wolfowitz, subsecretário de Defesa; Irve Lewis Libby, chefe de gabinete do vice-presidente; Douglas Feith, subsecretário de Defesa para assuntos políticos; Richard Perle, presidente do comitê consultivo do Conselho de Política de Defesa; Elliot Abrams, conselheiro de Segurança Nacional para assuntos do Oriente Médio e Norte da África; Abram Shulsky, diretor do Gabinete de Planos Especiais; William Luti, assistente especial do presidente Bush e diretor de Política de Defesa e Estratégia do Conselho de Segurança Nacional; John Bolton, subsecretário de Estado para Controle de Armas e Segurança Internacional; Stephen Hadley, conselheiro adjunto de Segurança Nacional; David Wurmser, conselheiro do vice-presidente Cheney para o Oriente Médio; Stephen Cambone, subsecretário de Defesa para Assuntos de Inteligência; Andrew Card, chefe de gabinete da Casa Branca; Karen Hughes, conselheira do presidente Bush e especialista em relações públicas; Karl Rove, subchefe de gabinete da Casa Branca; Ben Rhodes, conselheiro de Segurança Nacional; e Michael

— 261 —

Michael Ledeen, um dos inventores do urânio do Níger

Ledeen, membro do Conselho para a Democracia no Iraque.[2] Este último era conhecido na Itália desde quando, em 1974, se mudou para Roma, onde se concentrou no estudo dos movimentos fascistas italianos. Entre 1980 e 1981, trabalhou como assessor dos serviços de inteligência militar italianos, até ser nomeado conselheiro especial do secretário de Estado Alexander Haig. Na capital italiana, foi acusado de associação ilícita com grupos de extrema direita e de estreito contato com a Loja P2. Mas, quando as especulações aumentaram, Ledeen deixou a Europa para se tornar conselheiro especial do então secretário de Estado Alexander Haig. Michael Ledeen reconheceu ter recebido 10 mil dólares do Sismi (serviço de inteligência italiano), então chefiado pelo general Giuseppe Santovito, por ter assessorado a inteligência militar em assuntos relacionados aos Estados Unidos. Naqueles anos, também esteve relacionado ao polêmico Francesco Pazienza, antigo integrante do Sismi, e, como acabamos de dizer, à P2. "Eu conhecia Pazienza, mas não considero que a Propaganda 2 existisse. Sua existência é uma fantasia típica italiana", disse o próprio Ledeen em uma entrevista à *Vanity Fair*.

Todos "os homens do presidente" se dedicaram de corpo e alma a aproveitar o controle que tinham sobre as chamadas *psyops*, operações psicológicas dirigidas à opinião pública com o único objetivo de convencê-la da necessidade de invadir o Iraque. Ledeen, um dos maiores responsáveis pelo assunto do urânio do Níger, respondeu da seguinte forma à pergunta "O que o seleto grupo do presidente Bush deseja?", em um artigo escrito na *World Jewish Review*:

---

[2] Peter Baker, op. cit.

O "CASO NIGERGATE", OU O FALSO ASSUNTO DO URÂNIO

Eles desejam que o Irã, o Iraque, a Síria, o Líbano e até mesmo a Arábia Saudita sejam desestabilizados, e que todos os ulemás, imãs, xeques e aiatolás antissemitas e antiamericanos cantem loas aos Estados Unidos da América e bombeiem gasolina a cinco centavos o galão em uma base militar dos Estados Unidos perto do Círculo Polar Ártico.[3]

Mas quando toda essa operação começara?

Durante o verão de 1999, agentes da DGSE francesa detectaram que minas de urânio abandonadas em uma região do Níger estavam sendo trabalhadas. Então, eles levaram a informação ao conhecimento de seu diretor, Jacques Dewatre. Da inteligência francesa enviaram um memorando à sede do MI6 britânico, em Vauxhall Cross, no qual era relatada uma misteriosa visita, no início de 1999, de Wissam al Zahawie, embaixador do Iraque na Santa Sé, a Niamei, a capital do Níger. Segundo os franceses, Al Zahawie tentou convencer o presidente Ibrahim Maïnassara a abastecer Bagdá com *yellowcake*, ou seja, pasta de urânio enriquecido. Curiosamente, a informação sobre Al Zahawie transmitida por Paris não foi redirecionada à CIA pelos britânicos, por ser considerada "bastante duvidosa". Os franceses então entraram em contato com um personagem chamado Rocco Martino, um ex-agente italiano do Sismi, que se tornou o personagem principal na confecção e disseminação da falsa história sobre o *yellowcake* nigerino.[4]

A DGSE, por meio de seu chefe de inteligência e segurança, Alan Chouet, pediu ao ex-agente italiano que consultasse suas fontes. Martino garantiu aos franceses que tinha uma fonte muito importante na embaixada nigerina em Roma. Mas isso não era verdade. Sua fonte era Antonio Nucera, ex-membro da Arma de Carabinieri, chefe da I e VIII Divisão do Sismi (transferência de armas e tecnologia e contraproliferação de armas nucleares para a África e o Oriente Médio) e subchefe do centro da inteligência militar italiana na Viale Pasteur, em Roma. Martino disse a Nucera que precisava de qualquer informação sobre a compra de *yellowcake* pelo Iraque. Nucera então o apresentou a Laura Montini, uma mulher na casa dos 60 anos que trabalhava na

---

[3] Eric Frattini, *Italia, sorvegliata speciale: I servizi segreti americani e l'Italia (1943-2013): una relazione difficile raccontata attraverso centocinquanta documenti inediti*, Ponte alle Grazie, Roma, 2013.

[4] Thomas E. Ricks, *Fiasco: The American Military Adventure in Iraq, 2003 to 2005*, Penguin Books, Nova York, 2007.

Wissam al Zahawie, embaixador do Iraque no Vaticano

Rocco Martino, ex-agente do Sismi que inventou o assunto do urânio do Níger

embaixada do Níger e que recebia quantias em dinheiro como informante do Sismi. Eles a conheciam sob o codinome de *la Signora*.[5]

Na terça-feira, 2 de janeiro de 2001, uns desconhecidos entraram na embaixada do Níger em Roma e roubaram papéis timbrados e selos oficiais. O jornal *La Repubblica* afirmou anos depois que o roubo foi organizado por Nucera, Martino, *la Signora* e um diplomata de segundo escalão chamado Zakaria Yaou Maiga. Em 31 de janeiro, quarta-feira, ocorreu um segundo roubo, desta vez na residência do responsável pelos assuntos consulares da embaixada do Níger em Roma.

Em 11 de setembro daquele ano, terça-feira, ocorreu o ataque ao World Trade Center e ao Pentágono. A máquina da Casa Branca começou a organizar os preparativos para um ataque preventivo contra o Iraque. Em 10 de outubro, quarta-feira, Rocco Martino solicitou uma entrevista com Jeffrey Castelli, chefe do escritório da CIA em Roma, no segundo andar da embaixada dos Estados Unidos na Via Veneto. O ex-agente carregava uma pasta preta cheia de documentos sobre a venda de *yellowcake* do Níger para o Iraque. Castelli os analisou e rapidamente percebeu que eram falsos. Martino insistiu que não e disse-lhe que em troca de uma quantia ele poderia ficar com eles. Naquele momento, o chefe da CIA em Roma expulsou Martino da legação diplomática.

---

[5] Eric Frattini, op. cit.

O "CASO NIGERGATE", OU O FALSO ASSUNTO DO URÂNIO

Um dos documentos falsificados pelos serviços de inteligência italianos e vazados por Martino e Nucera para os norte-americanos é uma carta em que o Ministério das Relações Exteriores do Níger pede que sua embaixada em Roma entre em contato com o embaixador iraquiano no Vaticano, Wissam al Zahawie, para "receber uma resposta para o Iraque em relação ao fornecimento de urânio segundo os acordos estabelecidos em 28 de junho de 2000 em Niamei. Siga este dossiê com toda a discrição e diligência. Assinado: Nassirou Sabo. Ministério das Relações Exteriores". Com efeito, tratava-se de uma falsificação grosseira, e os espiões italianos não perceberam que haviam mudado a data para 30 de julho de 1999, quando o texto fala de uma reunião já realizada, datada de 28 de junho de 2000.

Cinco dias depois do encontro entre Martino e Castelli, Silvio Berlusconi e seu novo chefe do Sismi, Nicolò Pollari, fazem uma visita oficial a Washington. Pollari é um general de prestígio dentro da Guardia di Finanza e agora deve enfrentar uma das tarefas mais difíceis de sua carreira. Durante o encontro entre Berlusconi e Bush na Casa Branca, o líder italiano mostra seu total apoio aos Estados Unidos na hora de implicar Saddam Hussein no 11 de Setembro. No encontro, que ocorre na sede da CIA, em Langley, com o diretor da agência, George Tenet, Pollari lhe entrega um volumoso arquivo que diz que o Iraque tentou comprar urânio no Níger e que o país africano concordou em enviar várias toneladas para o Iraque. As mesmas informações de inteligência são fornecidas ao MI6 e ao Departamento de Estado, mas estas organizações as descartam por serem de credibilidade "altamente duvidosa".[6]

No início de dezembro de 2001, Michael Ledeen, que na época era assessor do subsecretário de Defesa para Assuntos Políticos Douglas Feith, organizou uma reunião especial em Roma a pedido de Stephen Hadley, conselheiro adjunto de Segurança Nacional e número 2 de Condoleezza Rice.[7] Pelo lado norte-americano, participam o próprio Ledeen, Larry Franklin, especialista do Pentágono em Irã, e Harold Rhode, do Gabinete de Avaliações do Pentágono. Pelo lado italiano, Antonio Martino, ministro da Defesa; Nicolò Pollari,

---

[6] Charles Lewis, *935 Lies: The Future of Truth and the Decline of America's Moral Integrity*, Public Affairs, Nova York, 2014.

[7] Allison Hantschell, *Special Plans: The Blogs on Douglas Feith & the Faulty Intelligence That Led to War*, William James & Company, Nova York, 2005.

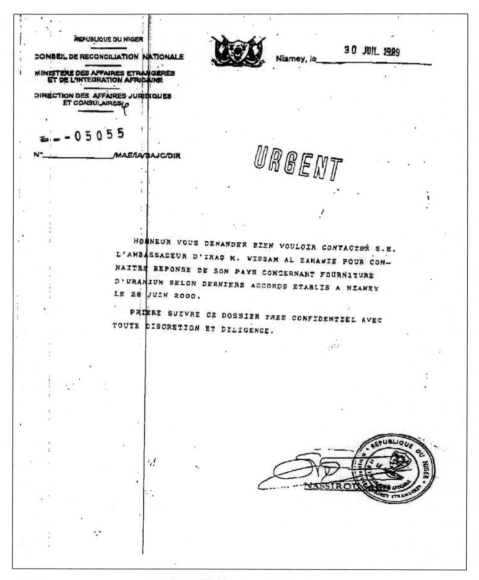

Carta falsificada pelo Sismi

chefe do Sismi, e um oficial não identificado do Sisde, os serviços civis de inteligência italianos. Na reunião, também estão presentes Manucher Ghorbanifar, um exilado iraniano e famoso traficante de armas envolvido no Irã--Contras, e dois líderes importantes do MEK, uma organização revolucionária

O "CASO NIGERGATE", OU O FALSO ASSUNTO DO URÂNIO

iraniana que participou da Revolução de 1979, mas que na época se via perseguida pelo regime de Teerã. O tema principal do encontro foi estabelecer possíveis conexões do Irã com terroristas do Afeganistão dentro da campanha da "Guerra ao Terrorismo" iniciada pela Casa Branca após os atentados do 11 de Setembro.[8]

Em 12 de dezembro, quarta-feira, durante um jantar informal na embaixada dos Estados Unidos em Roma com Michael Ledeen e Rocco Martino, o embaixador Mel Sembler fica sabendo o que foi discutido naquela reunião secreta. Irritado por não ter sido informado antes, decidiu convocar Jeffrey Castelli, chefe da CIA em Roma, a quem pede que envie um telegrama urgente a Langley, informando sobre o encontro. A CIA em geral e Castelli em particular estão preocupados com a gestão de Michael Ledeen e a maneira como ele está manipulando os serviços de inteligência italianos em seu benefício. A embaixada, por meio do Departamento de Estado, informa a esse respeito Stephen Hadley, conselheiro adjunto de Segurança Nacional, mas este não chega a tocar no assunto com sua chefe, Condoleezza Rice.

Misteriosamente, no início de 2002, George Tenet, diretor da CIA, afirma que os Estados Unidos encontraram evidências dos esforços iraquianos para comprar urânio do Níger em grande quantidade. É claro que os altos membros da Casa Branca convenceram Tenet a construir um caso contra o Iraque com as informações fornecidas pela DGSE francesa e pelo Sismi italiano.[9]

Em fevereiro de 2002, Nicolò Pollari se reúne com o próprio George Tenet na sede da CIA. O motivo é informar em primeiríssima mão o chefe da Agência a respeito do que foi discutido na reunião de Roma sobre a questão iraniana. Tenet, mais tarde, se apresenta na Casa Branca e exige que Douglas Feith e Stephen Hadley cortem relações com Michael Ledeen e Manucher Ghorbanifar de uma vez por todas.

Em 12 de fevereiro de 2002, terça-feira, o vice-presidente Dick Cheney recebe de Silvio Berlusconi e Pollari uma versão ampliada do relatório italiano. O parágrafo que chama a atenção de Cheney é aquele que se refere

---

[8] George Tenet, *At the Center of the Storm: My Years at the CIA*, HarperCollins, Nova York, 2007.

[9] Michael A. Ledeen, *The War Against the Terror Masters: Why It Happened. Where We Are Now. How We'll Win*, Truman Talley Books, Nova York, 2007.

à suposta viagem do embaixador iraquiano no Vaticano ao Níger em 1999, viagem em que foi selado um acordo para a compra de 500 toneladas de urânio em julho de 2000. É Lewis "Scooter" Libby, chefe de gabinete de Cheney, ou John P. Hannah, conselheiro de Segurança Nacional do vice-presidente, que propõe que essas informações sejam usadas com o objetivo de construir uma justificativa sólida para iniciar a guerra contra o Iraque. Hannah e Libby fazem parte do chamado "Vice Squad", a equipe de "informantes" de Cheney.

O vice-presidente ainda não está convencido e pede uma ampliação do relatório à DIA, a Agência de Inteligência de Defesa. É curioso que, no dia seguinte, Cheney tenha em sua mesa o relatório ampliado, que confirma que o Iraque está procurando urânio para seu programa de armas nucleares.

Em 26 de fevereiro de 2002, terça-feira, os Estados Unidos decidem enviar o diplomata Joseph Wilson ao Níger para confirmar as informações sobre o *yellowcake*. Wilson é marido de Valerie Plane, uma agente sênior da CIA na Divisão de Contraproliferação de Armas Nucleares. Wilson se reúne com Mai Managa, ex-ministro de Minas e Energia, que lhe garante que não realizaram nenhuma venda de urânio fora do controle da Agência Internacional de Energia Atômica (AIEA) desde meados da década de 1980. Ele também garante a Wilson que deve informar a Washington que o Níger jamais assinará um contrato de venda de urânio com um país infrator como o Iraque.[10]

O relatório, classificado como "Secreto", do Seleto Comitê de Inteligência do Senado dos Estados Unidos, compilado em 7 de julho de 2004, faz referência na página 36, ponto A, ao "Relatório Original do Níger". Na quarta linha, ele fala de "um serviço de um governo estrangeiro" (o Sismi da Itália), no qual se indica que o Níger planejava embarques de várias toneladas de urânio para o Iraque.

Em 1º de março de 2002, sexta-feira, o Escritório de Inteligência e Investigação do Departamento de Estado envia um memorando a Colin Powell, declarando que as alegações sobre tentativas iraquianas de obter urânio do Níger "não são confiáveis". Em agosto, é criado o chamado "Grupo Iraque da Casa Branca" (WHIG, em sua sigla em inglês), com a finalidade de coordenar a campanha de desinformação para justificar a guerra contra o Iraque. O grupo

---

[10] Joseph Wilson, *The Politics of Truth: A Diplomat's Memoir: Inside the Lies That Led to War and Betrayed My Wife's CIA Identity*, PublicAffairs, Nova York, 2005.

O "CASO NIGERGATE", OU O FALSO ASSUNTO DO URÂNIO

opera do escritório do vice-presidente Cheney no Executive Building, liderado por Karl Rove, e inclui Libby; Andrew Card; Mary Matalin, consultora política do Partido Republicano; James Wilkinson, assessor de Condoleezza Rice; Nicholas Calio, assistente do presidente Bush para Assuntos Legislativos; Karen Hughes, especialista em relações públicas; Dan Bartlett, conselheiro do presidente; Michael Gerson, redator de discursos do presidente Bush; John Rendon, presidente do Rendon Group e especialista em relações públicas e propaganda; e Ari Fleischer, secretário de imprensa da Casa Branca. O WHIG se reúne duas vezes por semana na Sala de Crise da Casa Branca.[11] No final de agosto, Nicolò Pollari contata diretamente Michael Ledeen, estabelecendo, assim, a linha direta entre o Sismi e o Gabinete de Planos Especiais da Casa Branca e o WHIG.

Em 26 de agosto, segunda-feira, Dick Cheney declara que Saddam Hussein reiniciou seus esforços para adquirir armas nucleares. "Muitos de nós estamos convencidos de que Saddam vai adquirir armas nucleares muito em breve", diz ele. Em setembro, Paul Wolfowitz, subsecretário de Defesa, ordena a criação do Gabinete de Planos Especiais, que servirá como órgão alternativo à CIA, a fim de coletar informações para apoiar a guerra contra o Iraque.[12]

Em 4 de setembro, quarta-feira, é Michael Ledeen quem escreve o seguinte no *Wall Street Journal*:

> A guerra contra o terrorismo não terminará em Bagdá. A estabilidade é uma missão indigna dos Estados Unidos e um conceito enganoso. Não queremos estabilidade no Irã, no Iraque, na Síria, no Líbano ou sequer na Arábia Saudita. Queremos que as coisas mudem. O verdadeiro problema não é *se*, mas *como* desestabilizar.

Cinco dias depois, Nicolò Pollari se reúne em segredo em Washington com Condoleezza Rice, conselheira de Segurança Nacional, Hadley e outros funcionários do WHIG. A reunião foi organizada por Ledeen. O encontro acontece no escritório de Rice, na Casa Branca, e tem duração de 15 minutos. O curioso é que nenhum dos participantes se lembra de ter falado sobre o urânio do Níger. Naquele mesmo 9 de setembro, no final da tarde, Pollari tem uma segunda reunião com Stephen Hadley, vice-conselheiro de Segurança

---

[11] Valerie Plane Wilson, *Fair Game: How a Top CIA Agent Was Betrayed by Her Own Government*, Simon & Schuster, Nova York, 2008.

[12] Peter Baker, op. cit.

Eric Frattini ⚭ *MANIPULANDO A HISTÓRIA*

UNCLASSIFIED   SECRET//NOFORN//X1

RELEASED IN PART
B1, 1.4(C), 1.4(D), B3, CIA

INR
United States Department of State
Bureau of Intelligence and Research

(S//NF) Niger: Sale of Uranium to Iraq Is Unlikely

(S//NF) Niger probably is not planning to sell uranium to Iraq, in part because France controls the uranium industry in Niger and would take action to block a sale   B1, B3

President Tandja nor key officials of his government, who understand the value of good relations with the United States and other aid donors, would risk jeopardizing them by selling uranium to Iraq. In addition, the sale would violate UNSCR 687.

(S) France, which uses nuclear power to produce about 80% of its electricity, obtains around 40% of its uranium from two mines at Arlit deep in the Sahara in northern Niger, the only operating uranium mines in the country. France and Niger jointly own the mines; Japan and Spain have a minority interest in one of them. France unequivocally controls the overall operation; there are French managers and engineers at every point in the mining, milling, and transportation process.

◼ A corrupt former president may have negotiated with Iraq

(S//NF)   B1, B3
At that time Niger was ruled by President Bare Mainassara, an unsophisticated and venal individual who would not have been above trying to sell uranium to a rogue state. But Bare's Presidential Guard killed him in April 1999. The junta that governed Niger for the next nine months relinquished power to Tandja's freely elected government in December 1999.

◼ Tandja not likely to risk aid for short-term gain

(S//NF) The report further states that Niger and Iraq signed the sales agreement in July 2000, with full support from Tandja (and following an internal legal review). In view of   B1

SECRET//NOFORN//X1
CLASSIFIED BY: Carl W. Ford, Jr., INR A/S
E.O. 12958 Reason: 1.5(c) and (d)   March 1, 2002
UNITED STATES DEPARTMENT OF STATE
REVIEW AUTHORITY: SHARON E AHMAD
DATE/CASE ID: 02 FEB 2006 200503144   UNCLASSIFIED

Boletim de Inteligência em que não se acredita no "Nigergate"
(1º de março de 2002), página 1 de 3

Nacional. Desta vez, a reunião foi organizada por Gianni Castellaneta, assessor diplomático de Berlusconi. Acredita-se que nessa reunião Pollari tenha falado sobre o urânio do Níger. [13]

---

[13] James Risen, *State of War: The Secret History of the CIA and the Bush Administration*, Free Press Publishers, Nova York, 2006.

— 270 —

O "CASO NIGERGATE", OU O FALSO ASSUNTO DO URÂNIO

Nesse mesmo setembro, o Congresso dos Estados Unidos dá autorização ao presidente Bush para declarar guerra ao Iraque.

Em 1º de outubro, a CIA envia à Casa Branca um extenso dossiê de 90 páginas sobre o Iraque. A informação do Sismi sobre o esforço iraquiano para adquirir *yellowcake* de urânio no Níger é apenas citada na nota de rodapé do "Anexo A" e marcada como "altamente duvidosa".

Na mesma época, no entanto, uma Estimativa de Inteligência Nacional afirma que "um serviço de um governo estrangeiro [o Sismi] relatou desde o início de 2001 que o Níger planejava o envio de várias toneladas de urânio para o Iraque". A informação também contém uma anotação do Departamento de Estado, dizendo que "as afirmações sobre a busca do Iraque por urânio natural na África são altamente duvidosas". Condoleezza Rice ignorou essa anotação.[14]

Também em outubro, Rocco Martino entrega a Alan Chouet, chefe de inteligência e segurança da DGSE, documentos que parecem indicar que o Níger assinou um acordo em julho de 2000 para abastecer o Iraque com *yellowcake*, ou seja, uma história semelhante àquela que a inteligência italiana, o Sismi, já contara à CIA. A DGSE rejeita os documentos como uma falsificação italiana grosseira. Como Martino não sabe o que fazer com os documentos, tenta vendê-los à revista *Panorama*, de Silvio Berlusconi, por pouco mais de 11.500 euros. A jornalista Elisabetta Burba recebe um pacote de cartas e outros documentos sobre as supostas negociações entre o Níger e os iraquianos. Burba duvida de sua autenticidade e não os publica, mas no dia 9 de outubro a jornalista entrega uma cópia dos documentos à embaixada dos Estados Unidos em Roma. A embaixada os envia em uma entrega especial para Washington. O destinatário é desconhecido.[15]

Na terça-feira, 15 de outubro, a CIA recebe o primeiro dos relatórios "ultrassecretos" do Sismi, no qual se diz que o Níger planejava embarcar toneladas de minério de urânio com destino ao Iraque. No início de 2003, Nicolò Pollari informa pessoalmente à CIA que todos os relatórios entregues pelo Sismi sobre o Níger são "falsos", mas àquela altura os Estados Unidos estão prontos para ir à guerra contra o Iraque. Na quinta-feira, 16 de janeiro, altos

---

[14] Joseph Wilson, op. cit.

[15] Eric Frattini, op. cit.

Eric Frattini ∞ *MANIPULANDO A HISTÓRIA*

funcionários da CIA e da Casa Branca debatem se devem ou não incluir o Níger na questão do *yellowcake* nigerino no Discurso sobre o Estado da União do presidente Bush. Robert Joseph, assistente especial do presidente e diretor de Estratégia de Proliferação e Contraproliferação de Armas Nucleares, aceita sua inclusão, desde que o MI6 ratifique tal informação. É claro que, nesse ponto, ninguém confia mais nas informações que vêm da DGSE francesa ou do Sismi italiano.[16]

Nos dias seguintes, Bush, Rice e Powell fazem referência ao assunto do Níger em comparecimentos no Congresso, no *New York Times* e numa reunião do Fórum Econômico Mundial, em Davos. Enquanto a AIEA (Agência Internacional de Energia Atômica) continua a afirmar que não há prova de que o Iraque esteja desenvolvendo armas de destruição em massa, Bush, Rumsfeld e Powell continuam defendendo o contrário. Entre os dias 1º e 4 de fevereiro, Powell ensaia seu discurso na ONU, mas os integrantes do "Vice Squad" e do WHIG insistem que ele inclua no texto alguma citação que associe o 11 de Setembro ao Iraque. "Eu não vou ler isso. É uma porcaria", diz Colin Powell. Na quarta-feira, 5 de fevereiro, ele se reúne no Conselho de Segurança da ONU, mas não menciona nada sobre o *yellowcake* do Níger.[17]

O diplomata iraquiano Wissam al Zahawie, agora aposentado e residente na Jordânia, é chamado a Bagdá e interrogado por inspetores da ONU sobre sua relação com o Níger e o *yellowcake* de urânio. Al Zahawie diz que não sabe nada sobre o assunto e que está disposto a falar com qualquer pessoa para relatar que qualquer documento sobre o assunto é "absolutamente" falso. "Nunca estive envolvido em nenhuma negociação desse tipo", diz ele aos inspetores da AIEA.

Em 7 de março, sexta-feira, Colin Powell é entrevistado no programa *Meet the Press* da NBC, no qual nega "qualquer atividade de falsificação por parte do governo" e assegura que "os Estados Unidos afirmam que há evidências adicionais fornecidas por um segundo governo estrangeiro [Itália por intermédio do Sismi], além da Grã-Bretanha".

Na noite de quarta-feira, 19 de março, para quinta-feira, 20 de março de 2003, iniciam-se as operações militares contra o Iraque dentro da chamada

---

[16] James Risen, op. cit.

[17] Joseph Wilson, op. cit.; Michael Gordon, *The Endgame: The Inside Story of the Struggle for Iraq, from George W. Bush to Barack Obama*, Vintage Books, Nova York, 2013.

O "CASO NIGERGATE", OU O FALSO ASSUNTO DO URÂNIO

"Operação Liberdade do Iraque". Enquanto se desenvolvem as ações militares contra alvos no Iraque, Washington amplia sua campanha na mídia para tentar explicar os motivos da invasão.

Na primeira quinzena de junho, com as tropas já no terreno e sem nenhuma evidência da presença de armas de destruição em massa, a Casa Branca acusa a CIA de fornecer "informações de inteligência ineficazes". No domingo, 8 de junho, Condoleezza Rice, no programa *Meet the Press*, afirma que "o presidente citou um jornal britânico [sobre a história do urânio africano]. Portanto, nenhum de nós sabia sobre isso em nossos círculos. Talvez eles soubessem nas entranhas da CIA, mas ninguém em nossos círculos sabia que havia dúvidas e suspeitas de que poderia ser uma falsificação".

Na terça-feira, 8 de julho de 2003, o governo Bush recua na afirmação do *yellowcake* do Níger. A Casa Branca, por meio de seu porta-voz, anuncia que "agora sabemos que os documentos que afirmam que houve uma transação entre o Iraque e o Níger haviam sido falsificados". O diretor da CIA, George Tenet, afirma que a referência ao urânio africano deveria ter sido omitida do Discurso sobre o Estado da União de Bush.[18]

Pouco tempo depois, o Comitê Seleto de Inteligência do Senado relata à CIA que solicitará informações adicionais sobre as reuniões mantidas por Ghorbanifar, Michael Ledeen, o Departamento de Defesa e os serviços de inteligência europeus em Roma (com Rocco Martino) e em Paris (com agentes da DGSE). Da mesma forma, o jornal *Newsday* torna público o encontro de dezembro de 2001 em Roma. O artigo cita todos os participantes, incluindo Nicolò Pollari, diretor do Sismi.

Entre 14 e 16 de julho, diferentes meios de comunicação dos Estados Unidos e da Grã-Bretanha acusam formalmente os serviços de inteligência franceses de impedir que o MI6 divulgasse informações de inteligência que alegavam que a tentativa de compra de urânio nigerino pelo Iraque "é mais confiável do que demonstram os documentos". Os franceses repassaram as informações aos britânicos, mas com a percepção de que as informações vinham da Itália e não eram inteiramente confiáveis. A embaixadora do Níger em Roma afirma que o corpo diplomático do país africano que se localiza

---

[18] Charles Lewis, *935 Lies: The Future of Truth and the Decline of America's Moral Integrity*, PublicAffairs, Nova York, 2014.

na Itália não deu nenhuma informação falsa sobre o *yellowcake* e o Iraque. O Níger simplesmente não divulgou nenhum relatório oficial sobre uma suposta negociação entre seu país e o Iraque para a aquisição de urânio.[19]

Poucos dias depois, Bush se reúne com Berlusconi na fazenda que o presidente dos Estados Unidos tem em Crawford, no Texas. Na terça-feira, 22 de julho, Dan Bartlet, diretor de Comunicações da Casa Branca, convoca uma coletiva de imprensa na qual fala sobre a questão. Stephen Hadley, vice-conselheiro de Segurança Nacional, assume total responsabilidade e afirma que esqueceu as objeções da CIA quando incluiu a frase sobre o urânio do Níger no Discurso sobre o Estado da União. Em 3 de agosto, o *Sunday Telegraph* descobre que Herman Cohen, ex-secretário de Estado para a África, havia visitado o então presidente do Níger, Mamadou Tandja, para alertá-lo a ficar em silêncio sobre o assunto. "O sr. Cohen não disse claramente, mas todos nós sabíamos quais seriam as consequências de incomodar os Estados Unidos ou a Grã-Bretanha. Somos o segundo país mais pobre do mundo e dependemos do comércio internacional para sobreviver", disse um alto funcionário do Níger ao jornal britânico.

Em março de 2004, o presidente do Comitê Seleto de Inteligência do Senado, Pat Roberts, republicano do Kansas, afirmou que a investigação sobre o Gabinete de Planos Especiais da Casa Branca ainda estava em suspenso. "O essencial era que a Casa Branca acreditasse nas informações da inteligência, e elas estão erradas", disse Roberts. Em 9 de julho, o Senado publicou o relatório secreto da investigação, no qual a CIA não se saiu bem, o que levou George Tenet a renunciar ao cargo de diretor da Agência Central de Inteligência dois dias após a publicação.[20]

Em 2 de agosto, segunda-feira, dois jornais britânicos noticiaram que o ex-agente do Sismi Rocco Martino garantiu que era ele a fonte da falsa história e o responsável pelo vazamento de documentos que revelariam a falsa intenção do Iraque de comprar urânio no Níger. Martino afirmou que o fez por cobiça, depois de saber que os franceses da DGSE estavam muito interessados no assunto. Rocco Martino assegurou ainda que os governos dos Estados Unidos e da Itália foram os únicos responsáveis pela desinformação.

---

[19] James Risen, op. cit.

[20] Ibid.

O "CASO NIGERGATE", OU O FALSO ASSUNTO DO URÂNIO

"É verdade. Participei da divulgação desses documentos [sobre o urânio do Níger], mas me enganaram. Norte-americanos e italianos participaram dessa campanha de desinformação. Foi uma grande campanha de desinformação", disse Martino.

Em 2 de novembro, George Bush foi reeleito. Condoleezza Rice foi nomeada secretária de Estado, substituindo Colin Powell, e Stephen Hadley, Conselheiro de Segurança Nacional. Já em 2005, dois anos após o início da Guerra do Iraque, a chamada "Comissão de Capacidades de Inteligência dos Estados Unidos sobre Armas de Destruição em Massa" tornou público seu devastador relatório ao presidente. No ponto 4, diz-se que "a Comunidade de Inteligência dos Estados Unidos não autenticou a tempo os documentos evidentemente falsificados [pelos italianos] relacionados com a alegada ligação ao Níger". Em 12 de abril do mesmo ano, Vincent Cannistaro, ex-chefe de Contraterrorismo da CIA, garante que "se alguém alegasse que Michael Ledeen produziu os documentos do Iraque [e o *yellowcake* do Níger], eles estariam muito perto da verdade".[21]

Em julho de 2005, também foi publicado o Relatório do Parlamento Italiano sobre o assunto, onde eram acusados abertamente Michael Ledeen, Dewey Claridge, agente da CIA envolvido no Irã-Contras, Ahmed Chalabi e Francis Brookes, especialista em relações públicas e encarregado de criar a campanha que permitiria a Chalabi tomar o poder no Iraque. O mesmo relatório afirma que as falsificações poderiam ter sido planejadas e projetadas no encontro organizado por Michael Ledeen, em Roma, em dezembro de 2001, que contou também com a presença de Antonio Martino, ministro da Defesa, Nicolò Pollari, chefe do Sismi, e de um oficial não identificado do SISDE. O mais curioso sobre o caso é que o próprio Robert Mueller, diretor do FBI, enviou uma carta ao governo da Itália no final de julho agradecendo a ajuda na investigação de falsificações de documentos e cartas do Níger, sem saber que seus serviços de inteligência participaram ativamente da elaboração desses mesmos documentos. Esta informação seria plenamente confirmada quando o prestigioso jornal *La Repubblica* divulgou informações sobre os documentos falsos do Níger.[22]

---

[21] Michael A. Ledeen, op. cit.

[22] Eric Frattini, op. cit.

No domingo, 23 de outubro de 2005, o editor-chefe da United Press International, Martin Walker, citando fontes da Otan, afirmou o seguinte:

> [...] a equipe de investigadores norte-americanos teria obtido toda a documentação sobre as falsificações feitas pelos italianos. O comitê recebeu o relatório completo, ainda não publicado, da comissão parlamentar de inquérito italiana [...]. Isso abre a porta para o que tem sido a implicação mais séria do vazamento da CIA, que foi a de que o governo Bush pode ter realizado uma campanha brutal, falsa, artificialmente exagerada e nociva em favor do início da guerra contra o Iraque.[23]

Na segunda-feira, 31 de outubro de 2005, Silvio Berlusconi é acusado de recomendar à inteligência italiana (ao Sismi e a seu diretor, Nicolò Pollari) que ajude os Estados Unidos a "estruturar e construir" um discurso a favor da guerra contra o Iraque. David Frum, ex-conselheiro da Casa Branca e redator do famoso discurso sobre o "Eixo do Mal", afirma que o presidente Bush não confiava mais em Berlusconi, poucas horas antes da chegada do líder italiano a Washington.

Para lhe dar cobertura, é o próprio Berlusconi quem declara o seguinte à imprensa italiana: "O presidente Bush me disse que os Estados Unidos não tinham informações [sobre as supostas vendas de urânio do Níger ao Iraque] das agências italianas [o Sismi]." Berlusconi quer lavar as mãos sobre o caso Nigergate. A verdade é que, depois do encontro entre ambos os dirigentes, não houve entrevista coletiva conjunta, talvez para evitar questionamentos sobre o caso.

O próprio Michael Ledeen havia escrito o seguinte em 1972:

> Para alcançar as realizações mais nobres, o líder pode ter de entrar no caminho do mal. É a aterrorizante perspectiva que tornou Maquiavel tão temido, admirado e provocador. Estamos podres... É verdade que podemos alcançar a grandeza se, e somente se, ela nos dirigir de maneira adequada. [...] Dirigidos de maneira adequada, ou seja, por líderes sábios, que promovem adequadamente "mentiras nobres" para que seja feito o que eles desejam.[24]

---

[23] Michael Gordon, op. cit.

[24] Michael A. Ledeen, *Universal Fascism: The Theory and Practice of the Fascist International, 1928-1936*, Howard Fertig, Nova York, 1972.

O "CASO NIGERGATE", OU O FALSO ASSUNTO DO URÂNIO

Trinta e um anos depois, as teorias de Ledeen foram postas em prática pelo governo Bush, com a ajuda da Itália, para que os Estados Unidos e alguns países aliados declarassem guerra ao Iraque. A falsa venda de urânio do Níger ao Iraque tornou-se uma das operações de falsa bandeira mais perigosas, e com as maiores consequências, na política mundial contemporânea. Nem o Iraque nem o regime de Saddam Hussein buscaram, desde a derrota na Guerra do Golfo (1990-91), remontar seu programa de armas nucleares ou de qualquer outro tipo, muito menos adquirir *yellowcake* de urânio do Níger.[25]

Na segunda-feira, 12 de dezembro de 2011, o presidente Barack Obama e o primeiro-ministro iraquiano Nuri al-Maliki decidiram selar o fim da intervenção dos Estados Unidos, ratificando que, no final desse mesmo mês, seriam retiradas quase todas as tropas norte-americanas, cerca de 6 mil soldados, que ainda estavam no país em quatro bases. Destes, apenas um pequeno contingente permaneceria para proteger a embaixada dos Estados Unidos em Bagdá. Seis dias depois, em 18 de dezembro, às 7h38, as últimas tropas cruzaram a fronteira com o Kuwait. Cerca de 500 militares norte-americanos deixaram o país a bordo de 110 veículos blindados. Os últimos 5 mil soldados fizeram o mesmo em apenas 72 horas, 13 dias antes do estipulado no tratado de segurança entre os Estados Unidos e o Iraque, que previa a retirada para sábado, 31 de dezembro.[26]

Em 5 de junho de 2012, a própria CIA quebrou o sigilo de um relatório, datado de 5 de janeiro de 2006, intitulado "Misreading Intentions — Iraq's Reaction to Inspections Created Picture of Deception", no qual a Agência Central de Inteligência realizava seu próprio *mea culpa* pelos erros cometidos nos meses anteriores à campanha no Iraque e por ter falhado na análise das tentativas de Bagdá de desenvolver armas de destruição em massa.[27]

Durante quase nove anos de guerra — e a subsequente ocupação —, as forças da coalizão perderam 4.803 militares, dos quais 4.486 eram norte-americanos. Do lado iraquiano, os números são impressionantes: mais de 1,6 milhão de civis desabrigados e entre 150 mil e 500 mil mortos.[28]

---

[25] Michael A. Ledeen, *The War...*, op. cit.

[26] Michael Gordon, op. cit.

[27] James Risen, op. cit.

[28] Charles Lewis, op. cit.

Michael Ledeen, em um discurso no *think tank* neoconservador American Enterprise Institute for Public Policy Research (AEI), em 27 de março de 2003, sete dias após o início da campanha no Iraque, quando apenas 60 soldados norte-americanos haviam morrido, disse:

> Considero que o nível de vítimas é secundário. Pode soar estranho que eu diga algo assim, mas todos os grandes eruditos que estudaram o caráter norte-americano chegaram à conclusão de que somos um povo guerreiro e que amamos a guerra... O que odiamos não são as vítimas, mas perder. E, se a guerra está indo bem e a opinião pública norte-americana está convencida de que somos bem liderados e que nosso povo está lutando bem e que estamos vencendo, não penso que as vítimas serão um problema.

INFERNO EM BALI
(2002)

O distrito de Kuta, na ilha indonésia de Bali, era o epicentro do turismo e da vida noturna; especialmente dois locais, o Sari Club e o Paddy's Pub. E outubro era o mês preferido pelos clubes esportivos australianos para que suas equipes passassem o final da temporada na ilha. É por isso que Kuta estava repleta de cidadãos dessa nacionalidade. Em 12 de outubro de 2002, por volta das 23h05, um terrorista com uma mochila nas costas entrou no Paddy's. Ninguém prestou muita atenção nele. Às 23h08, uma forte explosão sacudiu as fundações da casa. Clientes e funcionários começaram a correr, pensando que a explosão tinha sido causada por um vazamento de gás, e não por uma bomba. Por isso, já do lado de fora, os sobreviventes pararam na porta da balada à espera da chegada das equipes de socorro. Na rua, vários veículos estavam estacionados, incluindo uma Mitsubishi L300 branca, localizada na porta do Sari Club. Em seu interior havia uma potente bomba feita de clorato de potássio, pó de alumínio e enxofre reforçado com TNT, da qual saía um pavio de 150 metros. Noventa e quatro detonadores RDX estavam acoplados ao TNT. O peso da bomba: 1.020 quilos. Às 23h14, a bomba foi ativada de um celular. A detonação afetou todas as edificações localizadas a meio quilômetro do epicentro.[1]

Centenas de pessoas de 23 países perderam a vida. Os mais afetados foram os australianos (88 mortos), os indonésios (38 mortos), os britânicos (27 mortos) e os norte-americanos (7 mortos). No total, 202 mortos e centenas

---

[1] Bruce Hoffman e Fernando Reinares, *The Evolution of the Global Terrorist Threat: From 9/11 to Osama bin Laden's Death*, Columbia University Press, Nova York, 2014.

O Paddy's Pub (à esquerda) e o Sari Club (à direita)

de feridos. As ruas da pequena cidade de Kuta pareciam ter sido atingidas por um bombardeio aéreo. Um cheiro forte de enxofre e carne queimada impregnou o ambiente.

    Serviços de inteligência e segurança, principalmente a ASIO (Australian Security and Intelligence Organization) e o FBI, alertaram seus colegas indonésios da Agência Estatal de Inteligência da Indonésia (BIN) de que haviam detectado comunicações da Al-Qaeda que falavam de um "grande ataque contra uma ilha no arquipélago indonésio". O general Abdullah Mahmud Hendropriyono, o todo-poderoso diretor da BIN, ignorou os alertas recebidos de Dennis Richardson, diretor-geral da ASIO, e de Robert Mueller, diretor do FBI.

    O general Hendropriyono, conhecido como "o Açougueiro de Lampung", era uma figura polêmica. Ele havia sido acusado de causar, em 1989, a "tragédia de Talangsari", além de ser responsável pela morte e desaparecimento de civis em Lampung e por ordenar, em 2004, o assassinato do ativista de direitos humanos Munir Said Thalib. O escritório da CIA em Jacarta garantiu

INFERNO EM BALI

Abdullah Mahmud
Hendropriyono, chefe da BIN

que o general "presidira várias reuniões nas quais se planejou o assassinato de Thalib". Quando Hendropriyono foi elevado à chefia da BIN pela presidente Megawati Sukarnoputri, a nomeação foi duramente condenada por ativistas de direitos humanos e pela imprensa de esquerda, levando a uma investigação sobre seu envolvimento na morte de centenas de pessoas. O militar foi convocado para interrogatório por uma equipe de investigação presidencial, mas se recusou a comparecer.[2]

Os norte-americanos e os australianos nunca compreenderam por que os serviços de inteligência e segurança indonésios não se precaveram, apesar das advertências recebidas. O Jemaah Islamiyah, grupo islâmico indonésio liderado por Abu Bakar Bashir, com extensas conexões com a Al-Qaeda, aparecia como o principal suspeito do ataque. O clérigo Bashir havia declarado que o Jemaah Islamiyah não existia e que era um grupo "fantasma" criado pela CIA para realizar ataques terroristas e desestabilizar a região. O clérigo chegou a acusar a Agência dos Estados Unidos de apoiar a BIN nos atentados terroristas em Bali.[3] O estranho no caso é que ninguém assumiu a responsabilidade pelos atentados, embora os governos ocidentais não tivessem a menor dúvida de que o terrorismo radical islâmico estava por trás do massacre.

---

[2] As recomendações para a acusação de Hendropriyono foram completamente ignoradas pela polícia e pela Procuradoria-Geral. Em 2014, o general admitiu ao jornalista Allan Nairn que "era o chefe dos comandos responsáveis pelo assassinato de Munir Said Thalib e que estava disposto a aceitar que fosse levado a julgamento", algo que até hoje não aconteceu. (N.A.)

[3] "Cleric blames CIA for Bali bombing", ABC News, 16 de outubro de 2008.

Diante de tal catástrofe — a maior enfrentada pela Austrália —, o então primeiro-ministro John Howard chamou o ato de "barbárie indiscriminada, brutal e indecente". Howard foi enfático ao atribuir o ataque ao Jemaah Islamiyah, que poucos meses antes tentara atacar as embaixadas dos Estados Unidos, do Reino Unido e da Austrália em Singapura. O primeiro-ministro mostrou "apoio total e incondicional à guerra contra o terrorismo. [...] Não há dúvida de que existem células da Al-Qaeda no Sudeste Asiático e que elas podem agir a qualquer momento. Desta vez, aconteceu na porta de nossa casa, mas também pode acontecer no interior da Austrália". As palavras de Howard apareciam após uma intensa campanha dos serviços de inteligência australianos a fim de liderar um movimento internacional para controlar o terrorismo islâmico no Sudeste da Ásia.[4]

A inteligência australiana advertira os serviços de inteligência e segurança indonésios, pois acreditava que o governo de Jacarta não estava trabalhando com suficiente rigor para erradicar o terrorismo internacional na região. "Vamos pressionar muito a Indonésia para erradicar esses grupos terroristas de seu território de uma vez por todas", disse Dennis Richardson, diretor-geral da ASIO. Os rumores sobre o possível envolvimento dos serviços de segurança e inteligência indonésios no atentado tornaram-se cada vez mais intensos após as polêmicas declarações do ex-presidente do país, Abdurrahman Wahid, em 12 de dezembro de 2005. Durante entrevista ao canal australiano SBS para o documentário intitulado "Inside Indonesia's War on Terrorism", Wahid falou de suas suspeitas a respeito do envolvimento do governo e de suas forças armadas e de inteligência nos atentados terroristas em Bali. "A polícia ou os militares indonésios poderiam ter desempenhado um papel importante no ataque em Bali em 2002", disse o ex-presidente. E acrescentou que "tinha sérios pressentimentos sobre as ligações entre as autoridades indonésias e os grupos terroristas. Enquanto os terroristas [do Jemaah Islamiyah] estavam envolvidos na bomba do Paddy's Pub em Kuta, a segunda, que destruiu o Sari Club, respondia a um plano elaborado pelas autoridades". Quando perguntado sobre quem ele pensava que havia plantado a segunda bomba, Wahid respondeu sem rodeios: "Talvez a polícia... ou as Forças Armadas. [...] As ordens para fazer

---

[4] Bilveer Singh, *The Talibanization of Southeast Asia: Losing the War on Terror to Islamist Extremists*, Praeger Publishers, Santa Bárbara, 2007.

INFERNO EM BALI

isso ou aquilo vieram de dentro das nossas Forças Armadas, não de setores fundamentalistas." O ex-presidente acusava abertamente os serviços de inteligência da Indonésia, ou seja, a Bais (Agência de Inteligência Estratégica), a Baintelkam (Agência de Inteligência e Segurança) e a BIN, de estarem por trás do ataque a Kuta. Abdurrahman Wahid afirmou que o ataque fazia parte de uma grande conspiração na qual estavam envolvidos o general Abdullah Mahmud Hendropriyono, diretor da BIN; seu segundo em comando, Bom Soerjanto; o vice-marechal do ar Ian Santoso, diretor da Bais, e o general Da'i Bachtiar, diretor-geral da Polícia Nacional e do Baintelkam.[5]

O documentário australiano também afirmava que havia uma figura-chave por trás da formação do grupo terrorista Jemaah Islamiyah. Tratava-se de um espião indonésio, com certeza da BIN ou da Bais. O antigo terrorista Umar Abdu, que trabalhava como investigador e escritor, disse ao programa *Dateline* da SBS que "as autoridades da Indonésia participavam de muitos grupos terroristas. [...] Não existe um único grupo islâmico, seja um movimento ou um grupo político, que não seja controlado pela inteligência [indonésia]".[6]

Abdu escreveu um livro sobre Teungku Fauzi Hasbi, também conhecido como *Abu Jihad*, figura-chave na história do Jemaah Islamiyah, no qual afirmava que Hasbi era, na verdade, um agente secreto da inteligência militar da Indonésia. Documentos citados pelo canal de televisão australiano mostravam o chefe da inteligência indonésia, a Bais, em 1990, autorizando Hasbi a realizar um "trabalho especial".

Um memorando interno da inteligência militar em Jacarta, datado de 1995, incluía um pedido para "usar o irmão Fauzi Hasbi" com a finalidade de espionar os separatistas de Aceh na Indonésia, Malásia e Suécia. Outro documento de 2002 atribuía a Hasbi o cargo de agente especial da BIN. John Mempi, analista indonésio especialista em segurança e inteligência, garantiu à SBS que "o primeiro congresso do Jemaah Islamiyah em Bogor foi facilitado por Abu Jihad, depois que Abu Bakar Bashir voltou da Malásia. Podemos ver que Abu Jihad desempenhou um papel importante. Mais tarde, ele foi recrutado para ser um agente de inteligência. Portanto, um agente de inteligência da

---

[5] Ángel Rabasa e John Haseman, *The Military and Democracy in Indonesia: Challenges, Politics, and Power*, RAND, Santa Mônica, 2002.

[6] "Inside Indonesia's War on Terrorism", SBS *Dateline*, 12 de outubro de 2005.

Fauzi Hasbi

BIN forneceu informações vitais sobre o movimento islâmico radical". Hasbi sofreu 40 facadas e por fim foi estripado num misterioso assassinato em 2003, depois de ter sido "exposto" como um agente militar da Bais.[7]

Outro terrorista detido, Timsar Zubil, que plantou três bombas em Sumatra em 1978, disse ao *Dateline* que "agentes da inteligência deram a seu grupo um nome bem provocativo, 'Komando Jihad', e encorajaram seus membros a cometer atos ilegais. [...] É possível que deliberadamente nos tenham permitido crescer, mas sempre sob o controle dos serviços secretos de nosso país". O sociólogo e especialista em terrorismo George Aditjondro afirmou que um atentado ocorrido em 28 de maio de 2005, que causou a morte de 22 pessoas no mercado central da aldeia cristã de Tentena, no Centro de Sulawesi, foi organizado por oficiais do alto escalão do Exército e pela polícia. "Trata-se de uma estratégia de despovoar uma área e, quando ela se tornou despovoada, então é o momento em que eles podem investir seu dinheiro na exploração de importantes recursos naturais."[8]

As suspeitas sobre o possível envolvimento dos serviços de inteligência indonésios nos ataques a bomba de Bali em 2002 ficaram mais fortes quando, em 16 de outubro, apenas quatro dias após o massacre, o *Washington Post* publicou uma reportagem em que se assegurava que as forças policiais indonésias tinham prendido um ex-oficial do Exército. "A polícia interroga um ex-membro da Força Aérea por sua *expertise* na fabricação de bombas. Isso é tudo. [...] Por enquanto, ele não será detido", disse o porta-voz da

---

[7] Bilveer Singh, op. cit.
[8] "Possible police role in 2002 Bali attack", *The Sydney Morning Herald*, 12 de outubro de 2005.

INFERNO EM BALI

Clérigo Abu Bakar Bashir

Polícia Nacional, general Saleh Saaf, para repassar a informação ao jornal norte-americano.

De acordo com o *Washington Post*, citando fontes dos serviços de segurança indonésios, o suspeito não indicou durante o interrogatório com que finalidade havia fabricado a bomba, embora estivesse preocupado e lamentasse o grande número de vítimas. O jornal afirmou que o ex-oficial aprendeu a manusear explosivos durante seu treinamento militar na Força Aérea, da qual foi expulso por má conduta. Os investigadores asseguraram que o artefato utilizado para realizar o atentado era do tipo militar, especificamente o explosivo C4. As mesmas fontes revelaram ao jornal que o governo de Jacarta havia sido informado na semana anterior ao trágico evento da preparação de um grande ataque na área por fundamentalistas islâmicos, embora nada tenha dito sobre as advertências australianas e americanas. Na verdade, a segurança havia sido reforçada em 64 pontos nevrálgicos do país, mas é curioso que Bali, apesar de ser um local com uma elevada taxa de turistas ocidentais, não tenha apresentado um aumento da segurança, pois ninguém — nem no governo da Indonésia, nem na polícia, nem nos serviços de inteligência — acreditava que um atentado pudesse ser efetuado na ilha.[9]

Em 7 de novembro, 26 dias após o brutal atentado, e devido às pressões de Washington, Londres e Camberra, a polícia anunciou a prisão de um dos supostos terroristas que executaram o ataque em Bali. Embora as autoridades se recusassem a revelar sua identidade (Amrozi Nurhasyim), ele era um dos

---

[9] Scott Atran, *Talking to the Enemy: Faith, Brotherhood, and the (Un)Making of Terrorists*, Ecco Publishing, Nova York, 2010.

três homens cujo retrato virtual fora divulgado logo após o ataque. O suposto terrorista era um homem de 33 anos, que foi detido em uma rodoviária na ilha de Flores, a cerca de 500 quilômetros a leste de Bali. Por outro lado, a polícia confirmou que os interrogatórios do ulemá indonésio Abu Bakar Bashir, detido por atividades terroristas, teriam início em 19 de outubro de 2002. De acordo com as confissões de um membro da Al-Qaeda à CIA, o clérigo chefiava o grupo Jemaah Islamiyah e havia participado de inúmeros atentados na região, incluindo a explosão de bombas em igrejas cristãs na Indonésia na véspera do Natal de 2000, que mataram 18 pessoas, ou a preparação de um plano para assassinar a presidente indonésia Megawati Sukarnoputri.

Agentes do FBI e Federais australianos exigiram que seus homólogos indonésios lhes permitissem participar dos interrogatórios, mas o chefe da polícia indonésia, o general Da'i Bachtiar, proibiu "qualquer acesso" aos detidos. Os embaixadores dos Estados Unidos, Ralph Lee Boyce; da Grã--Bretanha, Richard Gozney; e da Austrália, Richard Smith, fizeram protestos formais ao ministro das Relações Exteriores da Indonésia, Hassan Wirajuda.

Os serviços de inteligência do país asiático informaram aos seus homólogos da CIA, do MI6 e da ASIO que haviam descoberto que o atentado de Bali era "uma vingança contra os Estados Unidos por seu apoio a Jacarta em sua guerra contra o terrorismo, e contra a Austrália pelo papel desempenhado pelo governo de Camberra na libertação do Timor Leste".[10] Muitos especialistas em inteligência e terrorismo dos Estados Unidos, da Austrália, da Grã--Bretanha e até da Indonésia não acreditaram totalmente na versão oficial dada pelo governo de Jacarta sobre a responsabilidade do grupo terrorista Jemaah Islamiyah no atentado de Bali em outubro de 2002.

Nos seis anos seguintes, as autoridades indonésias mantiveram os três supostos autores da ação terrorista em completo isolamento. Mas uma nova ofensiva diplomática veio em 2008, liderada por George W. Bush, Kevin Rudd e Gordon Brown, quando, por meio de seus embaixadores em Jacarta, exigiram que o presidente indonésio Susilo Yudhoyono permitisse que seus oficiais tivessem acesso aos três detentos. Por fim, a autorização foi dada em 6 de novembro de 2008, por meio de uma comunicação do Ministério da

---

[10] Daljit Singh e Lorraine Salazar, *Southeast Asian Affairs 2006*, Institute of Southeast Asian Studies, Singapura, 2006.

INFERNO EM BALI

Imam Samudra   Amrozi bin Nurhasyim   Huda bin Abdul Haq

Defesa. Interrogadores do FBI, da Scotland Yard e da Polícia Federal australiana poderiam ter acesso aos três no presídio de Denpasar. A autorização presidencial era datada de 12 de novembro de 2008, mas, quando os interrogadores chegaram a Denpasar, o diretor do centro informou que Imam Samudra,[11] codinome *Abdul Azizk*; Amrozi bin Nurhasyim, codinome *Amrozi*, e Huda bin Abdul Haq, codinome *Muklas*, tinham sido transferidos para a ilha-prisão de Nusa Kambangan, a "Alcatraz Indonésia", local onde se executavam os condenados à morte. Na verdade, eles foram fuzilados, sem informação prévia, exatamente à 00h15 do dia 9 de novembro de 2008.[12]

Em 16 de junho de 2011, Abu Bakar Bashir foi condenado a 15 anos de prisão por apoiar a criação de um campo de treinamento jihadista em solo indonésio, embora tenha sido absolvido da acusação de ter participado dos ataques de Bali em 2002. Após recurso ao Tribunal Superior de Jacarta, a sentença foi reduzida para nove anos. Entretanto, o Supremo Tribunal indonésio, por fim, acabou rejeitando o recurso de Abu Bakar Bashir, anulou a sentença do Tribunal Superior de Jacarta e manteve a sentença inicial de 15 anos. O líder terrorista será libertado em janeiro de 2026. Possivelmente

---

[11] De sua cela, Imam Samudra escreveu sua autobiografia intitulada *Eu combato terroristas*, onde os "terroristas" são os norte-americanos. O livro foi colocado à venda em 2004 ao preço de 3 dólares. De acordo com a CNN, rapidamente se tornou um best-seller na Indonésia. (N.A.)

[12] Sally Neighbour, *In the Shadow of Swords*, HarperCollins, Nova York, 2004.

devido à sua idade avançada (ele é de agosto de 1938) e ao seu estado de saúde, Abu Bakar Bashir não será libertado com vida da prisão de segurança máxima em que se encontra.

Para muitos especialistas na área de segurança, inteligência e terrorismo, o atentado de 12 de outubro de 2002 em Bali foi um dos ataques terroristas mais sangrentos ocorridos depois do ataque às Torres Gêmeas e ao Pentágono em 11 de setembro de 2001. Para outros, o ataque de Bali foi simplesmente uma operação de falsa bandeira realizada pelos serviços de inteligência indonésios para fazer o governo de Jacarta endurecer as medidas antiterroristas em todo o país, incluindo restrições à imprensa no que diz respeito à cobertura jornalística de assuntos relativos a terrorismo, bem como à limitação de trânsito a todos os cidadãos indonésios que venham de zonas de "emergência" antiterrorista. Essas medidas ainda estão em vigor até hoje (2016).

OPERAÇÃO HATHOR
(2005)

Tudo que podia dar errado acabou dando ainda mais errado naquela manhã quente de 19 de setembro de 2005. O termômetro já marcava 43 graus. As lojas no Centro de Basra começavam a abrir suas portas, enquanto agentes britânicos circulavam pelas ruas. Eles eram fáceis de distinguir pelas armas automáticas apoiadas nas janelas dos carros, pelos foguetes antitanque e pelos sofisticados equipamentos de comunicação. Os motoristas calculavam tudo antes de trafegar pelas ruas do Centro da cidade iraquiana: as possíveis rotas de fuga em caso de ataque, as zonas de refúgio, a distância de outros veículos, as rotas de evasão para o palácio de Basra, o quartel-general do Serviço Aéreo Especial (SAS) etc. Naquela manhã, vários membros do SAS estavam na cidade. Seu alvo era o capitão Mahmud Jafar, da Polícia de Segurança do Iraque (IPS), a nova organização de segurança criada sob a égide da Autoridade de Coalizão Provisória (CPA), o governo de transição organizado após a invasão do país em março de 2003, liderada pelos Estados Unidos, Grã-Bretanha, Austrália e Polônia.

Mahmud Jafar pertencia à Unidade de Delitos Graves (SCU), mas em Basra havia rumores de que tal unidade era a maior gangue criminosa do Iraque, um grupo caracterizado pelo vício, pela corrupção e pela violência. Para piorar as coisas, a unidade de Jafar não havia feito nenhuma prisão nos últimos três meses. Seu centro de operações estava localizado na delegacia de polícia de Al Jamiat, área com forte presença de milícias radicais,[1] mas se

---

[1] Mark Urban, *Task Force Black: The Explosive True Story of the Secret Special Forces War in Iraq*, St. Martin's Press, Nova York, 2010.

Eric Frattini ∞ *MANIPULANDO A HISTÓRIA*

The Impact of Political and Tribal Matters on the Iraq Police Service in South-East Iraq

DECLASSIFIED

Parts of this document have been retyped by the Inquiry as the available copy was indistinct. No words have been added, removed or changed

Introduction

1. This report seeks to provide an insight into the extent of the impact of political parties and tribes on the Iraqi Police Service (IPS). Its content and conclusions are based on the assessments of the Police Advisory Team (PAT), through the experience and observations of its International Advisers. It is also informed by Multi-National Forces (MNF) and Iraqi Intelligence officers.

2. Whilst we are confident in the accuracy of this report, by the very nature of the subject matter alluded to it is extremely difficult to produce statistics or the high standards of proof expected by law enforcement agencies in the United Kingdom.

3. This document does not contain in depth analysis of the doctrine, ideology or intentions of the parties or tribes and the examples described herein are intended to illustrate the daily challenges that conscientious IPS officers must overcome.

Summary

4. Immediately post-April 2003, the relationship between the IPS and the political parties and their militia was largely opportunistic: it was based on the affiliation and sympathies of individual members who were joining. (This is not the case in other parts of the security forces.) However, more recently, political parties and militia have been exploiting the lack of transparent recruitment, vetting and central oversight to deliberately place their supporters within the IPS.

5. It is assessed that the majority of IPS officers are associated with a political party and/or tribe with whom their allegiance is stronger than their allegiance to the IPS. The extent of these ties and the degree to which they undermine the efficiency of the police to support rule of law is significant. It is now likely that if called upon to take action against them, the IPS would support their party's militia or tribe. The larger parties have well-armed and well-organised militias, but the paramilitary capabilities of the tribes vary.

6. Tribal allegiances and structures predate the formation of Iraq as a modern state. The effectiveness of the IPS is compromised by a conflict of interest between tribal loyalties and routine police work and with the inability to deal effectively with some of the larger, more violent tribes. However, given the key role tribes play in society, particularly outside the large towns, it would be impractical and unjust to regulate against "members of tribes" joining the police. Therefore we assess that dealing with infiltration of the IPS by party militia is the more serious short- and medium-term priority, though tighter judicial safeguards need to be in place to minimise tribal intimidation.

7. Often, political party and tribal allegiances of one or both heavily influence the dynamics of the relations between the Chiefs of Police and Provincial Governors. The potential of the parties to use the IPS to effect political, social and religious influence is a serious concern. By using affiliated IPS officers to carry out "de-Ba'athification", the political parties are able to create vacancies in influential

DECLASSIFIED

Relatório secreto sobre infiltrações na polícia iraquiana.
Página 1 de 10 (22 de agosto de 2005)

descobrira que tanto a SCU como o próprio MI6 haviam feito vista grossa às milícias de Muqtada al-Sadr, o Mahdi, a principal insurgência na área controlada pelos britânicos. A SCU se aproveitava das ações punitivas contra

— 290 —

OPERAÇÃO HATHOR

outras milícias insurgentes na área de Basra, e o MI6 pensava que, olhando para o lado oposto, obteria algum respaldo de Al-Sadr em relação ao fraco governo iraquiano apoiado pelas potências aliadas. Estava equivocado.

Tal conivência entre as milícias de Al-Sadr, a polícia iraquiana, o MI6 e as forças britânicas foi denunciada pelo jornalista nova-iorquino Steven Vincent. Sua sede operacional era o hotel Marbid, em Basra, um lugar onde nenhum jornalista ocidental se hospedava devido às escassas medidas de segurança do estabelecimento. "Se você estivesse hospedado no Marbid e fosse ocidental, as chances de que acabasse sendo sequestrado e assassinado eram bem reais", disse o correspondente do jornal *The Guardian*.

Vincent escrevia para o jornal *The East Villager* de seu estúdio no bairro do Greenwich Village, em Nova York, e até o 11 de Setembro ele costumava cobrir internet, teatro e exposições. O que aconteceu naquele dia fez com que ele se debruçasse sobre tudo relacionado ao Oriente Médio. Com o dinheiro que ganhou com a venda de seu apartamento, viajou pela primeira vez para Basra, onde começou a escrever um blog sobre a situação das mulheres, o que chamou de "islamo-fascismo". A princípio, os artigos falavam de jovens universitárias estupradas e espancadas por usarem roupas ocidentais, mas depois começou a denunciar as estreitas relações entre as milícias e a polícia iraquiana, bem como a conivência das forças britânicas em nome de uma hipotética pacificação e estabilização da região.[2] Um de seus artigos, intitulado "Apagão em Basra", foi publicado pelo *New York Times* em 31 de julho de 2005. Vincent escreveu:

> Um tenente da polícia iraquiana me confirmou os rumores cada vez mais incessantes de que alguns policiais estão perpetrando centenas de assassinatos [...] que acontecem em Basra todos os meses, enquanto os britânicos pairam acima da agitação crescente, recusando-se a questionar as reivindicações islâmicas no coração e na mente dos policiais. Esse distanciamento irrita muitos cidadãos de Basra. "Os britânicos sabem o que está acontecendo, mas estão dormindo, acreditando que a segurança pode ser estabelecida deixando para trás a democracia", disse-me o tenente da polícia.[3]

---

[2] Kael Weston, *The Mirror Test: America at War in Iraq and Afghanistan*, Knopf Publishers, Nova York, 2016.

[3] Steven Vincent, "Switched Off in Basra", *The New York Times*, 31 de julho de 2005.

O jornalista também escreveu sobre o aumento do apoio logístico e financeiro do Irã à insurgência local, bem como o movimento descontrolado de agentes iranianos na fronteira, o contrabando de drogas apoiado por milícias na área, os massacres da população cristã de Basra, o aumento da corrupção e da violência na força policial local e a inexplicável relutância das forças britânicas estacionadas no país para enfrentar essas questões perigosas.[4]

Em 2 de agosto de 2005, Vincent e sua intérprete, Nouriya Itais Wadi, foram a uma casa de câmbio no Centro de Basra. Quando voltavam ao hotel Marbid, foram sequestrados por vários homens vestidos com uniformes da polícia. O jornalista e a intérprete foram espancados e enfiados num veículo branco da polícia iraquiana. Amarrados e amordaçados, conduzidos a um local desconhecido, foram torturados e interrogados durante cinco horas. Pouco depois, foram transferidos para os arredores da cidade, colocados de joelhos e baleados. Uma patrulha conjunta britânico-iraquiana os encontrou no dia seguinte. Vincent estava morto; haviam atirado nele pelas costas. Wadi sobreviveu, apesar de ter levado três tiros.[5]

Quase todos aceitaram a hipótese de que Vincent foi assassinado por causa do artigo do *New York Times* relatando o aumento da infiltração na polícia de Basra por parte de extremistas islâmicos leais a Muqtada al-Sadr, bem como o aumento do extremismo religioso na área controlada pelos britânicos.[6] A pressão recebida de Washington e Londres, em especial após a publicação dos artigos de Steven Vincent nas imprensas norte-americana e britânica, levou as forças britânicas a agir contra os líderes dos "esquadrões da morte" da polícia iraquiana. Um desses líderes era o capitão Mahmud Jafar, chefe da SCU em Basra.

---

[4] Steven Vincent, *In the Red Zone: A Journey into the Soul of Iraq*, Spence Publishing Company, Dallas, 2004.

[5] Em 2007, após 18 meses trabalhando com a embaixada dos Estados Unidos em Bagdá, o Departamento de Estado, o Comitê Internacional de Resgate e o ACNUR, Lisa Ramaci, viúva do jornalista, conseguiu localizar Nouriya Itais Wadi, a intérprete de Steven, e transferi-la para Nova York, onde atualmente reside com sua família. (N.A.)

[6] Bruce Wolmer, "In Memoriam: Steven Vincent", *Artinfo*, 5 de agosto de 2005.

OPERAÇÃO HATHOR

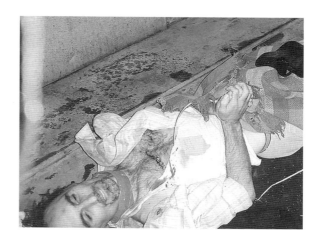

Corpo do jornalista
Steven Vincent

O agente do SAS responsável pela vigilância naquela manhã de setembro era o sargento Campbell, que fazia parte de um pequeno contingente do SAS que operava na cidade iraquiana. Ao lado dele, sentado no veículo de vigilância, estava o cabo Griffiths. Ambos pertenciam ao contingente residual do Serviço Aéreo Especial destinado à "Operação Hathor". Campbell era um militar experiente, condecorado por seu trabalho na chamada "Célula de Vigilância e Reconhecimento" na Irlanda do Norte e agora comandava o destacamento Hathor, cuja missão era o apoio tático às operações do Serviço Secreto de Intel gência, o MI6, protegendo seus oficiais durante as reuniões que mantinham com suas fontes em diferentes pontos da cidade, e também a realização de tarefas de vigilância e execução de operações decididas pelos agentes do MI6 com base nas informações recebidas por suas fontes.[7] Às dificuldades do trabalho, somava-se a forte pressão recebida de Londres para evitar "qualquer incidente ou atrito com as forças iraquianas, a polícia ou os funcionários do governo de transição". Apenas um mês antes, um membro do destacamento Hathor fora acusado de assassinato após um incidente com um iraquiano que atirara em um veículo que transportava dois agentes do MI6. O operativo do SAS perseguiu o iraquiano pelas ruas estreitas da cidade velha em Basra. Em uma troca de tiros, o iraquiano caiu ferido, mas o militar britânico, em vez de prendê-lo, decidiu executá-lo.

---

[7] Barry Davies, *SAS Combat Handbook*, Skyhorse Publishing, Londres, 2015.

Londres também queria evitar mais ataques como o realizado em 30 de janeiro de 2005 contra um Hercules C-130 da RAF, que foi abatido com foguetes por milicianos rebeldes após decolar do aeroporto de Bagdá. A investigação subsequente realizada pelos serviços de inteligência britânicos mostrou que o ataque foi uma vingança pelos assassinatos seletivos realizados por esquadrões do SAS contra líderes insurgentes.

A principal tarefa do destacamento Hathor consistia em designar operações, validar e verificar os dados de inteligência obtidos pelo MI6, localizar e definir alvos, incluindo aqueles que estavam envolvidos em ataques contra o estabelecimento da *Black Task Force* em Basra. No dia 19 de setembro, o Hathor estava sendo desmontado, a fim de abrir caminho à instalação do Grupo Britânico de Batalha, composto de cerca de 8,5 mil militares britânicos que assumiriam as funções de segurança na cidade iraquiana. Mas, antes disso, o comandante britânico da cidade decidiu prender o capitão Jafar, embora tenha ordenado aos agentes do SAS que evitassem se aproximar das instalações policiais de Al Jamiat. Algumas fontes do Serviço Aéreo Especial garantiram, meses depois, que o comando britânico não queria incomodar as autoridades iraquianas, fazendo-as ver que a principal facção do crime organizado na cidade eram membros de sua própria polícia e que sua base operacional era a própria delegacia de polícia de Al Jamiat, espécie de complexo penitenciário e quartel-general da Unidade de Crimes Graves. A missão do destacamento Hathor era preparar a prisão de Jafar o mais longe possível das instalações policiais. A patrulha formada pelo sargento Campbell e pelo cabo Griffiths tinha a missão de encontrar Mahmud Jafar em um ponto intermediário entre sua casa e a delegacia.[8]

Por volta das 11 horas da manhã, o veículo em que os dois agentes do SAS viajavam foi detido por um posto de controle da polícia iraquiana. Griffiths começou a transmitir um sinal de alerta a seu quartel-general no palácio de Basra, enquanto Campbell se preparava para entrar em ação. Ambos saíram do veículo e abriram fogo, matando um policial iraquiano e ferindo outro. Os dois SAS entraram no veículo e teve início uma perseguição pelas ruas de Basra. Onze viaturas da polícia iraquiana participaram da perseguição

---

[8] Steve Stone, *ISIS Dawn: Special Forces War in Syria & Iraq*, CreateSpace Independent Publishing Platform, internet, 2015.

OPERAÇÃO HATHOR

a um carro cheio de armas, dirigido por dois civis vestidos com trajes árabes e que abriram fogo contra policiais. A certa altura, o veículo dirigido pelos dois agentes foi bloqueado em uma rua. Os britânicos foram forçados a desembarcar, e suas armas foram apreendidas, incluindo os foguetes antitanque, bem como os modernos sistemas de comunicação que carregavam.[9] Suas mãos foram atadas nas costas com braçadeiras de plástico, foram encapuzados e introduzidos em veículos da polícia iraquiana. No caminho para a delegacia de Al Jamiat, os dois militares foram brutalmente espancados com cassetetes e barras de ferro.

O primeiro a saber do fracasso da operação SAS foi o coronel James Grist, chefe de operações da Delta Force e das Operações Especiais Conjuntas no Iraque. Os norte-americanos começaram a vazar informações para as equipes de ligação do comando britânico de Operações Especiais. Um informante de Grist lhe garantiu que a polícia iraquiana, especialmente o capitão

Carro em que Campbell e Griffiths estavam viajando

---

[9] Mark Urban, op. cit.

Jafar, estava negociando com a milícia de Muqtada al-Sadr e com o Hezbollah iraquiano para entregar os dois militares detidos. Estava claro que Campbell e Griffiths precisavam ser resgatados.

A operação de resgate foi realizada pela *Task Force Black*, composta de 20 membros do esquadrão A do SAS e uma unidade de paraquedistas britânicos do Grupo de Apoio das Forças Especiais; no total, quase 50 militares. Poucas horas depois do incidente no posto de controle, um Hercules da RAF e um Predator voavam de Bagdá para o Sul. Vários agentes do esquadrão Hathor se posicionaram ao redor do prédio onde os dois SAS estavam sendo mantidos, para agir caso os reforços de Bagdá não chegassem a tempo.

Sobrevoando a área estavam dois helicópteros Sea King, da Força de Reconhecimento Aéreo, que transmitiam imagens diretamente para a equipe que chegava de Bagdá e para o centro de comunicações do palácio de Basra. Enquanto isso, na carceragem da delegacia de Al Jamiat, a situação para Campbell e Griffiths não era nada boa. Haviam sido espancados e filmados. As imagens foram transmitidas para diversos meios de comunicação do mundo: um dos homens (Griffiths) tinha uma bandagem que cobria quase todo o topo da cabeça, e o outro (Campbell) estava com as roupas ensanguentadas. A televisão iraquiana os definiu como "espiões que foram detidos enquanto se encontravam a caminho de cometer um ataque terrorista contra a polícia iraquiana". A captura dos dois SAS ocorreu em Hayyaniyah, o principal reduto das milícias xiitas. A operação de resgate ficaria sob o comando do major Chappell, chefe do esquadrão A do SAS.

William Patey, embaixador do Reino Unido no Iraque, foi informado da delicada situação gerada em Basra e das repercussões que uma operação de resgate fracassada poderia ter. Por fim, o chefe das Operações Conjuntas (CSO) em Northwood, perto de Londres, deu sinal verde para a operação de resgate. Os iraquianos haviam se armado dentro de Al Jamiat e, ao anoitecer, o exército britânico tomou de assalto a delegacia e a cela onde os dois agentes estavam detidos, fazendo uso de uma dúzia de blindados britânicos (Warrior IFV e Challenger) — apoiados por helicópteros de combate Cobra — que atravessaram sem grandes dificuldades os muros da carceragem, arrastando veículos civis e policiais em seu rastro. O ataque ao centro de operações, junto à delegacia de Al Jamiat, não encontrou resistência. Os dois soldados foram encontrados em uma sala trancada, mas sem qualquer tipo de vigilância. Seus

OPERAÇÃO HATHOR

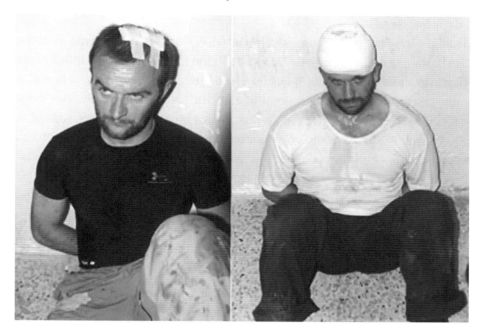

Campbell e Griffiths espancados na delegacia de Al Jamiat

capturadores conseguiram fugir antes da investida.[10] O ataque britânico também causou a fuga de cerca de 150 prisioneiros que estavam sendo mantidos nas celas de Al Jamiat.[11]

Um combate corpo a corpo estourou fora da prisão entre manifestantes e soldados britânicos. Os iraquianos atacaram um blindado britânico com pedras e coquetéis molotov, e durante o caos um soldado britânico pôde ser visto saindo do blindado, envolto em chamas, lutando por sua vida enquanto a multidão atirava pedras nele.[12]

As diferentes versões do ocorrido em Basra coincidiram com a questão de quanta soberania havia realmente sido dada às autoridades iraquianas quando a Autoridade Provisória da Coalizão, liderada pelos Estados Unidos,

---

[10] Leigh Neville, *Special Forces in the War on Terror*, Osprey Publishing, Oxford, 2015.
[11] "British tanks storm Basra jail to free undercover soldiers", *The Guardian*, 20 de setembro de 2005.
[12] "SAS Stormed prison to save soldiers from the execution", *The Times*, 21 de setembro de 2005.

Eric Frattini ∞ *MANIPULANDO A HISTÓRIA*

decidiu entregar o poder a um governo provisório iraquiano no verão de 2004. Um porta-voz do Ministério da Defesa do Reino Unido declarou publicamente que "não tinha informações que sugerissem que os homens foram libertados como resultado de qualquer ação militar aberta". No entanto, o próprio porta-voz do Ministério da Defesa se absteve de negar os relatórios que indicavam que blindados britânicos atravessaram os muros da prisão de Basra. O Ministério precisou emitir um comunicado, garantindo que os dois britânicos estavam novamente reunidos com outras tropas britânicas.[13]

De acordo com a BBC, os funcionários do Ministério da Defesa alegavam que falaram com as autoridades iraquianas para garantir a libertação dos militares, mas reconheceram que "um muro foi demolido quando as forças britânicas tentaram 'pegar' os dois prisioneiros". A BBC também citou um oficial iraquiano em Basra que afirmava que os dois britânicos detidos "estavam dirigindo um veículo civil, vestidos de civis árabes, carregado de armas, com sofisticados sistemas de comunicação, quando ocorreu um tiroteio entre eles e várias patrulhas da polícia iraquiana". O que a imprensa britânica não sabia é que o SAS estava envolvido em uma operação de falsa bandeira, conhecida como "Hathor", no interior de Basra.

O Iraque criticou a violenta operação de resgate dos dois soldados pelo exército britânico e anunciou a abertura de uma investigação para esclarecer o incidente. Mohammed al-Waili, governador da província, declarou que a incursão britânica havia sido "bárbara, selvagem e irresponsável. [...] Uma força britânica de mais de dez blindados apoiados por helicópteros atacou a prisão central e a destruiu. Esse é um ato irresponsável", disse. Haider Ebadi, porta-voz do primeiro-ministro iraquiano, Ibrahim al Yafari, alertou que ações desse tipo só conseguiam "propagar a hostilidade entre o povo iraquiano e minar a imagem da democracia. [...] É uma decisão infeliz que tais métodos sejam usados para tentar resgatar seus homens."

O tenente-general John Lorimer, comandante britânico em Basra, disse que "desde o início, tive boas razões para crer que a vida de dois soldados britânicos estava em risco. [...] Nossa preocupação com os dois homens aumentou depois de recebermos informações da inteligência de que poderiam ser entregues a 'elementos militantes'", em referência à milícia do Exército

---

[13] "British soldiers free two from Basra jail", *Associated Press*, 19 de setembro de 2005.

OPERAÇÃO HATHOR

O tenente-general Lorimer autorizou a operação de resgate de Campbell e Griffiths

Mahdi, liderada pelo clérigo radical Muqtada al-Sadr. A verdade é que a dura resposta britânica à prisão de seus dois agentes do SAS aumentou a tensão entre os iraquianos e as tropas britânicas. Durante meses, o Ministério da Defesa britânico negou qualquer ato de guerra contra a polícia iraquiana no resgate dos dois membros do SAS, e até o Ministério das Relações Exteriores alegou que a "libertação" dos militares havia sido realizada graças às negociações empreendidas com seus "aliados" iraquianos. Nada disso era verdade.[14]

Hathor, divindade cósmica da mitologia egípcia, deusa do céu, do amor e da alegria, e senhora do Ocidente, representada indistintamente por uma mulher com cabeça de vaca ou por um disco solar preso entre os chifres de uma vaca, foi o nome dado à operação de falsa bandeira realizada pelo Serviço Aéreo Especial (SAS) e pelo MI6 na primavera de 2005 na cidade iraquiana de Basra.

Em 25 de dezembro de 2006, forças especiais britânicas invadiram novamente a delegacia de Al Jamiat, matando sete homens armados e libertando 127 prisioneiros detidos pelas milícias xiitas. Depois explodiram o prédio. Um porta-voz do exército britânico afirmou que "os 127 prisioneiros libertados foram torturados e temia-se que estivessem prestes a ser executados".[15] Correram rumores nas ruas de Basra de que essa tinha sido uma operação secreta do SAS em retaliação pelos maus-tratos infligidos a Campbell e

---

[14] "UK denies storming Iraqi jail to free soldiers", ABC News, 20 de setembro de 2005.
[15] "Discussions to follow Basra raid", BBC News, 26 de dezembro de 2006.

Griffiths por parte da polícia iraquiana quase um ano antes. Naquele mesmo mês, o capitão Mahmud Jafar, chefe da Unidade de Delitos Graves da polícia iraquiana em Basra, apareceu estrangulado em seu veículo. Muitos iraquianos viram a *longa manus* do SAS nessa "execução".

O destacamento Hathor do SAS continuou presente em Basra, mas agora apenas como segurança de apoio para as operações do MI6 e mantendo um "baixo nível de operatividade" para não perturbar seus "aliados" iraquianos.

Em setembro de 2007, o exército britânico deixou Basra abandonada à própria sorte. Muitos generais mostraram um óbvio desprezo pela falta de liderança política do primeiro-ministro Gordon Brown, que pediu a retirada das tropas da cidade depois de ser forçado a negociar uma saída segura com os insurgentes. O coronel Peter Mansoor, oficial executivo do comandante norte-americano, general David Petraeus, disse que Basra estava "em situação desesperadora. [...] Não sei o que se podia esperar da retirada britânica de Basra em 2007, exceto uma derrota".

Os soldados aproveitaram o anoitecer para baixar a bandeira e recuar para as instalações da base aérea próxima ao aeroporto, onde 5 mil homens estavam estacionados. O palácio de Basra, que havia sido sitiado quase diariamente por granadas e morteiros, ficou sob o controle do exército iraquiano. A transferência de poderes, após 1.628 dias de conflito e 168 militares britânicos mortos, estava marcada para agosto, mas as autoridades londrinas a adiaram devido à pressão exercida pelos Estados Unidos. Finalmente, Gordon Brown ordenou a retirada de todas as tropas estacionadas no Iraque, declarando que "não se trata de uma derrota". Muitos homens do SAS não pensaram o mesmo.

O FALSO CIBERCALIFADO
DO ISIS (2015)

Por dois anos, o chamado "cibercalifado" foi a arma brandida na internet pelo Estado Islâmico (ISIS) contra seus inimigos. A ofensiva pirata, incluindo o uso agressivo das redes sociais, foi notícia de primeira página em todo o mundo quando anunciou uma nova frente na jihad global contra os "infiéis". Os líderes do cibercalifado do ISIS hackeavam e desconfiguravam sites do governo dos Estados Unidos, da mídia ou a própria rede do Comando Central para o Oriente Médio em sua sede no Pentágono. Numerosos ataques cibernéticos em pequena escala ocorriam diariamente. Eles também invadiram o banco de dados do Departamento de Defesa e postaram na rede informações pessoais de cerca de 1.400 militares dos Estados Unidos estacionados no Iraque e no Afeganistão.

O cibercalifado atacou alvos em diversos países aliados dos Estados Unidos, supostamente acessando e-mails secretos pertencentes a altos funcionários do governo britânico, do MI5, MI6 e GCHQ (Quartel-General de Comunicações do governo). Mas as ações mais espetaculares aconteceram em abril de 2015, quando várias páginas pertencentes ao canal francês TV5 Monde foram atacadas pelo ISIS, que lhes deixou sua assinatura: "Je suis ISIS ("Eu sou o ISIS")." O ataque foi visto por milhões de pessoas em todo o mundo e deu ao grupo a notoriedade que ele tanto desejava. Enquanto isso, os principais líderes de segurança na rede se mantinham em completo silêncio, e as publicações especializadas zombavam de entidades como o GCHQ britânico, a NSA norte-americana, o CSE canadense ou a Dirisi francesa.[1]

---

[1] A Direction Interarmées des Réseaux d'Infrastructure et des Systèmes d'Information (Dirisi) foi criada em 1º de janeiro de 2004. Sua sede está localizada no Forte de Bicêtre, na cidade de Kremlin-Bicêtre. (N.A.)

Almirante Michael Rogers,
diretor da NSA

Coronel John D. Branch,
chefe da 780ª Brigada

A coalizão liderada pelos Estados Unidos contra o ISIS decidiu levar a sério a ameaça cibernética do Califado e dedicou vultosos recursos de inteligência para o acompanhamento e o estudo do grupo de hackers do ISIS. O secretário de Defesa, Ashton Carter, ordenou então ao almirante Michael Rogers, diretor da NSA, que descobrisse a origem dos ataques cibernéticos, e Rogers escolheu homens e mulheres da 780ª Brigada de Inteligência Militar,[2] sob o comando do coronel John D. Branch, para cuidar disso. A brigada estava subordinada ao Comando de Inteligência e Segurança do Exército dos Estados Unidos e seu Comando Cibernético.

Os temores das agências ocidentais aumentaram em abril de 2015 com o anúncio oficial do ISIS de que "os hackers estavam se unindo para criar um novo califado cibernético, projetado com o único propósito de criar uma frente ampla de ciberguerra contra os infiéis". Reunir em um único exército os hackers jihadistas de um bom número de países constituía uma grande ameaça na rede. Em resposta ao "alerta" do ISIS, no final de fevereiro o Pentágono

---

[2] Site da 780ª Brigada de Inteligência Militar: https://www.inscom.army.mil/MSC/780MIB/index.html.

O FALSO CIBERCALIFADO DO ISIS

anunciou o desencadeamento de uma verdadeira "guerra cibernética" contra o ISIS, incluindo ataques do Comando Cibernético dos Estados Unidos contra as comunicações do Estado Islâmico, em um esforço para interromper suas atividades online.[3]

Mas os esforços do Pentágono para reprimir os ataques à rede pelo Estado Islâmico não se limitariam à internet. Um dos principais alvos era Junaid Hussain, um britânico de 21 anos, de origem paquistanesa, que se tornara o mais importante hacker do ISIS. Hussain operava de sua casa em Birmingham e, em 2012, havia sido mantido por seis meses na prisão de segurança máxima de Belmarsh por vazar contatos privados do ex-primeiro-ministro Tony Blair na internet e fazer chamadas falsas para uma linha telefônica (British Anti--Terrorism Hotline) da Scotland Yard e do MI5 para denunciar crimes terroristas. Em junho do mesmo ano, o MI5 ligou o jovem Hussain ao Estado Islâmico ao detonar, em um terreno abandonado, uma bomba feita com uma panela de pressão que ele supostamente pretendia plantar no desfile do Dia das Forças Armadas em Londres. Junaid Hussain era um importante membro de um grupo de hackers conhecido como "TeaMp0isoN". De acordo com o GCHQ, ao grupo era creditada a autoria de mais de 1.400 ataques e invasões nos quais informações privadas foram extraídas ilegalmente de vítimas no Reino Unido e em outras partes do mundo, notadamente no Canadá. Entre seus objetivos estavam as Nações Unidas, a Nasa, a Otan ou certas contas do Facebook, como as de Mark Zuckerberg e Nicolas Sarkozy.[4] O grupo de Hussain apoiava ativamente grupos radicais, como o Anonymous e o Movimento Okupa, da Grã-Bretanha.

Também em 2012, Junaid Hussain divulgou uma mensagem anunciando sua filiação e fidelidade ao Estado Islâmico do Iraque e do Levante. Antes de ser detido pelo braço antiterrorismo SO13 da Scotland Yard, conseguiu fugir para a Síria no final de 2013, tornando-se o mais jovem "comandante" do ISIS. Segundo a CIA, Hussain também se tornou um "alvo de alto valor

---

[3] Abdel Bari Atwan, *Islamic State: The Digital Caliphate*, University of California Press, Berkeley, 2015.

[4] Brian Ries, "The Mujahideen Hackers Who Clean Facebook", *The Daily Beast*, 27 de janeiro de 2011.

Junaid Hussain, codinome *Abu Hussain al Britani*

estratégico" do Estado Islâmico,[5] posição que o faria figurar na chamada "Disposition Matrix", uma lista de alvos ("kill list"), em forma de banco de dados, do governo dos Estados Unidos. Desenvolvida em 2010, sob o governo Obama, a "Disposition Matrix" ia bem mais além. O processo de seleção de alvos não era público, e John Brennan, conselheiro presidencial de contraterrorismo e diretor da CIA, tinha muito a dizer sobre quem entrava e quem não entrava na Matrix.[6]

A criação desse banco de dados foi um esforço apoiado pelo conselheiro de Segurança Nacional dos Estados Unidos, John O. Brennan, a fim de codificar as políticas de "assassinatos seletivos" aprovados pelo presidente

---

[5] "UK jihadist Junaid Hussain killed in Syria drone strike, says US", BBC News, 27 de agosto de 2015.

[6] Greg Miller, "Plan for hunting terrorists signals U.S. intends to keep adding names to kill list", *The Washington Post*, 23 de outubro de 2012.

O FALSO CIBERCALIFADO DO ISIS

O presidente Obama e John Brennan criaram a "Disposition Matrix"

Obama. A primeira estrutura da Matrix foi criada sob a presidência de George W. Bush, e na época se defendeu o uso de "rendições extraordinárias" de terroristas e a utilização de tortura nos interrogatórios. Segundo o *New York Times*, Brennan era o "principal coordenador" das listas de alvos a serem liquidados no governo Obama.

O banco de dados foi acompanhado por uma grande frota de aeronaves não tripuladas (drones), tornando a CIA uma "força paramilitar". A Matrix passou então a ser associada ao avanço de operações do Comando Conjunto de Operações Especiais (JSOC) em Camp Lemonnier, na cidade de Ambuli, no Djibouti. O banco de dados foi unificado no início de 2011, depois de uma proposta de Michael Leiter, diretor do Centro Nacional de Contraterrorismo (NCTC), pois até aquele momento haviam sido elaboradas duas listas de alvos, uma do JSOC e outra da CIA.[7]

---

[7] Robert Worth, Mark Mazzetti e Scott Shane, "Drone Strikes Dangers to Get Rare Moment in Public Eye", *The New York Times*, 5 de fevereiro de 2013.

Como já dissemos, as atividades do hacker Hussain fizeram dele um alvo-chave para a inteligência dos Estados Unidos, que o incluiu na posição nº 3 na lista de "alvos a serem liquidados" de líderes do ISIS na "Disposition Matrix", atrás de Abu Bakr al-Baghdadi, líder do Estado Islâmico do Iraque e do Levante, e de Mohammed Emwazi, conhecido como *Jihadi John*, o britânico mascarado que aparecia diante das câmeras de televisão degolando prisioneiros. Hussain tornou-se um dos mais importantes "recrutas ocidentais" para o Estado Islâmico, devido ao papel que a internet desempenhava em sua política de radicalização e recrutamento de jovens estabelecidos em nações ocidentais para realizar ataques em seus próprios países.[8]

Em 14 de agosto de 2015, a 780ª Brigada de Inteligência Militar detectou Hussain tentando invadir uma rede de segurança. A origem do ataque vinha de Ain Issa, uma pequena cidade síria ao norte de Raqqa. Naquela mesma noite, o JSOC enviou um drone para exterminar o hacker do ISIS. Sabe-se que o aparelho norte-americano matou cinco suspeitos de terrorismo, mas Junaid Hussain não estava entre eles. A segunda oportunidade chegou em 24 de agosto de 2015, quando uma unidade de inteligência relatou que Junaid Hussain, junto com dois de seus guarda-costas, havia sido localizado em uma casa nos arredores da cidade de Raqqa. Desta vez, a informação era quente. Na madrugada entre 24 e 25 de agosto de 2015, um drone foi direcionado

Um drone acabou com a vida de Junaid Hussain

---

[8] James Scott e Drew Spaniel, *The Anatomy of Cyber-Jihad: Cyberspace is the New Great Equalizer*, CreateSpace Independent Publishing Platform, internet, 2016.

O FALSO CIBERCALIFADO DO ISIS

a um posto de gasolina nos arredores de Raqqa, atingindo-o poucos segundos depois com dois mísseis Hellfire lançados da aeronave não tripulada.[9] Junaid Hussain, o hacker mais importante do ISIS, estava eliminado.

Michael McCaul, presidente da Comissão de Segurança Nacional, garantiu que a morte de Hussain servia para enviar uma "mensagem inequívoca. [...] Devemos manter a vigilância e a boa inteligência para deter o futuro e, em última análise, destruir o santuário dos grupos terroristas". Um porta-voz do governo britânico disse: "Estamos cientes dos relatórios que dizem que um terrorista do ISIS de nacionalidade britânica foi morto em um ataque aéreo da coalizão na Síria. Não há mais dados a fornecer." Também altos funcionários do GCHQ asseguraram que as ações de Hussain causaram enorme preocupação e que sua morte era "muito significativa" na guerra aberta nas redes contra o ISIS.

No entanto, a liquidação de Hussain não devolveu a calma às redes, muito menos serviu para reduzir os atos de guerra do ISIS contra as organizações de segurança, inteligência e defesa.

Fazia muito tempo que havia rumores de que a cibernética "guerra do Califado" não era o que parecia ser. A Direction Interarmées des Réseaux d'Infrastructure et des Systèmes d'Information (Dirisi) examinou a origem do ataque à TV5 Monde e concluiu que os hackers que agiram nada tinham a ver com o Estado Islâmico. Em vez disso, eles eram afiliados a um grupo de "chapéus pretos"[10] ligados ao Kremlin e, especificamente, ao "APT28", um grupo famoso que fazia parte do braço secreto de Moscou para operações de violações de segurança cibernética contra alvos ocidentais. Em outras palavras, os franceses descobriram que o cibercalifado era, na verdade, uma operação de falsa bandeira da inteligência russa, especialmente do Centro 16 e do Centro 18, do Centro de Informações de Segurança do Serviço Federal de Segurança, o FSB ISC.[11]

---

[9] Jack Moore, "Junaid Hussain: How a Boy from Birmingham Became ISIS's Leading Hacker", *Newsweek*, 27 de agosto de 2015.

[10] Hackers que violam a segurança cibernética por motivos além da malícia ou benefício pessoal. (N.A.)

[11] Andrei Soldatov e Irina Borogan, *The Red Web: The Struggle Between Russia's Digital Dictators and the New Online Revolutionaries*, PublicAffairs, Nova York, 2015.

Centro de Informações de Segurança do FSB (FSB ISC)

Localizado na rua Butchers 6/3 de Moscou, esse "exército de trolls", que é como seus membros são conhecidos, está distribuído entre os dois centros de operações. O Centro 16 se encarrega da escolha do alvo, determinando onde entrar em uma primeira fase. O alvo pode ser de especial interesse para o FSB, seja por motivos políticos, econômicos ou de propaganda. O hacker irá então verificar as portas de rede para determinar se aquele alvo é vulnerável a ataques. Uma vez estabelecida e estudada a zona de entrada para o ataque, as informações são repassadas aos hackers do Centro 18, que se encarregam de coletar as informações, por meio da "engenharia social" ou da exploração das "latas de lixo" que permitirá ao hacker russo obter acesso a uma rede restrita altamente segura. Terminado o ataque, é hora de fechar a comunicação para que as redes dos hackers fiquem impregnadas de *honeypots*, ou seja, armadilhas colocadas pela segurança do organismo atacado. Dessa forma, o rastro do agressor pode ser descoberto, e é provável que esses *honeypots* tenham fornecido pistas para a Dirisi francesa sobre a origem do ataque à TV5 Monde.

O Centro de Informações de Segurança do FSB (FSB ISC), também conhecido como Unidade Militar (VCH) 64829, é a principal estrutura do

O FALSO CIBERCALIFADO DO ISIS

FSB para operações de contrainteligência relacionadas à infraestrutura da internet na Rússia. As operações do FSB ISC incluem o controle do conteúdo da internet de RuNet e a análise para identificar as ameaças que chegam pela rede. O Centro de Informações de Segurança foi formado em 2002, quando o então diretor do FSB, o todo-poderoso Nikolai Patrushev, reorganizou o Departamento de Segurança da Informação, que herdou da Agência Federal de Comunicações do Governo e Informação (FAPSI). Entre as divisões transferidas para o FSB estavam o Centro de Segurança das Comunicações, o Centro de Licenciamento e Certificação e a Proteção de Segredos de Estado. O Centro Técnico-Científico, também sob o controle da FAPSI, ficou sob a alçada do FSB ISC, com o objetivo de lidar com as operações de contrainteligência no campo da internet na Rússia. De acordo com as diretrizes publicadas no site do FSB,[12] o FSB ISC foi designado como um "centro de investigação especializado em realizar 'investigações forenses' para processamentos penais". A lei russa autoriza o FSB ISC a conduzir investigações e tomar medidas contra cidadãos, empresas e órgãos russos, trabalhando em estreita colaboração com a Diretoria K do Ministério do Interior da Rússia, responsável por crimes cibernéticos.

Em fevereiro de 2015, o jornal russo *Novaya Gazeta* publicou trechos de um relatório secreto de fevereiro de 2014. O documento mostrava a Administração Presidencial da Rússia supostamente discutindo os planos da Rússia para o controle do Leste da Ucrânia. O documento concluía que o então presidente da Ucrânia, Viktor Yanukovytch, tomaria medidas políticas e econômicas inaceitáveis para a Rússia. O documento definia um quadro estratégico para colocar o Leste da Ucrânia sob a influência russa. Os homens do Kremlin enfatizavam a necessidade de uma campanha simultânea de relações públicas mostrando "ações russas forçadas pelas aspirações legítimas dos pró-russos no Sul e no Leste da Ucrânia". O documento afirmava que a campanha precisava incluir as mídias russa e ucraniana.[13] Os meios de comunicação russos encontraram o centro de "trolls" do FSB na rua Savushkina, 55, em São Petersburgo.

---

[12] Site do FSB: www.fsb.ru.

[13] Fred Kaplan, *Dark Territory: The Secret History of Cyber War*, Simon & Schuster, Nova York, 2016.

— 309 —

As mídias russa e ocidental também identificaram vários sites de notícias, incluindo a Agência Kharkov, Neva News, novorus.info, newsdon.info e newslava.info, que alegavam serem veículos da mídia ucraniana mas, na verdade, eram sites controlados pelo FSB. Esses "sites" forneciam relatórios e notícias com um claro viés pró-separatista. Uma investigação realizada pela agência de segurança francesa após os ataques à TV5 Monde descobriu que dois desses meios de comunicação, novorus.info e newsdon.info, tinham seus endereços IP em um servidor localizado na França e, embora as páginas fossem falsas, um deles havia sido usado para o ataque ao canal francês por um grupo de hackers autodenominado APT28. Em 15 de agosto de 2015, os agentes da Dirisi informaram a seus superiores que as atividades de hacking supostamente realizadas pelo cibercalifado do ISIS, na verdade, procediam de dois centros de segurança cibernética ativos dentro do território russo, o Centro 16 e o Centro 18 do Serviço Federal de Segurança.[14] Na Agência de Segurança Nacional, que controla a espionagem cibernética dos Estados Unidos e trabalha em estreita colaboração com o CYBERCOM, eles chegaram a conclusões semelhantes às de seus homólogos franceses: "O APT28 é a inteligência russa; simples assim", assegurou um especialista da NSA.

Em setembro de 2015, um relatório de segurança do Departamento de Estado, embora destacando a avaliação dos hackers jihadistas como uma grande ameaça, concluía que "apesar do fato de que o cibercalifado afirma ser apoiado [pelo Estado Islâmico], não há indícios técnicos ou quaisquer outras indicações de que ambos os grupos estejam conectados".[15]

Isso se tornou um debate constante entre os serviços de inteligência ocidentais, que examinaram de perto os esforços de hackeamento do ISIS. A revista *Der Spiegel*, citando fontes do Escritório Federal de Informações de Segurança (BSI),[16] afirmava que "agora sabemos que os serviços de espionagem alemães também chegaram à conclusão de que o cibercalifado era realmente uma operação secreta russa". Em setembro de 2015, o BSI alemão estimava que o Kremlin tinha cerca de 4 mil hackers na lista de suas agências

---

[14] Adam Segal, *The Hacked World Order: How Nations Fight, Trade, Maneuver, and Manipulate in the Digital Age*, PublicAffairs, Nova York, 2016.

[15] Pierluigi Paganini, *Once upon the APT28*, InfoSec Institute, Chicago, 2015.

[16] Bundesamt für Sicherheit in der Informationstechnik (BSI). (N.A.)

O FALSO CIBERCALIFADO DO ISIS

de segurança, incluindo o Departamento Central de Inteligência (GRU), o Serviço de Inteligência Exterior (SVR) e o Serviço Federal de Segurança (FSB). "Ao todo, essa é uma força cibernética ofensiva formidável, operando por intermédio de frentes e fendas para atacar os interesses ocidentais", assegurava a *Der Spiegel*.

Em outras palavras, o cibercalifado do ISIS foi uma operação de falsa bandeira orquestrada pelos serviços de inteligência da Federação Russa. Ninguém gosta mais dessa prática do que os russos, que usam falsas bandeiras há mais de um século. Na verdade, para o Kremlin, é um elemento fundamental entre a "provocação" (*provokatsiya*) e a "conspiração" (*konspiratsiya*) de enorme utilidade para Moscou e que pode causar danos irreparáveis aos seus inimigos.[17]

A ideia de que o presidente Vladimir Putin autorizasse suas agências de inteligência a ir à guerra cibernética contra o Ocidente sob o manto do ISIS não é estranha aos olhos de qualquer observador que tenha conhecimento da forma como os russos agem no mundo sombrio da espionagem. Nesse sentido, a única inovação aqui é o ataque através da internet. Todo o resto nada mais é do que o reflexo de um século de lições bem-aprendidas. Na verdade, esses tipos de operações clandestinas são as que Putin conhecia bem quando foi treinado pela KGB. "Não há ex-oficiais de inteligência", declarou o presidente russo. Em outras palavras, um agente de inteligência nunca deixa de sê-lo. É claro que ele estava se referindo a si mesmo.[18]

Mas tal operação de falsa bandeira desencadeada tem implicações que vão além do próprio Estado Islâmico. Em junho de 2016, chegou a notícia de que hackers russos conseguiram invadir vários sites de Washington, incluindo o Comitê Nacional Democrata (DNC) e a campanha de Hilary Clinton. Entre os documentos roubados do DNC estava a investigação realizada pelos democratas sobre o líder da oposição e candidato à presidência da Casa Branca, o republicano Donald Trump. Entre os alvos dos últimos ataques cibernéticos do Centro 16 e do Centro 18, do Centro de Informações de Segurança do

---

[17] Konstantin Preobrazhensky, *KGB/FSB's New Trojan Horse: Americans of Russian Descent*, Gerard Group Publishing, Califórnia, 2009.

[18] John Schindler, "False Flags: The Kremlin's Hidden Cyber Hand", *The Observer*, 18 de junho de 2016.

Serviço Federal de Segurança da Rússia, estavam numerosos *think thanks*, grandes escritórios de advocacia em Washington, Virgínia, Boston e Nova York, grupos de pressão e consultores do governo. Houve também um ataque em massa ao Google, com o qual os russos conseguiram confiscar quase 4 mil contas de e-mail visando a uma campanha de *phishing* para realizar um ataque em massa a um alvo.[19]

É claro que essa ofensiva dirigida ao coração da elite política dos Estados Unidos seria de grande valor para qualquer serviço de inteligência estrangeiro. Para Vladimir Putin, informações sobre a política norte-americana, incluindo acordos secretos entre políticos e grupos de pressão, são uma peça-chave em seu desejo de influenciar países ocidentais que negligenciaram a contrainteligência por muito tempo.[20] A mão oculta do exército cibernético do Kremlin está por trás e à espreita, esperando por um descuido, por uma fenda por onde entrar furtivamente para atingir seus objetivos.

Em 12 de agosto de 2016, a rachadura foi aberta nos sistemas de segurança da Agência de Segurança Nacional dos Estados Unidos. Alguns hackers alegaram no Twitter que conseguiram acessar as redes da NSA e penetraram em vários arquivos do Equation Group, a divisão mais poderosa da agência, conhecida como "The Cube", que possui as técnicas mais sofisticadas de espionagem cibernética. O grupo por trás do hackeamento se autodenominou "Shadow Brokers". Depois de obter todas essas informações, eles decidiram vender as ferramentas de hackeamento na plataforma do Github e em sua página do Tumblr. Os hackers pediam 570 milhões de dólares pelos arquivos. "Encontramos muitas armas cibernéticas do Equation Group. Vejam as fotos. Oferecemos alguns dos seus arquivos gratuitamente; é um bom teste, não é? Aproveite-os! [...] Estamos leiloando os melhores arquivos", disseram os hackers numa conta no Twitter. Esses documentos continham, de acordo com a publicação especializada *The Hacker News*, "scripts de instalação, configurações para servidores de comando e controle e *exploits* [fragmentos de software] projetados para atacar *firewalls* de empresas norte-americanas, como Cisco Systems, Juniper e Fortinet".[21]

---

[19] Andrei Soldatov e Irina Borogan, op. cit.

[20] John Schindler, op. cit.

[21] "Hackers auction files 'stolen' from NSA", BBC News, 16 de agosto de 2016.

O FALSO CIBERCALIFADO DO ISIS

Edward Snowden, que trabalhou na NSA, afirmou que "foi um ataque real, e tudo indica que há responsabilidade russa". Mais uma vez, a *longa manus* do Kremlin aparecia por trás de um ataque cibernético a uma agência de inteligência dos Estados Unidos.

②④

EM NOME DE ERDOGAN, O MISERICORDIOSO
(2016)

A situação na Turquia após a reviravolta política que está em curso no país poderia ser resumida nesta manchete: "Tragédia turca em sete atos." O primeiro ato remonta a 2013, quando Recep Tayyip Erdogan era o primeiro-ministro. Seu arranjo político, o Partido da Justiça e Desenvolvimento (AKP) e o Movimento Gülen, de orientação islâmica e liderado pelo ex-imã e escritor Fethullah Gülen, entendiam-se de maneira bastante harmoniosa, impedindo qualquer partido secular de chegar ao poder. Erdogan e Gülen haviam formado uma boa parceria política, mas as coisas começaram a dar errado quando este último passou a criticar a repressão exercida pela polícia nos protestos de 28 de maio de 2013 na praça Taksim. Os cidadãos de Istambul protestavam contra a tentativa de desenvolvimento urbanístico de uma zona da cidade, o que levara a um grande caso de corrupção que afetava todos os setores do governo, da cidade e da nação.[1]

Outro ponto de confronto entre Erdogan e Gülen era o conflito curdo. O então primeiro-ministro começou, sem consultar seus parceiros de governo, negociações secretas com os guerrilheiros curdos do PKK, algo que o Movimento rejeitava categoricamente. Quando os fiscais "gülenistas" tentaram processar o chefe do serviço de inteligência, Hakan Fidan, um homem de Erdogan e o principal arquiteto das negociações com o PKK, a ruptura foi inevitável. O primeiro-ministro turco tentou fechar as instituições

---

[1] Mustafa Akyol, "What you should know about Turkey's AKP-Gulen conflict", *Al-Monitor*, 3 de janeiro de 2014.

EM NOME DE ERDOGAN, O MISERICORDIOSO

educacionais do Movimento, mas Fethullah Gülen respondeu, ordenando a prisão e o julgamento de várias pessoas do círculo de Erdogan sob a acusação de corrupção e conspiração.[2]

No início de 2014, um meio de comunicação próximo a Gülen publicou conversas nas quais o próprio Erdogan ordenava a seu filho que ganhasse "muito dinheiro". A oposição pediu a renúncia do primeiro-ministro, mas ele se defendeu, alegando que a voz que aparecia na gravação não era a dele e que tudo tinha sido "uma invenção e manipulação do Movimento Gülen para derrubar o governo e tomar o poder". O Hizmet ("O Serviço"), que é como o Movimento Gülen é popularmente conhecido na Turquia, tem o apoio de quase 8 milhões dos 75 milhões que compõem a população turca.

O governo e o Movimento se lançaram em uma guerra de declarações. O primeiro-ministro acusou Gülen de tentar derrubar o governo usando sua influência no Judiciário para criar um escândalo de corrupção. Posteriormente, o Executivo respondeu com reformas em grande escala nas forças policiais e judiciárias para remover os apoiadores de Gülen de seus cargos. O governo acusou o Movimento de ser uma "estrutura paralela" e seu líder, Fethullah Gülen, de criar um "grupo terrorista armado" no país.[3] Em 19 de dezembro de 2014, um tribunal turco emitiu um mandado de prisão contra Fethullah Gülen, depois que mais de 20 jornalistas "simpatizantes" do Movimento foram presos. Mas Gülen morava nos Estados Unidos, numa pequena cidade do estado da Pensilvânia, desde que decidira se autoexilar em 1999 (em 2001, o governo dos Estados Unidos lhe concedeu o green card de residente).

Entre dezembro de 2014 e julho de 2016, Erdogan planejou uma estratégia para perseguir e expurgar os "gülenistas" de todos os estamentos turcos. O aparato de segurança ordenou o fechamento de mais de 1.700 instituições privadas acusadas de ter ligações com Gülen, incluindo 35 hospitais, 1.043 colégios e faculdades, 1.229 fundações, 19 sindicatos e 10 universidades. O agora presidente da República Turca considerava que todos faziam parte da ampla rede de financiamento e apoio da organização que ele chamava

---

[2] Brad Power, *Recep Erdogan: The End Game versus Fethullah Gulen*, Amazon Digital Services LLC, internet, 2015.

[3] Ibid.

de "Organização Terrorista Fethullah Gülen" (Feto, na sigla em turco).[4] Três meses antes da tentativa de golpe de Estado de julho de 2016, Erdogan ordenou uma "intervenção" no diário *Zaman*, próximo a Gülen, que era um porta-estandarte na luta contra a corrupção de membros do governo de Erdogan e um dos jornais mais populares da Turquia, com mais de 850 mil exemplares vendidos diariamente.[5]

Em setembro de 2014, uma reunião secreta foi realizada no quartel-general do Alto-Comando do Exército turco. E assim começava o segundo ato do que chamamos de "tragédia turca". Ninguém fora da esfera do novo presidente da República poderia saber o que ali se falou. A reunião foi presidida pelo então chefe do Estado-Maior, o general Necdet Özel,[6] e contou com a presença do general Servet Yörük, comandante-geral da Gendarmaria; do almirante Bülent Bostanoglu, comandante-chefe das Forças Navais; de Muammer Türker, secretário-geral do Conselho de Segurança Nacional; de Hakan Fidan, chefe da Organização Nacional de Inteligência (MIT); de Muhammed Dervisoglu, secretário-adjunto para a Segurança e Ordem Pública (KDGM); e do diretor da Organização de Inteligência e Contraterrorismo da Gendarmaria (JITEM). Por ordem do presidente Erdogan, deveria ser criada uma lista fechada e "secreta" de possíveis inimigos políticos em todas as esferas sociais da Turquia. Segundo vários analistas, essa reunião foi o primeiro passo para uma operação de falsa bandeira com o objetivo de transformar a Turquia em um Estado presidencialista. A lista secreta receberia o codinome de "Aritma [Purificação] Ergenekon". Possivelmente, quem a batizou sabia o que "Ergenekon" significava para a história recente do país.

Ergenekon, que na verdade é um lugar mítico situado nos vales inacessíveis das montanhas de Altay, era o nome dado a uma organização supostamente clandestina, ultranacionalista e secular da Turquia com ligações com altos membros das Forças Armadas e de segurança. A organização, cujos membros foram acusados de terrorismo, foi formada porque alguns acreditavam

---

[4]   Daniel Dombey, "Fethullah Gülen: One-time ally who became Erdogan enemy", *Financial Times*, 17 de julho de 2016.

[5]   A redação do jornal *Zaman* foi atacada pela polícia turca apenas um dia após a tentativa de golpe em julho de 2016. (N.A.)

[6]   O general Necdet Özel foi substituído pelo general Hulusi Akar como chefe do Estado--Maior das Forças Armadas turcas em 15 de agosto de 2015. (N.A.)

EM NOME DE ERDOGAN, O MISERICORDIOSO

Veli Küçük, acusado de ser o líder da Ergenekon

fazer parte de uma espécie de "Estado paralelo" que havia sido encarregado de eliminar intelectuais, políticos, juízes, militares e líderes religiosos para derrubar o governo legítimo da Turquia e desestabilizar o país durante os anos do presidente Suleyman Demirel (que ocupou o cargo de 1993 a 2000).[7] O *modus operandi* da Ergenekon foi comparado ao da Rede Gladio, e até se chegou a garantir que era sustentado financeiramente graças ao apoio da CIA.

Em abril de 2011, mais de 500 pessoas foram presas e outras 300 foram formalmente acusadas de pertencer ao que os promotores chamaram de "organização terrorista Ergenekon", que, segundo eles, havia sido responsável por praticamente todos os atos de violência política na Turquia durante os últimos 30 anos. Veli Küçük, general da Gendarmaria e fundador da JITEM, foi preso em janeiro de 2008 e acusado de ser o maior responsável pela Ergenekon. Em 5 de agosto de 2013, ele foi condenado a duas sentenças consecutivas de prisão perpétua.[8]

---

[7] Jenny White, *Muslim Nationalism and the New Turks*, Princeton University Press, Princeton, 2014.
[8] Ryan Gingeras, *Heroin, Organized Crime, and the Making of Modern Turkey*, Oxford University Press, Oxford, 2014.

Apesar do fato de que a investigação sobre a Ergenekon tenha começado formalmente em junho de 2007, a existência da organização era conhecida havia muitos anos pelos serviços de inteligência, que, de acordo com alguns observadores, permitiram que ela funcionasse livremente. Os arquivos da Ergenekon foram descobertos depois que um agente de operações da JITEM, Tuncay Güney, foi preso, em março de 2001, sob a acusação de peculato. Alguns afirmam que o delito era apenas um estratagema para estabelecer o cenário da investigação em curso. Em uma surpreendente busca policial em sua residência, seis sacos cheios de documentos e evidências sobre a Ergenekon foram encontrados. Um mês depois, Fehmo Koru, um jornalista investigativo com ótimas relações com o governo de Ahmet Necdet Sezer, que sucedera o presidente Demirel, encarregou-se de dar a notícia. Sob seu pseudônimo usual, Taha Kivanç, Koru escreveu um artigo intitulado "Ergenekon: análise, estrutura, gestão e desenvolvimento de projetos", baseado em um relatório da própria Ergenekon.[9]

Em 2007, ainda afetados pelos efeitos dos expurgos desencadeados após o estouro do "caso Ergenekon", o Exército e seu alto-comando expressaram sua oposição, por meio da emissão de uma mensagem oficial, à eleição como presidente da Turquia de Abdullah Gül, do AKP, e homem de confiança de Erdogan. Gül, a quem muitos chamam "o Medvedev turco", foi finalmente eleito quando o AKP ganhou um referendo que muitos descreveram como "alegal",[*] bem como uma eleição antecipada, que trouxe o partido de Erdogan de volta ao poder, mas desta vez com uma maioria ainda mais ampla no Parlamento.[10] Aos olhos do Exército, Recep Tayyip Erdogan era visto como um inimigo das Forças Armadas, o máximo defensor e apoiador dos princípios "kemalistas" (de Mustafa Kemal Atatürk) no país. Até que, em 1998, o líder político foi detido e condenado à prisão por ter recitado em público um poema de cunho nacionalista de Ziya Gökalp, que dizia: "As mesquitas são

---

[9] Sedat Sami, *Silent Capitulations: The Kemalist Republic Under Assault*, iUniverse Inc. Publishers, Bloomington, 2006.

[*] Não regulado nem proibido. (N.E.)

[10] O presidente Recep Tayyip Erdogan e seu braço direito, o atual primeiro-ministro Binali Yildirin, mostram absoluta admiração pelo "sistema político especial" imposto pelo presidente da Federação Russa, Vladimir Putin, e seu principal homem de confiança, Dimitri Medvedev. Tanto que, após o golpe de Estado de 2016, a Rússia foi o primeiro país que Erdogan visitou. (N.A.)

EM NOME DE ERDOGAN, O MISERICORDIOSO

Ahmet Davutoglu era contra Erdogan por causa de seu desejo insaciável de poder

nossos quartéis, as cúpulas, nossos capacetes, os minaretes, nossas baionetas e os crentes, nossos soldados." Os membros mais graduados do Exército entenderam que tais versos violavam os preceitos estabelecidos por Mustafa Kemal Atatürk. O general Ismail Hakki Karadayi, então chefe do Estado-Maior, e profundamente "kemalista", viu na leitura desses versos uma mensagem "islâmica" clara e perigosa.[11]

Alguns comentaristas políticos sugeriram então que os julgamentos da Ergenekon estavam sendo usados para suprimir críticos, tanto políticos como militares, do governo do Partido da Justiça e Desenvolvimento (fundado por Erdogan em 2001). Até o ex-embaixador dos Estados Unidos na Turquia, Eric S. Edelman, afirmou que a prisão de membros da Ergenekon e o posterior julgamento "destacaram as graves dúvidas sobre o compromisso da Turquia com a liberdade de imprensa e o Estado de direito".[12]

No início de 2014, quase todos os acusados de pertencer à Ergenekon foram absolvidos, porque os especialistas forenses concluíram que os documentos nos quais a acusação se baseava "eram falsos e alguns dos executores provaram estar ligados ao Movimento Gülen e acusados de conspirar contra o exército turco". E, enquanto isso, o presidente se dedicava a promover vários militares de baixa patente ao topo das Forças Armadas, a fim de formar sua guarda pretoriana em um futuro próximo.

---

[11] Aydogan Vatandas, *Hungry for Power: Erdogan's Witch Hunt and Abuse of State Power*, Blue Dome Press, Clifton, 2015.

[12] Fatma Müge Göçek, *The Transformation of Turkey: Redefining State and Society from the Ottoman Empire to the Modern Era*, I. B. Tauris, Nova York, 2011.

General Akin Öztürk, suposto líder do golpe

A lista "Aritma Ergenekon", ordenada pelo recém-nomeado presidente Erdogan apenas um mês depois de chegar ao poder, cresceu com o passar dos meses: professores, juízes, advogados, servidores públicos, catedráticos, reitores de universidades públicas e privadas, policiais, militares, economistas, oficiais de inteligência, religiosos, jornalistas, atletas, dirigentes de federações desportivas, governadores, médicos, gestores de hospitais públicos e privados... Até fevereiro de 2016 havia na lista 15.200 nomes de funcionários do Ministério da Educação; 8.777 do Ministério do Interior, 7.850 da polícia; 6 mil militares de diferentes patentes; 2.745 juízes; 1.577 decanos de universidades públicas e privadas; 1.500 funcionários do Ministério da Fazenda; 614 gendarmes; 492 funcionários do Departamento de Assuntos Religiosos; 370 jornalistas e pesquisadores da Associação de Rádio e Televisão da Turquia (TRT); 257 funcionários do gabinete do primeiro-ministro; 103 generais e almirantes; 47 prefeitos e 30 governadores. No total, 45.562 nomes.

Estava tudo preparado para se representar o terceiro ato. Em 22 de maio de 2016, o próprio Erdogan assinava a exoneração de seu primeiro-ministro Ahmet Davutoglu como líder do Partido da Justiça e Desenvolvimento. Dois dias depois, em 24 de maio, o presidente pediu sua renúncia ao cargo de primeiro-ministro. Parece que Davutoglu não concordava com a reviravolta "presidencialista" que Erdogan queria dar e, por isso, o até então fiel Davutoglu se tornou uma pedra em seu sapato, da qual ele tinha que se livrar.[13]

---

[13] Shadi Hamid, *Islamic Exceptionalism: How the Struggle Over Islam Is Reshaping the World*, St. Martin's Press, Nova York, 2016.

EM NOME DE ERDOGAN, O MISERICORDIOSO

O quarto ato começou na noite de sexta-feira, 15 de julho de 2016, ou seja, quando se iniciou o golpe que devastou um país inteiro por várias horas e foi visto com preocupação pelas chancelarias do restante do mundo, apesar do "conveniente" silêncio inicial. Supostamente, o núcleo principal do golpe, reunido em torno do autoproclamado "Conselho de Paz Doméstica", era liderado por dois generais, Adil Öksüz e Akin Öztürk. O primeiro havia deixado o Exército fazia meses e não tinha mais contato com unidades de combate. O segundo, comandante da Força Aérea da Turquia, até então havia sido um militar classificado como "próximo" de Özel, o ex-chefe do Estado-Maior das Forças Armadas e "erdoganista" como seu sucessor, o general Hulusi Akar. Na realidade, Öztürk fora tudo na Força Aérea turca: piloto de caça F-16, comandante do famoso XIV Esquadrão de Combate, chefe da Inteligência da Força Aérea, contato da Otan com o Alto-Comando turco e, finalmente, chefe do Estado-Maior da Força Aérea, com assento no exclusivo Conselho de chefes do Estado-Maior. Em suma, era um homem do aparato militar e, portanto, da engrenagem militar de Erdogan.[14]

Outros altos comandantes que supostamente apoiaram o golpe foram o tenente-general Metin Iyidil, os generais de brigada Semih Terzi e Gökhan Sahin Sönmezates, os coronéis Tanju Poshor e Muharrem Köse, este último expulso meses antes do Exército por exigir publicamente o retorno da Turquia aos valores "kemalistas", e o general Adem Huduti, comandante-chefe do poderoso Segundo Corpo de Exército, estacionado na cidade de Malatya e encarregado da difícil tarefa de proteger a região da Anatólia e as fronteiras conflituosas com a Síria, o Irã e o Iraque.[15] Os membros do "Conselho de Paz Doméstica" se definiam como claros defensores de um secularismo em todos os níveis do Estado, como o pai da Turquia moderna, Mustafa Kemal Atatürk, sempre defendeu.

---

[14] Bill Stonehem, *Turkish Coup: The Failed Attempt*, CreateSpace Independent Publishing Platform, internet, 2016.

[15] Olgun Ercan, *A History of Turkish Coups*, CreateSpace Independent Publishing Platform, internet, 2016.

Eric Frattini ∞ *MANIPULANDO A HISTÓRIA*

Manifestação a favor de Erdogan em 16 de julho de 2016

Tanques rebeldes começaram a tomar posições em torno do Parlamento, do Aeroporto Internacional Kemal Atatürk, de edifícios estratégicos civis e militares, tanto em Istambul quanto em Ancara. Os edifícios da rádio-televisão pública turca, TRT, também foram atacados, e o apresentador foi forçado a ler uma declaração, afirmando que um "Conselho de Paz assumiu o controle do país e proclamou a lei marcial e o toque de recolher".

Em vez de obedecer aos apelos dos conspiradores do golpe para que os civis ficassem em suas casas, as ruas próximas à praça Taksim, no Centro de Istambul, começaram a se encher de milhares de pessoas carregando bandeiras turcas e gritando "Allahu akbar" ("Alá é grande") em apoio ao governo de Recep Tayyip Erdogan. O primeiro-ministro turco, Binali Yildirim, garantiu que a ação militar foi formada "fora da cadeia de comando. [...] É uma tentativa ilegal de tomada do poder pelos militares. [...] Os envolvidos vão pagar um preço alto por isso". Ao mesmo tempo, a imprensa noticiou que vários tanques rebeldes haviam se posicionado no Aeroporto Internacional Kemal Atatürk, em Istambul, bem como inúmeros internautas descobriram

EM NOME DE ERDOGAN, O MISERICORDIOSO

Erdogan com Hulusi Akar

que seu acesso ao Twitter, ao Facebook e ao YouTube estava bloqueado.[16] Muitos líderes políticos e militares próximos a Erdogan foram feitos reféns, inclusive os generais Hulusi Akar, chefe do Estado-Maior das Forças Armadas, e Salih Zeki Çolak, comandante-chefe das forças terrestres turcas.

Por volta das 23h, helicópteros bombardearam o quartel-general da Força Aérea, das Forças Especiais e da polícia em Gölbasi, nos arredores de Ancara. Os ataques deixaram 42 mortos e 43 feridos. Uma hora depois, soldados turcos entraram nos prédios da Associação de Rádio e Televisão da Turquia em Ancara. Os militares forçaram a apresentadora Tijen Karas a ler um comunicado que dizia o seguinte:

> O Estado democrático e secular de direito foi corroído pelo atual governo. [...] A Turquia será agora liderada pelo Conselho de Paz, a fim de garantir a segurança da população. [...] As Forças Armadas turcas assumiram completamente o governo do país para restaurar a ordem constitucional, os direitos e as liberdades civis, o Estado de direito e a segurança em geral que foram comprometidos. [...] Todos os

---

[16] "Turkey coup: Live updates as tens of thousands march in Turkish cities after 290 killed", *The Mirror*, 21 de julho de 2016.

acordos internacionais permanecem válidos. Esperamos que todas as nossas boas relações com todos os países continuem. [...] Realizamos essa ação para preservar a ordem democrática e para que o Estado de direito continue a ser uma prioridade.[17]

Depois da meia-noite, o presidente Erdogan apareceu ao vivo na CNN local, via Skype, ao telefone de um dos apresentadores, para pedir aos cidadãos que resistissem à tentativa de golpe:

> Não vamos deixar o terreno livre para eles. [...] Esse movimento [militar] não faz parte da cadeia de comando. O comandante-chefe sou eu. Exorto o povo turco a ir às ruas e retomar as praças e aeroportos. [...] Pulem em cima dos tanques e deem uma lição nos traidores.

Centenas de milhares de pessoas receberam em seus celulares uma mensagem da sede local do Partido da Justiça e Desenvolvimento (AKP) de Erdogan, convocando para se manifestarem e protegerem os edifícios do arranjo político, inclusive atuando como "escudos humanos". Logo depois, os alto-falantes das mesquitas em Istambul e em outros lugares emitiram, não apelos por oração, mas "apelos por resistência".

Em apenas algumas horas, milhares de pessoas se reuniram em frente ao aeroporto Atatürk de Istambul, nas pontes do Bósforo e nas praças de Istambul e Ancara. Algumas até ficaram em frente aos tanques, outras argumentavam ou discutiam com os soldados, sem que os tiros para o alto as fizessem recuar. Em alguns casos, os manifestantes escalaram os tanques e desarmaram seus ocupantes. Era óbvio que os soldados tinham ordens para não atirar. E em cada cenário um grito se repetia continuamente: "Em nome de Alá! Alá é grande!" O governo turco se apressou em procurar um culpado: uma facção do exército ligada à organização terrorista de Fethullah Gülen.

Muitos correspondentes estrangeiros já começavam a se perguntar como, em um país "controlado" pelo aparato de segurança, ninguém teria detectado qualquer movimento de golpe suspeito.

Aparentemente, os serviços de inteligência (MIT) transmitiram a Erdogan até 15 alertas de possíveis golpes de Estado desde fevereiro de 2016.

---

[17] Sam Levin e Kevin Rawlinson, "Turkey coup attempt: Erdogan demands US arrest exiled cleric Gülen amid crackdown on army – as it happened", *The Guardian*, 16 de julho de 2016.

EM NOME DE ERDOGAN, O MISERICORDIOSO

Na realidade, o golpe de Estado estava previsto para o início de agosto, antes da reunião do Conselho Militar Supremo, o órgão político-militar em que se decidem as promoções, expulsões e aposentadorias das Forças Armadas, porque nessa reunião se esperava que ocorresse um grande expurgo de militares que se opunham a Erdogan.

Outra prova de que o Executivo poderia ter tido informações prévias é que na semana anterior ao golpe ocorreram prisões de soldados "gülenistas" e se espalhou a notícia de que na última semana de julho haveria mais detenções, supostamente como uma tática do governo para antecipar os acontecimentos. O ex-militar e analista de defesa Metin Gurcan escreveu: "O principal motivo do fracasso do golpe foi seu nascimento prematuro. [...] A data e a hora escolhidas para dar o golpe foram às 3 da manhã de 16 de julho, mas o plano teve de ser adiantado porque a Organização Nacional de Inteligência captou conversas entre altos comandantes militares e descobriu os planos de golpe."

Mas há uma terceira possibilidade que foi aventada por muitos turcos à medida que os eventos se desenrolavam: poderia tratar-se de um roteiro orquestrado pelo próprio MIT, com a conivência das Forças Armadas, já domesticadas pelo regime de Erdogan? O símbolo poderoso que um golpe de Estado tem sobre a população que vota no AKP, que é a mesma população que se opôs à derrubada do islâmico Mohamed Morsi, no Egito, pelos militares, não deve ser subestimado. Assim, o povo turco saiu às ruas para "salvar a democracia" e reabriu o aeroporto para que seu amado líder Recep Tayyip Erdogan pudesse aterrissar triunfantemente na Turquia para "salvar" o povo dos militares rebeldes. O saldo final do golpe de Estado foi, entre os dois lados, 350 mortos e mais de 2 mil feridos em graus variados.[18]

Não estamos falando de teorias da conspiração, mas de "teorias turcas". Em maio de 2016, o próprio Hakan Fidan, o todo-poderoso chefe do MIT, havia sido secretamente gravado em conversas, supostamente vazadas por militares "gülenistas", nas quais ele propunha um ataque de falsa bandeira contra soldados turcos na fronteira turco-síria para justificar uma intervenção militar aberta contra a Síria. De acordo com esse argumento, Erdogan, ou alguém próximo a ele, poderia ter preparado toda a operação de falsa bandeira

---

[18] Bill Stonehem, op. cit.

Hakan Fidan

(o golpe de Estado, de 15 de julho de 2016) com o único propósito de que sua popularidade disparasse justo quando se encontrava baixa por causa da terrível situação econômica turca, dos ataques terroristas contra as forças de segurança e centros turísticos, e da corrupção desenfreada entre os principais líderes do AKP.[19]

E assim, no sábado, 16 de julho, o quinto ato começava com a ordem de Erdogan de usar a lista "Aritma Ergenekon". Os primeiros detidos foram 2.839 militares e 2.745 juízes e promotores, todos contrários às posições islâmicas do partido do presidente, entre eles o juiz Alparslan Altan, do Tribunal Constitucional, o órgão judicial mais alto do país, e dez juízes do *Danistay* (Conselho de Estado), um dos órgãos supremos do Judiciário turco. Tanto o Tribunal Constitucional quanto o *Danistay* eram muralhas muito altas que Erdogan deveria transpor se quisesse transformar o país em uma república presidencialista. Todos os juízes e promotores detidos foram acusados de manter relações com o clérigo exilado nos Estados Unidos, Fethullah Gülen. Entre 16 e 19 de julho, 59.019 cidadãos turcos foram detidos; 13.457 a mais do que na lista original.

O general Akin Öztürk, suposto líder do golpe de Estado, foi um dos militares presos na madrugada de 16 de julho de 2016. O jornal *Hürriyet* o acusou de ser o líder máximo da tentativa de golpe. A agência de notícias Anadolu assegurou que "Öztürk confessara a um promotor especial que sua intenção era dar um golpe de Estado", embora essa notícia mais tarde tenha desaparecido do noticiário. De acordo com a rede de televisão privada NTV, o general Öztürk negou qualquer envolvimento com os golpistas. Em depoimento ao promotor, ele afirmou que "passou pela base aérea para visitar os netos, já que seu filho, também piloto de caça, estava estacionado ali. [...]

---

[19] Olgun Ercan, op. cit.

EM NOME DE ERDOGAN, O MISERICORDIOSO

Depois de tomar conhecimento dos eventos do golpe, dissuadiu com sucesso alguns dos oficiais superiores da base e participantes [no golpe] de continuar com seus planos [...] e resgatou pessoalmente dois oficiais de alto escalão leais [ao governo de Erdogan] que estavam detidos dentro da base". Depois, o silêncio.

A notícia seguinte, supostamente vazada pelos militares que participaram do golpe, foi de que "o general Akin Öztürk tinha sido forçado a tirar seu uniforme, suas condecorações lhe foram arrancadas e ele foi acusado de ofensas contra a ordem pública, terrorismo, conspiração e alta traição". Até hoje se desconhece o paradeiro do general Öztürk e sua família, mas todos ainda se perguntam: se nos primeiros minutos da tentativa o *Hürriyet* o acusava de ser um dos líderes do golpe, baseando-se em informações da inteligência militar, por que a notícia foi retirada logo depois? E se, supostamente, ele era o líder máximo do golpe, por que foi convocado ao quartel-general do Estado-Maior e liberado após relatar o incidente na base aérea?

A versão oficial também não era muito crível, assim como os rumores constantes, por parte dos diferentes grupos de oposição, que diziam que o golpe havia sido, na verdade, uma operação de falsa bandeira organizada pelos serviços de segurança e inteligência do presidente Erdogan, provavelmente pelos homens da Organização Nacional de Inteligência (MIT), sob o comando do fiel "erdoganista" Hakan Fidan, para que, a partir do julgamento dos culpados da tentativa de golpe, o presidente pudesse realizar um grande expurgo em todo o país.

Três perguntas se destacam de todas as outras. Foi um verdadeiro golpe de Estado realizado por militares rebeldes contrariados com a liderança islâmica do governo? Foi um fiasco dos apoiadores de Fethullah Güllen? E por último: foi uma operação de falsa bandeira do próprio Recep Tayyip Erdogan? Os expurgos e as prisões continuam até hoje em todo o país; então, acreditamos que é cedo para responder.

Porém, se analisarmos os golpes de Estado anteriores na Turquia (1960, 1971 e 1980), não há dúvida de que por trás deles estava o Departamento Especial de Guerra,[20] que primeiro delineou uma estratégia para desestabilizar o país e depois apresentar o golpe de Estado como inevitável. Não foi o que aconteceu em 15 de julho. Você não se posiciona como um defensor

---

[20] *Özel Harp Dairesi*, ou OHP. (N.A.)

das liberdades tornando público um documento que diz que está assumindo o poder porque sua missão é "restaurar a ordem constitucional, a democracia, os direitos humanos e as liberdades para, em seguida, bombardear repetidamente um Parlamento que representa tanto kemalistas quanto liberais, conservadores, social-democratas, islamistas, socialistas ou pró-curdos".[21]

"E se foi uma operação de falsa bandeira?", perguntaram-se muitos líderes opositores turcos. Fethullah Gülen, o clérigo muçulmano que lidera o movimento que leva seu nome, acusado por Erdogan de ser o cérebro por trás do golpe, disse que há uma possibilidade de que foi algo encenado, não real. Ou seja, tudo pode ter sido uma imensa peça teatral que permitiu ao "grande ator" Erdogan alcançar ainda mais poder. A ideia de que um movimento liderado por um clérigo de 76 anos (Fethullah Gülen), que vive em seu exílio norte-americano há 17 anos, é responsável pelo projeto e implementação de uma tentativa de golpe de Estado, mobilizando mais de 3 mil soldados — incluindo tanques —, é bastante difícil de acreditar. Deniz Baykal, líder do secular Partido Republicano (CHP), na oposição há décadas, expressou o que muitos pensam: "Durante os 40 anos de minha vida política [...] eu nunca vi um cenário de golpe de Estado tão tragicômico." A hipótese da operação de falsa bandeira ganha cada vez mais força porque permitiu a Erdogan realizar o último assalto ao bastião secularista do Exército e da Justiça, redistribuí-los à vontade e transformar a Turquia em um sistema presidencialista, da maneira como acontece na Federação Russa.

Fethullah Gülen, líder do
Movimento Gülen, no exílio

---

[21] Olgun Ercan, op. cit.

EM NOME DE ERDOGAN, O MISERICORDIOSO

Erdogan já avisou que os expurgos não acabaram: "Faremos isso pelo bem do país, pela nação. Tanto faz... que sejam 10 mil, 20 mil, 50 mil. Devemos fazer essa limpeza em todas as instituições, sejam elas quais forem. Agora vamos limpar o Exército." Nas semanas seguintes, também foram presos, obrigados a renunciar ou expulsos de seus empregos, acusados de terem "participado da tentativa de golpe de Estado", cerca de 21.000 professores; 3 mil membros da magistratura, incluindo dois dos 17 membros do Tribunal Constitucional, 10 do Tribunal de Recurso, 11 do Tribunal de Cassação e 10 do Conselho Supremo de Juízes e Procuradores; 393 funcionários do Ministério de Política Social; 15.211 funcionários do Ministério da Educação; 1.577 decanos de universidades; 257 membros do gabinete do primeiro-ministro; 8 mil policiais (mil deles foram presos); 1.523 funcionários do Ministério da Fazenda; 109 oficiais de inteligência; 7.536 militares, incluindo 85 generais e almirantes, e o coronel Ali Yazici, o principal conselheiro militar de Erdogan, e Erkan Kivrak, um conselheiro militar do presidente de escalão inferior. Da mesma forma, 492 clérigos e professores de religião foram expulsos de mesquitas e escolas, além de um governador, 29 ex-governadores e 52 prefeitos sofreram "depurações". Quanto aos meios de comunicação, 89 jornalistas foram presos e acusados de pertencer ao ramo de comunicação do Movimento Gülen, além de 187 médios e grandes empresários. Até o famoso ex-jogador de futebol do Galatasaray, Hakan Sükür, agora exilado nos Estados Unidos, foi detido. O Conselho Supremo de Rádio e Televisão da Turquia (RTÜK) também foi obrigado a retirar a licença de 24 meios de comunicação e a investigar mais de 200 empresas privadas em 18 distritos do país.[22]

As verdadeiras causas da tentativa de golpe serão difíceis de precisar. Entretanto, uma coisa parece certa: o presidente utilizará o que aconteceu a seu favor. Teremos de nos lembrar de tudo isso quando Recep Tayyip Erdogan começar a falar da necessidade da Turquia de adotar um modelo presidencialista mediante a convocação de um referendo. O referendo será, sem dúvida, o sexto ato. Sua proclamação e sua elevação ao poder absoluto da República serão o ato final. A Turquia moderna, tal como a idealizou em 1924 o grande Kemal Atatürk, parece estar quase morrendo.

---

[22] Bill Stonehem, op. cit.

BIBLIOGRAFIA

— — — — — — — — — — — —

ABARINOV, Vladimir, *The Murderers of Katyn*, Hippocrene Books, Nova York, 1993.

ABRAHAMIAN, Ervand, *The Coup: 1953, The CIA, and The Roots of Modern U.S.-Iranian Relations*, The New Press, Nova York, 2013.

ADAMS, Jefferson, *Historical Dictionary of German Intelligence*, Scarecrow Press, Nova York, 2009.

ALIBEK, Kenneth, *Biohazard: The Chilling True Story of the Largest Covert Biological Weapons Program in the World — Told from Inside by the Man Who Ran It*, Delta Publishing, Surrey, 2000.

ALTENHÖNER, Florian, *Der Mann, der den 2. Weltkrieg begann: Alfred Naujocks: Fälscher, Mörder, Terrorist*, Prospero Verlag, Münster, 2014.

AMBROGETTI, Andrea, *Aldo Moro e gli americani*, Edizioni Studium S.r.l, Roma, 2016.

AMBROSE, Stephen, *Ike's Spies, Eisenhower and the Espionage Establishment*, Doubleday & Company, Nova York, 1981.

ANDREW, Christopher, *For the President's Eyes Only. Secret Intelligence and the American Presidency from Washington to Bush*, HaperCollins, Londres, 1995.

ATRAN, Scott, *Talking to the Enemy: Faith, Brotherhood, and the (Un)Making of Terrorists*, Ecco Publishing, Nova York, 2010.

AUST, Stefan; BELL, Anthea, *Baader-Meinhof: The Inside Story of the R.A.F.*, Oxford University Press, Oxford, 2009.

BAKER, Peter, *Days of Fire: Bush and Cheney in the White House*, Anchor Books, Nova York, 2014.

BALZERANI, Barbara, *Compañera luna*, Txalaparta, Navarra, 1990.

BAMFORD, James, *Body of Secrets: Anatomy of the Ultra-Secret National Security Agency*, Doubleday, Nova York, 2001.

BAR-ZOHAR, Michael; MISHAL, Nissim, *Mossad: The Greatest Missions of the Israeli Secret Service*, Ecco, Nova York, 2014.

BARI ATWAN, Abdel, *Islamic State: The Digital Caliphate*, University of California Press, Berkeley, 2015.

BASCONI, Andrea, *Elena Holmberg, la mujer que sabía demasiado*, Sudamericana, Buenos Aires, 2012.

BAUER, Eddy, *Espías, Enciclopedia del Espionaje*, Idées & Editions, Paris, 1971.

BECKER, Jilian, *Hitler's Children: The Story of the Baader-Meinhof Terrorist Gang*, AuthorHouse, Bloomington, 2014.

BEEBE, Sarak M., *Cases in Intelligence Analysis; Structured Analytic Techniques in Action*, CQ Press, Virgínia, 2014.

BEININ, Joel, *The Dispersion of Egyptian Jewry: Culture, Politics, and the Formation of a Modern Diaspora*, University of California Press, Berkeley, 1998.

BELLAIGUE, Christopher de, *Patriot of Persia: Muhammad Mossadegh and a Tragic Anglo-American Coup*, Harper Perennial, Nova York, 2013.

BERMAN, Larry, *Planning a Tragedy: The Americanization of the War in Vietnam*, W.W. Norton & Company, Nova York, 1983.

_____ *Lyndon Johnson's War: The Road to Stalemate in Vietnam*, W.W. Norton & Company, Nova York, 1991.

BISSELL JR., Richard, *Reflections of a Cold Warrior: From Yalta to the Bay of Pigs*, Yale University Press, New Haven, 1996.

BLACK, Ian; MORRIS, Benny, *Israel's Secret Wars: A History of Israel's Secret Services*, Grove Weidenfeld, Nova York, 1991.

BLAKE, Kristen, *The U.S.-Soviet Confrontation in Iran, 1945-1962: A Case in the Annals of the Cold War*, University Press of America, Lanham, 2009.

BLOCH, Michael, *Ribbentrop: A Biography*, Crown, Londres, 1993.

BOYLE, Frank A., *Destroying Libya and World Order: The Three-Decade U.S. Campaign to Terminate the Qaddafi Revolution*, Clarity Press, Nova York, 2013.

BRAGHETTI, Anna Laura, *Il Prigioniero*, Feltrinelli Traveller, Milão, 2003.

BRIANTE, Miguel, *El embajador de la nada. Desde este mundo*, Sudamericana, Buenos Aires, 2005.

BROZZU-GENTILE, Jean-François, *L'affaire Gladio: Les réseaux secrets américains au coeur du terrorisme en Europe*, Editions Albin Michel, Paris, 1994.

BURNS, Michael, *Northwoods and Other Short Stories*, Amazon Digital Services LLC, internet, 2012.

CARPENTIER, C.; MOSER, F., *La Sûreté de l'État: histoire d'une déstabilisation*, Ottignies, Bruxelas, 1993.

CARTER HETT, Benjamin, *Burning the Reichstag: An Investigation into the Third Reich's Enduring Mystery*, Oxford University Press, Oxford, 2014.

CATER, Douglass, *Power in Washington: A Critical Look at Today's Struggle to Govern in the Nation's Capital*, Random House, Nova York, 1975.

CHAMBERLAIN, R.B., *In the Shadows: Conspiracy*, Independently Published, Charleston, 2014.

CHANTURIA, George, *The Second Chechen War and Human Rights Abuses: History, War, Politics*, Lambert Academic Publishing, Saarbrücken, 2016.

CHIAPPINELLI, Gennaro, *Sogno Rosso*, Bibliotheka Edizioni, Roma, 2014.

CLEMENTI, Marco, *La "Pazzia" di Aldo Moro*, BUR Edizioni, Milão, 2013.

CLEMENTS, Jonathan, *Mannerheim: President, Soldier, Spy*, Haus Publishing, Londres, 2012.

COEN, Bob, *Dead Silence: Fear and Terror on the Anthrax Trail*, Counterpoint Press, Berkeley, 2009.

COLE, Leonard A., *The Anthrax Letters: A Bioterrorism Expert Investigates the Attack That Shocked America*, Skyhorse Publishing, Nova York, 2009.

CONADEP, *Informe de la Comisión Nacional sobre la Desaparición de Personas, Nunca Más*, Eudeba, Buenos Aires, 2006.

CONQUEST, Robert, *The Dragons of Expectation: Reality and Delusion in the Course of History*, W.W. Norton & Company, Nova York, 2004.

_____ *The Great Terror*, Oxford University Press, Oxford, 2007.

COPPOLA, Aniello, *Moro*, Feltrinelli, Milão, 1976.

COTTRELL, Richard, *Gladio, Nato's Dagger at the Heart of Europe: The Pentagon--Nazi-Mafia Terror Axis*, Progressive Press, San Diego, 2015.

CRONIN, Isaac, *Confronting Fear: A History of Terrorism*, Basic Books, Nova York, 2002.

DAVIES, Barry, *SAS Combat Handbook*, Skyhorse Publishing, Londres, 2015.

DIMITROV, Georgi, *El juicio del incendio del Reichstag*, Grijalbo, Cidade do México, 1970.

DINGMAN, Roger, *Deciphering the Rising Sun: Navy and Marine Corps Codebreakers, Translators, and Interpreters in the Pacific War*, Naval Institute Press, Washington, D.C., 2009.

DOUGLASS, James W., *JFK and the Unspeakable: Why He Died and Why It Matters*, Touchstone, Nova York, 2010.

DUNN, Si, *Dark Signals: A Navy Radio Operator in the Tonkin Gulf and South China Sea, 1964-1965*, Sagecreek Productions LLC, Austin, 2012.

DURHAM, Robert B., *False Flags, Covert Operations, & Propaganda*, Lulu.com, internet, 2014.

DYAL, Donald H.; CARPENTER, Brian B.; THOMAS, Mark A., *Historical Dictionary of the Spanish American War*, Greenwood Press, Santa Bárbara, 1996.

EDWARDS, Robert, *White Death: Russia's War with Finland 1939-40*, Weidenfeld & Nicolson, Londres, 2006.

ELAD, Avri, *Decline of Honor*, Regnery Publishers, Nova York, 1976.

ELLERSIEK, Christa, *Wolfgang Becker: Das Celler Loch. Die Hintergründe der Aktion Feuerzauber*, Verlag am Galgenberg, Hamburgo, 1987.

ELLISTON, Jon, *Psywar on Cuba: The Declassified History of U.S. Anti-Castro Propaganda*, Ocean Press, Nova York, 1999.

EMERSON, Steven, *The Fall of Pan Am 103, Inside the Lockerbie Investigation*, Penguin Group, Nova York, 1990.

ENGLE, Eloise; PAANANEN, Lauri, *The Winter War: The Soviet Attack on Finland, 1939-1940*, Stackpole Books, Oxford, 1992.

ERCAN, Olgun, *A History of Turkish Coups*, CreateSpace Independent Publishing Platform, internet, 2016.

FELSHTINSKY, Yuri; PRIBYLOVSKY, Vladimir, *The Corporation: Russia and the KGB in the Age of President Putin*, Encounter Books, Nova York, 2009.

FISHER, Louis, *Destruction of Maine 1889*, The Law Library of Congress, Washington, D.C., 2009.

FLAMIGNI, Sergio, *Convergenze parallele: le Brigate rosse, i servizi segreti e il delitto Moro*, Kaos Edizioni, Milão, 1998.

FRATTINI, Eric, *Mafia S. A. Cien años de Cosa Nostra*, Espasa, Madri, 2002.

_____ *KGB: Historia del Centro*, EDAF, Madri, 2005.

_____ *CIA: Joyas de familia*, Martínez Roca, Madri, 2008.

_____ *El Polonio y otras maneras de matar. Así asesinan los servicios de inteligencia*, Espasa, Madri, 2011.

_____ *Italia, sorvegliata speciale: I servizi segreti americani e l'Italia (1943-2013): una relazione difficile raccontata attraverso centocinquanta documenti inediti*, Ponte alle Grazie, Roma, 2013.

_____ *El libro negro del Vaticano. Las oscuras relaciones entre la CIA y la Santa Sede*, Espasa, Madri, 2016.

FRIEDMAN, John S., *The Secret Histories: Hidden Truths That Challenged the Past and Changed the World*, Picador, Nova York, 2005.

FRIEDMAN, Norman, *U.S. Cruisers, An Illustrated Design History*, Naval Institute Press, Annapolis, 1984.

FROMM, Bell, *Blood and Banquets: A Berlin Social Diary*, Birch Lane Press, Sussex, 1990.

GALEOTTI, Mark, *Russia's Wars in Chechnya 1994-2009*, Osprey Publishing, Oxford, 2014.

GANSER, Daniele, *NATO's Secret Armies: Operation GLADIO and Terrorism in Western Europe*, Routledge, Nova York, 2005.

GASIOROWSKI, Mark J.; BYRNE, Malcolm, *Mohammad Mosaddeq and the 1953 Coup in Iran*, Syracuse University Press, Syracuse, 2004.

GERWATH, Robert, *Hitler's Hangman: The Life of Heydrich*, Yale University Press, Londres, 2012.

GESSEN, Masha, *The Man Without a Face: The Unlikely Rise of Vladimir Putin*, Riverhead Books, Nova York, 2013.

GIANCANA, Antoinette, *JFK and Sam: The Connection Between the Giancana and Kennedy Assassinations*, Cumberland House Publishing, Nashville, 2005.

GINGERAS, Ryan, *Heroin, Organized Crime, and the Making of Modern Turkey*, Oxford University Press, Oxford, 2014.

GOEBBELS, Joseph, *The Goebbels Diaries, 1942-1943*, Doubleday, Nova York, 2003.

GOLDFARB, Alex; LITVINENKO, Marina, *Death of a Dissident: The Poisoning of Alexander Litvinenko and the Return of the KGB*, Free Press, Washington, D.C., 2014.

GOLDSTEIN, Gordon M., *Lessons in Disaster: McGeorge Bundy and the Path to War in Vietnam*, Henry Holt, Nova York, 2009.

GOÑI, Uki, *El Infiltrado: La Verdadera Historia de Alfredo Astiz*, Editorial Sudamericana, Buenos Aires, 1996.

GORDON, Michael, *The Endgame: The Inside Story of the Struggle for Iraq, from George W. Bush to Barack Obama*, Vintage Books, Nova York, 2013.

GOULD, Lewis L., *The Spanish-American War and President McKinley*, University Press of Kansas, Lawrence, Kansas, 1982.

_____ *America in the Progressive Era, 1890-1914*, Routledge, Nova York, 2001.

GROSE, Peter, *Gentleman Spy: The Life of Allen Dullesk*, Houghton Mifflin, Boston, 1994.

HAMID, Shadi, *Islamic Exceptionalism: How the Struggle Over Islam Is Reshaping the World*, St. Martin's Press, Nova York, 2016.

HANTSCHEL, Allison, *Special Plans: The Blogs on Douglas Feith & the Faulty Intelligence That Led to War*, William James & Company, Nova York, 2005.

HARDING, Luke, *A Very Expensive Poison: The Definitive Story of the Murder of Litvinenko and Russia's War with the West*, Guardian Faber Publishing, Londres, 2008.

HENDERSON, James, *Operation Northwoods: A Lesson in Terror*, Amazon Digital Services LLC, internet, 2016.

HENDRICKS, Steve, *A Kidnapping in Milan: The CIA on Trial*, W.W. Norton & Company, Nova York, 2010.

HERSH, Seymur, *The Dark Side of Camelot*, Back Bay Books, Boston, 1998.

HINCKLE, Warren; TURNER, Bill, *Deadly Secrets: The CIA-Mafia War Against Castro and the Assassination of JFK*, Thunder's Mouth Press, Nova York, 1993.

HOFFMAN, Bruce; REINARES, Fernando, *The Evolution of the Global Terrorist Threat: From 9/11 to Osama bin Laden's Death*, Columbia University Press, Nova York, 2014.

HORNBLASS, J.J.; VOGEL, Tom, *Ink Stained*, Ink Stains Press LLC, internet, 2013.

HOYT, Edwin, *Yamamoto: The Man Who Planned the Attack on Pearl Harbor*, The Lyons Press, Nova York, 2001.

HUDNALL, Ken, *The Northwoods Conspiracy*, Grave Distractions Publications, Nashville, 2011.

HUNT, Howard, *American Spy: My Secret History in the CIA, Watergate and Beyond*, Wiley Publishers, Nova York, 2007.

IMPOSIMATO, Ferdinando; PROVVISIONATO, Sandro, *Doveva morire: Chi ha ucciso Aldo Moro. II giudice dell'inchiesta racconta*, Chiarelettere, Milão, 2010.

JENKINS, Robert, *World War 2: Pearl Harbor Through Japanese Eyes: The First Stories of the Pacific Theatre*, Success Publishing, internet, 2015.

JOHNSON, A., *Radio Free Europe and Radio Liberty: The CIA Years and Beyond*, Stanford University Press, Palo Alto, 2010.

KAPLAN, Fred, *Dark Territory: The Secret History of Cyber War*, Simon & Schuster, Nova York, 2016.

KAPUSCINSKI, Ryszard, *Shah of Shahs*, Penguin Classics, Nova York, 1992.

KASPAROV, Garry, *Winter Is Coming: Why Vladimir Putin and the Enemies of the Free World Must Be Stopped*, Public Affairs, Nova York, 2015.

KATAMIDZE, Slava, *KGB. Leales camaradas, asesinos implacables*, Libsa, Madri, 2004.

KATZ, Robert, *Days of Wrath: The Ordeal of Aldo Moro, the Kidnapping, the Execution, the Aftermath*, Doubleday, Nova York, 1980.

KELLERHOFF, Sven Felix; BERGER, Karina, *The Reichstag Fire: The Case Against the Nazi Conspiracy*, The History Press, Gloucestershire, 2016.

KERSHAW, Ian, *Hitler 1936-1945: Nemesis*, Penguin, Nova York, 2000.

KINZER, Stephen, *All the Sha's Men: An American Coup and the Roots of Middle East Terror*, Wiley Publishers, 2008.

KLEBNIKOV, Paul, *Godfather of the Kremlin: The Life and Times of Boris Berezovsky*, Houghton Mifflin Harcourt, Londres, 2000.

KOEHLER, John O., *Stasi: The Untold Story of the East German Secret Police*, Westview Press, Nova York, 2000.

KULKOV, E.N.; RZHESEVSKII, Oleg, *Stalin and the Soviet-Finnish War, 1939--1940*, Routledge, Nova York, 2014.

KUUSINEN, Otto, *Finland Unmasked*, The London Caledonian Press Ltd. for the Russia Today Society, Londres, 1944.

LANCE, Peter, *Cover Up: What the Government Is Still Hiding About the War on Terror*, William Morrow, Nova York, 2004.

LANZA, Luciano, *Secrets and Bombs. Piazza Fontana 1969*, Christie Books, internet, 2002.

LEE, Bruce; CLAUSEN, Henry, *Pearl Harbor: Final Judgement: The Shocking True Story of the Military Intelligence Failure at Pearl Harbor and the Fourteen Men Responsible for the Disaster*, Open Road Media, Nova York, 2015.

LEDEEN, Michael A., *Universal Fascism: The Theory and Practice of the Fascist International, 1928-1936*, Howard Fertig, Nova York, 1972.

_____ *The War Against the Terror Masters: Why It Happened. Where We Are Now. How We'll Win*, Truman Talley Books, Nova York, 2007.

LENZ, Lawrence, *Power and Policy: America's First Steps to Superpower 1889-1922*, Algora Publishing, Nova York, 2008.

LEWIN, Miriam; WORNAT, Olga, *Putas y guerrilleras, crímenes sexuales en los centros clandestinos de detención*, Planeta, Buenos Aires, 2014.

LEWIS, Charles, *935 Lies: The Future of Truth and the Decline of America's Moral Integrity*, Public Affairs, Nova York, 2014.

LITVINENKO, Alexander; FELSHTINSKY, Yuri, *Blowing Up Russia: The Secret Plot to Bring Back KGB Terror*, Encounter Books, Nova York, 2007.

LLOYD, Cathie, *Racist Violence and Antiracist Reactions: A View of France*, Palgrave Macmillan, Nova York, 1993.

LORD, Walter, *Day of Infamy, 60th Anniversary: The Classic Account of the Bombing of Pearl Harbor*, Henry Holt and Co., Nova York, 2001.

LUNDE, Heinrik O., *Finland's War of Choice: The Troubled German-Finnish Coalition in World War II*, Casemate Publishers, Nova York, 2011.

MacQUEEN, Graeme, *The 2001 Anthrax Deception: The Case for a Domestic Conspiracy*, Clarity Press, Atlanta, 2014.

MANFRONI, Carlos, *Montoneros, soldados de Massera*, Sudamericana, Buenos Aires, 2012.

MANGOLD, Tom, *Cold Warrior: James Jesus Angleton: The CIA's Master Spy Hunter*, Touchstone Books, Nova York, 1992.

MARJOMAA, Ulpu, *100 faces from Finland*, Finnish Literature Society, Helsinque, 2000.

MAROLDA, Edward, *Theodore Roosevelt, the U.S. Navy and the Spanish-American War*, Palgrave Macmillan, Nova York, 2001.

McLEAVE, Hugh, *The Last Pharaoh: Farouk of Egypt*, McCall Publishers Co., Nova York, 1970.

McMASTER, H.R., *Dereliction of Duty: Johnson, McNamara, the Joint Chiefs of Staff, and the Lies That Led to Vietnam*, Harper Perennial, Nova York, 1998.

McNAMARA, Robert, *In Retrospect: The Tragedy and Lessons of Vietnam*, Vintage Books, Nova York, 1996.

McSHERRY, Patrice, *Incomplete Transition: Military Power and Democracy in Argentina*, Palgrave Macmillan, Nova York, 1997.

MOÏSE, Edwin E., *Tonkin Gulf and the Escalation of the Vietnam War*, University of North Carolina Press, Chapel Hill, 1996.

MONTEFIORE, Simon Sebag, *Stalin: The Court of the Red Tsar*, Vintage, Nova York, 2005.

MÜGE GÖÇEK, Fatma, *The Transformation of Turkey: Redefining State and Society from the Ottoman Empire to the Modern Era*, I.B. Tauris, Nova York, 2011.

MÜLLER, Leo, *Gladio. Das Erbe des Kalten Krieges. Der NATO Geheimbund und sein deutscher Vorläufer*, Rowohlt, Hamburgo, 1991.

NASHEL, Jonathan, *Edward Lansdale's Cold War*, University of Massachusetts Press, Boston, 2005.

NEIGHBOUR, Sally, *In the Shadow of Swords*, HarperCollins, Nova York, 2004.

NELSON, Craig, *Pearl Harbor: From Infamy to Greatness*, Scribner, Nova York, 2016.

NOHLEN, Dieter, *Elections in Europe: A Data Handbook*, Nomos Verlagsgesellschaft, Berlim, 2010.

OCKRENT, Christine; MARENCHES, Alexandre de, *Secretos de Estado. Importantes revelaciones del que fue jefe de los servicios secretos de Francia*, Planeta, Barcelona, 1987.

OFFICE OF THE SECRETARY OF DEFENSE, *Command and Control of the Tonkin Gulf Incident, Critical Report n. 7*, BiblioGov, Washington, D.C., 2013.

OFFNER, John L., *An Unwanted War: The Diplomacy of the United States and Spain Over Cuba, 1895-1898*, The University of North Carolina Press, Chapel Hill, 1992.

PADFIELD, Peter, *Himmler. Líder de las SS y Gestapo*, La Esfera de los Libros, Madri, 1990.

PARRISH, Michael, *The Lesser Terror: Soviet State Security, 1939-1953*, Praeger Press, Nova York, 1996.

PATTERSON, Andrew, *The Hypocrites: A CIA-Mossad Road Map of Iran*, CreateSpace Independent Publishing Platform, internet, 2013.

PERSICO, Joseph, *Roosevelt's Secret War: FDR and World War II Espionage*, Random House, Nova York, 2001.

PEZZAN, Jacopo; BRUNORO, Giacomo, *Il Caso Moro*, LA CASE Books, Los Angeles, 2015.

PIERREJEAN, Daniel, *Chronique d'une Dictature*, Editions Editeur-Independant, Paris, 2007.

PIOTROWSKI, Tadeusz, *Poland's Holocaust: Ethnic Strife, Collaboration with Occupying Forces and Genocide in the Second Republic, 1918-1947*, McFarland, Nova York, 1998.

PITA, René, *Armas Químicas. La ciencia en manos del mal*, Plaza y Valdés Editores, Madri, 2008.

PLANE WILSON, Valerie, *Fair Game: How a Top CIA Agent Was Betrayed by Her Own Government*, Simon & Schuster, Nova York, 2008.

POLITKOVSKAYA, Anna, *Putin's Russia: Life in a Failing Democracy*, Henry Holt Paperbacks, Nova York, 2007.

POLMAR, Norman; ALLEN, Thomas B., *Rickover: Controversy and Genius: A Biography*, Simon and Schuster, Nova York, 1982.

POWER, Brad, *Recep Erdogan: The End Game versus Fethullah Gulen*, Amazon Digital Services LLC, internet, 2015.

POWERS, Thomas, *The Man Who Kept the Secrets. Richard Helms and the CIA*, Alfred A. Knopf, Nova York, 1979.

PRANGE, Gordon W.; GOLDSTEIN, Donald, *At Dawn We Slept: The Untold Story of Pearl Harbor*, Penguin Books, Nova York, 1982.

PREOBRAZHENSKY, Konstantin, *KGB/FSB's New Trojan Horse: Americans of Russian Descent*, Gerard Group Publishing, Califórnia, 2009.

PRITCHARD, John, *Reichstag Fire: Ashes of Democracy*, Ballantine Books, Nova York, 1972.

PRIZZON, Paola, *Uno sguardo americano su Aldo Moro: Gli anni Settanta nell' Archivio Robert Katz*, Edizioni Polistampa, Florença, 2008.

RABASA, Ángel; HASEMAN, John, *The Military and Democracy in Indonesia: Challenges, Politics, and Power*, RAND, Santa Mônica, 2002.

RAPPLEYE, Charles, *All-American Mafioso: The Johnny Roselli Story*, Doubleday, Nova York, 1991.

RAYFIELD, Donald, *Stalin and His Hangmen: The Tyrant and Those Who Killed for Him*, Random House, Nova York, 2005.

READY, J. Lee, *Eicke's Boys: The Totenkopfverbaende*, CreateSpace Independent Publishing Platform, internet, 2014.

REICH, Walter, *Origins of Terrorism: Psychologies, Ideologies, Theologies, States of Mind*, Woodrow Wilson Center Press, Washington, D.C., 1998.

RICKHOVER, H.G., *How the Battleship Maine Was Destroyed*, Naval Institute Press, Annapolis, 1995 (edição original publicada em 1976).

RICKS, Thomas E., *Fiasco: The American Military Adventure in Iraq, 2003 to 2005*, Penguin Books, Nova York, 2007.

RISEN, James, *State of War: The Secret History of the CIA and the Bush Administration*, Free Press Publishers, Nova York, 2006.

RIVER, Charles, *The Explosion of the USS Maine: The Controversial Event That Led to the Spanish-American War*, CreateSpace Independent Publishing Platform, internet, 2014.

ROKACH, Livia, *Israel's Sacred Terrorism: A Study Based on Moshe Sharett's Personal Diary and Other Documents*, Association of Arab-American University Graduates, Ypsilanti, 1985.

ROOSEVELT, Kermit, *Countercoup: The Struggle for the Control of Iran*, McGraw Hill, Nova York, 1979.

RUFFINI, Joseph A., *When Terror Comes to Main Street: A Citizens' Guide to Terror Awareness, Preparedness, and Prevention*, Special Operations Association, Kissimmee, 2008.

RYCHLAK, Ronald; MIHAI PACEPA, Ion, *Disinformation: Former Spy Chief Reveals Secret Strategies for Undermining Freedom, Attacking Religion, and Promoting Terrorism*, WND Books, Nova York, 2013.

SAMI, Sedat, *Silent Capitulations: The Kemalist Republic Under Assault*, iUniverse Inc. Publishers, Bloomington, 2006.

SATTER, David, *The Less You Know, The Better You Sleep: Russia's Road to Terror and Dictatorship under Yeltsin and Putin*, Yale University Press, New Haven, 2016.

SCHMIDLI, William Michael, *The Fate of Freedom Elsewhere: Human Rights and U.S. Cold War Policy toward Argentina*, Cornell University Press, Ithaca, 2013.

SCHOUTEN, Martin, *Marinus van der Lubbe: Een biografie*, Bezige Bij, Amsterdã, 1999.

SCIASCIA, Leonardo, *The Moro Affair*, New York Review Books Classics, Nova York, 2004.

SCOTT COOPER, Andrew, *The Oil Kings: How the U.S., Iran, and Saudi Arabia Changed the Balance of Power in the Middle East*, Simon & Schuster, Nova York, 2011.

_____ *The Fall of Heaven: The Pahlavis and the Final Days of Imperial Iran*, Henry Holt and Co., Nova York, 2016.

SCOTT, James; SPANIEL, Drew, *The Anatomy of Cyber-Jihad: Cyberspace is the New Great Equalizer*, CreateSpace Independent Publishing Platform, internet, 2016.

SEGAL, Adam, *The Hacked World Order: How Nations Fight, Trade, Maneuver, and Manipulate in the Digital Age*, PublicAffairs, Nova York, 2016.

SHEINKIN, Steve, *Most Dangerous: Daniel Ellsberg and the Secret History of the Vietnam War*, Roaring Brook Press, Nova York, 2015.

SHILON, Avi, *Ben-Gurion: His Later Years in the Political Wilderness*, Rowman & Littlefield Publishers, Londres, 2016.

SHIRER, William, *The Rise and Fall of the Third Reich: A History of Nazi Germany*, Simon & Schuster, Nova York, 2011.

SIFAKIS, Carl, *The Mafia Encyclopedia. From Accardo to Zwillman*, Checkmark Books, Nova York, 1999.

_____ *Encyclopedia of Assassinations*, Checkmark Books, Nova York, 2001.

SIFF, Ezra Y., *Why the Senate Slept: The Gulf of Tonkin Resolution and the Beginning of America's Vietnam War*, Praeger Publishers, Nova York, 1999.

SINGH, Bilveer, *The Talibanization of Southeast Asia: Losing the War on Terror to Islamist Extremists*, Praeger Publishers, Santa Bárbara, 2007.

SINGH, Daljit; SALAZAR, Lorraine, *Southeast Asian Affairs 2006*, Institute of Southeast Asian Studies, Singapura, 2006.

SMITH, J.; MONCOURT, André, *The Red Army Faction, A Documentary History: Volume 2: Dancing with Imperialism*, PM Press, Nova York, 2013.

SMYTH, Robert, *The Gleiwitz Incident: Nazi Plot-or Allied Cover Up?*, Steven Books, Londres, 2010.

SOLDATOV, Andrei; BOROGAN, Irina, *The New Nobility: The Restoration of Russia's Security State and the Enduring Legacy of the KGB*, Public Affairs, Nova York, 2011.

_____ *The Red Web: The Struggle Between Russia's Digital Dictators and the New Online Revolutionaries*, PublicAffairs, Nova York, 2015.

SPENCER, David R., *The Yellow Journalism*, Northwestern University Press, Evanston, 2007.

STAHEL, David, *Operation Barbarossa and Germany's Defeat in the East*, Cambridge University Press, Cambridge, 2011.

STILLE, Mark, *Yamamoto Isoroku*, Osprey Publishing, Oxford, 2012.

STINNETT, Robert, *Day of Deceit: The Truth About FDR and Pearl Harbor*, Free Press, Nova York, 2001.

STOCKDALE, James B., *A Vietnam Experience: Ten Years of Relection*, Hoover Institution Press, Stanford, 1984.

STOCKTON, Tara, *Flawed Patriot: The Rise and Fall of CIA Legend Bill Harvey*, Potomac Books, Lincoln, Nebraska, 2008.

STONE, Steve, *ISIS Dawn: Special Forces War in Syria & Iraq*, CreateSpace Independent Publishing Platform, internet, 2015.

STONEHEM, Bill *Turkish Coup: The Failed Attempt*, CreateSpace Independent Publishing Platform, internet, 2016.

SUMMERS, Anthony; SWAN, Robbyn, *A Matter of Honor: Pearl Harbor: Betrayal, Blame, and a Family's Quest for Justice*, Harper, Nova York, 2016.

TALBOT, David, *The Devil's Chessboard: Allen Dulles, the CIA, and the Rise of America's Secret Government*, Harper, Nova York, 2005.

TENET, George, *At the Center of the Storm: My Years at the CIA*, HarperCollins, Nova York, 2007.

THOMPSON, Marylin W., *The Killer Strain: Anthrax and a Government Exposed*, HarperCollins, Nova York, 2003.

TRASK, David E., *The War with Spain in 1898*, University of Nebraska Press, Lincoln, 1996.

TRENTO, Joseph, *La Historia Secreta de la CIA*, Ediciones Península, Barcelona, 2001.

TROTTER, William R., *The Winter War: The Russo-Finnish War of 1939-40*, Workman Publishing Company, Nova York, 2002.

URBAN, Mark, *Task Force Black: The Explosive True Story of the Secret Special Forces War in Iraq*, St. Martin's Press, Nova York, 2010.

U.S. GOVERNMENT, *21st Century Secret Documents – Vietnam and the Gulf of Tonkin Incident, Newly Declassified National Security Agency (NSA) Documents, Signals Intelligence, Histories and Reports*, Progressive Management, 2006.

_____ *Amerithrax: The Investigation into the 2001 Anthrax Attacks, FBI Evidence Against Dr. Bruce Ivins for the Anthrax Bioterrorism Attacks, Anthrax Coverage*, Progressive Management, Washington, D.C., 2008.

_____ *The Katyn Forest Massacre: Polish POWs Killed by Stalin and the Soviets in 1940 – Documents about the Controversy, Madden Committee Report, Coverup of Soviet Involvement, Nazi Accusations*, Progressive Management, Washington, D.C., 2013.

U.S. GOVERNMENT AND NATIONAL SECURITY AGENCY (NSA), *NSA Secrets Declassified: The Vietnam War Gulf of Tonkin Documents – Articles, Chronologies, Command Messages, History of Southeast Asia, Memos, Oral Histories, Sigint Reports*, Progressive Management, Washington, D.C., 2015.

VAN HERPEN, Marcel H., *Putin's Wars: The Rise of Russia's New Imperialism*, Rowman & Littlefield Publishers, Nova York, 2015.

VARON, Jeremy, *Bringing the War Home: The Weather Underground, the Red Army Faction, and Revolutionary Violence in the Sixties and Seventies*, University of California Press, Berkeley, 2004.

VATANDAS, Aydogan, *Hungry for Power: Erdogan's Witch Hunt and Abuse of State Power*, Blue Dome Press, Clifton, 2015.

VV.AA. *US Navy Fact File, Battleships USS Maine*, United States Naval Academy, Annapolis, 2002.

VINCENT, Steven, *In the Red Zone: A Journey into the Soul of Iraq*, Spence Publishing Company, Dallas, 2004.

VON GERSDORFF, Rudolf Christoph, *Soldier in the Downfall: A Wehrmacht Cavalryman in Russia, Normandy, and the Plot to Kill Hitler*, The Aberjona Press, Bedford, 2012.

WALSH, John, *The Sinking of the USS Maine*, Watts Publishers, Nova York, 1969.

WARREN, James, *Giap: The General Who Defeated America in Vietnam*, St. Martin's Press, Nova York, 2013.

WARRICK, Joby, *Black Flags: The Rise of ISIS*, Doubleday, Nova York, 2015.

WEINSTEIN, Lewis M., *Case Closed: Why the FBI Failed, to Solve the Anthrax Case – A Fictionalized Account That Begins Where the Reported Facts End*, New Atlantean Press, Santa Fé, 2015.

WELCH, Richard E., *The Presidencies of Grover Cleveland*, University Press of Kansas, Lawrence, Kansas, 1988.

WEST, Nigel, *Historical Dictionary of International Intelligence*, Rowman & Littlefield Publishers, Lanham, 2015.

WESTON, Kael, *The Mirror Test: America at War in Iraq and Afghanistan*, Knopf Publishers, Nova York, 2016.

WHALEY EAGER, Paige, *From Freedom Fighters to Terrorists: Women and Political Violence*, Ashgate Publishing, Londres, 2008.

WHITE, Jenny, *Muslim Nationalism and the New Turks*, Princeton University Press, Princeton, 2014.

WHITEHEAD, Dennis, *The Day Before the War: The Events of August 31, 1939 That Ignited World War II*, CreateSpace Independent Publishing Platform, internet, 2014.

WILLAN, Philip, *Puppetmasters: The Political Use of Terrorism in Italy*, iUniverse Publishers LLC, Bloomington, 2002.

WILLARD CROMPTON, Samuel, *The Sinking of the USS Maine: Declaring War Against Spain*, Chelsea House Publishers, Nova York, 2008.

WILLEMS, Jan, *Gladio*, Editions EPO, Bruxelas, 1991.

WILLIAMS, Bill, *Sunday in Hell: Pearl Harbor Minute by Minute*, Open Road Media, Nova York, 2014.

WILLIAMSON, David G., *Poland Betrayed: The Nazi-Soviet Invasions of 1939*, Stackpole Books, Oxford, 2011.

WILLMAN, David, *The Mirage Man: Bruce Ivins, the Anthrax Attacks, and America's Rush to War*, Bantam, Nova York, 2011.

WILLS, David C., *The First War on Terrorism: Counter-terrorism Policy during the Reagan Administration*, Rowman & Littlefield Publishers, Lanham, 2003.

WILSON, Eric, *Government of the Shadows: Parapolitics and Criminal Sovereignty*, Pluto Press, Nova York, 2009.

WILSON, Joseph, *The Politics of Truth: A Diplomat's Memoir: Inside the Lies that Led to War and Betrayed My Wife's CIA Identity*, PublicAffairs, Nova York, 2005.

YADIM, Yigael, *Masada. La fortaleza de Herodes y el último bastión de los Zelotes*, Ediciones Destino, Barcelona, 1977.

ZAWODNY, Jan, *Death in the Forest; The Story of the Katyn Forest Massacre*, Pickle Partners Publishing, Londres, 2014.

Papel: Offset 75g
Tipo: Times New Roman
www.editoravalentina.com.br